全国高职高专物流管理专业规划教材

国际物流实务

主　编　刘爱娥

副主编　付宏华　吕　鹏

人民邮电出版社

北　京

图书在版编目（CIP）数据

国际物流实务 / 刘爱娥主编 . —北京：人民邮电
出版社，2013.3（2020.8重印）
全国高职高专物流管理专业规划教材
ISBN 978-7-115-30994-5

Ⅰ. ①国… Ⅱ. ①刘… Ⅲ. ①国际贸易—物流—高等
职业教育—教材 Ⅳ. ①F252

中国版本图书馆 CIP 数据核字（2013）第 023492 号

内 容 提 要

本书以培养学生的国际物流实操能力为目标，详细讲解了国际货运代理，国际物流包装、仓储及理货业务，国际货物出入境检验检疫实务，国际货物通关实务，国际货物班轮运输，国际货物租船运输，国际货物航空运输，国际货物陆路运输，国际货物集装箱运输与国际多式联运，货运事故的处理等多方面的内容，突出了国际物流业务的技术性和实践性。

本书可作为高职高专院校国际物流及相关专业的教材，也可作为物流行业从业人员和研究人员的参考用书。

◆ 主　　编　刘爱娥
　　副主编　付宏华　吕　鹏
　　责任编辑　王莹舟
　　执行编辑　王楠楠
　　责任印制　焦志炜

◆ 人民邮电出版社出版发行　　北京市丰台区成寿寺路 11 号
　　邮编 100164　　电子邮件 315@ ptpress. com. cn
　　网址 http://www. ptpress. com. cn
　　北京捷迅佳彩印刷有限公司印刷

◆ 开本：787×1092　1/16
　　印张：17.5　　　　　　　　　　2013 年 3 月第 1 版
　　字数：230 千字　　　　　　　2020 年 8 月北京第 6 次印刷

定　价：33.00 元
读者服务热线：(010) 81055656　印装质量热线：(010) 81055316
反盗版热线：(010) 81055315
广告经营许可证：京东市监广登字 20170147 号

总 序

产业调整将是我国"十二五"经济发展的核心任务，而物流产业的发展是当前经济发展的一个制高点。随着各行业对物流人员需求的日益迫切，以及对从事物流工作人员素质和技能水平的要求越来越高，如何培养出更多的能适应当前工作需求的物流人员，无疑是当前以及今后一段时间职业教育所面临的挑战。

我国高职高专教育经过示范性改革和骨干校建设，已取得了丰硕的成果，授课教师和相关人员在不断总结教学与实践经验的基础上，逐渐形成了对当前高职高专职业人才培养模式的共识，即以培养高素质的应用型、技能型人才为高职高专教育的主要任务。同样，作为重要教学载体的高职高专教材也面临着相应的改革。

人民邮电出版社组织众多教学一线的教师，围绕"以能力为本位，以应用为主旨"的指导思想，及时地打造出了这套体现教学改革理念的"全国高职高专物流管理专业规划教材"。其鲜明的特色和科学合理的体例结构，得到众多专家的一致肯定和教学一线老师的认可。

首先，本套教材打破了高职高专教材原有学科课程的模式。传统教材沿用学科课程的模式，强调某一门学科体系的系统性和完整性，这种课程模式已经不能适应目前我国高等职业教育对技能型人才培养的需求和趋势。新形势下的高等职业教育应以培养高素质的应用型、技能型人才为己任，以为社会和企业输送职业技能型人才为目的。高等职业教育培养出来的人才应该具备基本的职业技能，以及解决实际工作中各种问题的能力。因此，高等职业教育必须打破原有学科课程的束缚，兼顾学生就业的针对性与学生发展的适应性，建立起符合应用型、技能型人才培养需要的作业导向课程模式，并将这一模式很好地运用到日常的教学设计以及教材的编写中去。本套教材的编写充分地体现了这一新的高职教育理念——根据作业导向课程模式的要求组织教材内容，按照物流工作流程搭建教材框架，最大程度地满足高职教育培养高素质的应用型、技能型人才的需要。

其次，本套教材的结构与体例模式经过精心设计，与高职高专教学培养应用型、技能型人才目标充分对接。在具体的教材编写过程中，参与编写的老师和专家按照"依流程的需要确定能力培养目标、选取章节内容"的思路搭建体例框架，真正在教学过程中实现了"以学生为主体、以教师为引导（即以学生动手做为主、教师讲为辅），循序渐进地提高学生的职业应用技能"的教学培养目标。为了增加本套教材的可用性、可读性，巩固教学内容，保证教学质量，本套教材按物流作业流程的先后顺序组织内容，在语言上力求精练、简洁，尽量避免学术化的表达方式，让学生"看了能懂、懂了会做、做了能拓"。每章最后都附有丰富的案例、习题及实训任务，学生可以通过学习与实践进一步掌握目标技能。

本套教材的编委会成员均为高职高专院校物流专业教学一线的老师，他们拥有丰富的实践经验和教学经验，知识体系全面，了解实际教学中最需要什么样的教材，知晓教材与实际教学目标之间如何充分地衔接，因此本套教材由他们来编写十分恰当。

希望本套教材的出版可以为高职高专物流管理及相关专业的教学工作增添几分特色，为促进物流人员的培养尽一份绵薄之力。

海峰

中国物流学会副会长

前　言

随着国际化进程的不断深入，国际贸易日益繁荣，国际物流业的发展备受关注，物流业的发展水平已经成为反映国家综合实力和市场竞争能力的重要指标。加入WTO后，中国日益融入世界经济，参与世界市场竞争，与各个国家、地区的经济往来越来越频繁，社会对国际物流专业人才的需求越来越强烈，国际物流专业人才匮乏的现实已经阻碍了我国国际物流业的发展，因此，加强国际物流专业人才的培养和培训迫在眉睫。

本教材是为高职高专物流管理专业、国际贸易专业及其他各种形式学历教育的相关专业而编写的。在教材的编写过程中，我们紧扣本专业课程教学大纲的要求，充分吸收高职高专在探索培养应用型人才方面取得的成功经验和教学成果，全面、系统和深入浅出地介绍了国际物流的基本理论、基本知识和基本技能。全书共分为11章，分别阐述了国际物流概述，国际货运代理概述，国际物流包装、仓储及理货业务，国际货物出入境检验检疫实务，国际货物通关实务，国际货物班轮运输，国际货物租船运输，国际货物航空运输，国际货物陆路运输，国际货物集装箱运输与国际多式联运，以及货运事故的处理。

在本教材的编写过程中，我们切实落实"管用、够用、适用"的教学指导思想，突出教材的先进性，总结了国际物流实践和研究中已趋成熟的理论、知识和技能，又吸收了国内外的近期研究成果，反映了国际物流发展的一系列新的特点和发展趋势，以及国际物流运作实践中的新经验与成果。

为方便学生学习，每章开篇设有知识目标和能力目标，书中大量运用了图表、案例、例题等形式进行说明，章末针对该章重点内容列出了复习思考题、计算题和案例思考题，以及提高学生实际操作能力的实践技能训练。

由于本书注重国际物流知识的实用性与操作性，除可作为高职高专教材外，也适合作为物流从业人员的在职培训用书。

本教材由刘爱娥任主编，付宏华、吕鹏任副主编。全书的编写分工为：第一章、第二章由刘爱娥编写，第三章由彭铂编写，第五章、第十章由付宏华编写，第六章、第七章由吕鹏编写，第八章由鹿少莹编写，第四章、第九章由马丽编写，第十一章由郑真真编写，全书由刘爱娥统纂定稿。

山东英才学院商学院刘庆林院长参与了教材编写提纲的讨论，并对课程内容设置和撰写提出了很多宝贵的建议。本书在编写过程中也得到其他同事的大力支持和帮助，在此表示衷心的感谢。

在本书的编写过程中，编者们借鉴了国内外大量的出版物和网上资料，受编写体例的限制没有在文中一一注明，只在相关链接和参考文献中列出。在此，谨向关心和支持本书的各位读者表示由衷的敬意和感谢。

由于时间仓促、水平有限，本书难免有不妥之处，敬请广大读者批评指正，以便在修订时使本书更趋完善。

目　录

第一章 国际物流概述

- **知识目标**
  1. 了解国际物流的发展过程和发展趋势。
  2. 理解国际物流的特点和分类。
  3. 掌握国际物流系统的构成和运作流程。
- **能力目标**

   能够运用所学的物流网络的相关知识进行基本的物流网络设计。

第一节 国际物流的概念

一、国际物流的含义

国际物流（International Logistics，IL）是组织原材料、在制品、半成品和制成品在国与国之间进行流动和转移的活动。它是相对于国内物流而言的，是发生在不同国家间的物流，是国内物流的延伸和进一步扩展，是跨国界的、流通范围扩大了的物的流通。

对国际物流的理解分为广义和狭义两个方面。广义的国际物流是指各种形式的物资在国与国之间的流动和转移，包括进出口商品、暂时进出口商品、转运物资、捐赠物资、援助物资、加工装配所需物料和配件，以及退货等在国与国之间的流动；狭义的国际物流是指与一国进出口贸易相关的物流活动，包括货物集运、分拨和配送、货物包装、货物运输、申领许可文件、仓储、装卸、流通加工、报关、保险、单据等。换句话说，即当某国某一企业出口其生产或制造的产品给另一国的客户或消费者时，或当该企业作为进口商从另一国进口生产或生活所需要的产品时，为了消除生产者与消费者之间的时空差异，使货物从卖方的处所物理性地移动到买方处所，并最终实现货物所有权的跨国转移，国际物流的一系列活动就产生了。

国际物流的实质是按照国际分工协作的原则，依照国际惯例，利用国际化的物流网络、物流设施和物流技术，实现货物在国际间的流动和交换，以促进世界资源的优化配置。国际物流是国际贸易的一个必然组成部分，各国之间的相互贸易最终都将通过国际物流来实现。

国际物流的总目标是为国际贸易和跨国经营服务，即选择最佳的方式和路径，以最低的费用和最小的风险，保质、保量、适时地将货物从某国的供方运到另一国的需方，使国际物流系统的整体效益最大。

二、国际物流的特点

国际物流是不同国家间物流系统的相互"接轨"，与国内物流相比，它具有以下几个特点。

（一）经营环境存在着较大差异

国际物流的一个显著特点就是各国的物流环境存在较大的差异。除了生产力及科学技术发展水平、既定的物流基础设施不同外，各国的文化历史、人文风俗以及政府管理物流的法律法规等物流软环境的差异也尤为突出，这些使得国际物流的复杂性远远高于国内物流。

（二）高风险性

物流本身就是个复杂的系统工程，而国际物流在此基础上又增加了不同国家的要素，这不仅是地域和空间的简单扩大，而且涉及更多的内外因素，从而增加了物流的风险。例如，由于运输距离的扩大延长了运输时间并增加了货物中途装卸的次数，使货物灭失及短缺的风险增大；企业资信、汇率的变化使国际物流经营者面临更多的信用及金融风险；而不同国家之间政治经济环境的差异又可能使企业跨国开展国际物流遭遇国家风险。

（三）物流信息化具有先进性

国际物流所面对的市场多、不稳定，对信息的提供、收集与管理有更高的要求，因此必须有国际化信息系统的支持。建立技术先进的国际化信息系统已成为发展现代国际物流的关键。

（四）以远洋运输为主，多种运输方式组合

在国内物流中，主要的运输方式是铁路运输和公路运输。与国内物流相比，运输方式选择与组合方式的多样性是国际物流的一个显著特征，其中海洋运输、航空运输，尤其是国际多式联运是国际物流的主要运输方式。

（五）标准化要求较高

在国际物流中，标准的统一是一个非常重要的手段，这有助于国际间物流的畅通运行。如果贸易关系密切的国家在物流基础设施、信息处理系统乃至物流技术方面不能形成相对统一的标准，就会造成国际物流资源的浪费和成本的增加。目前美国、欧洲基本实现了物流工具、设施的标准化,如托盘采用 1000 毫米 × 1200 毫米,集装箱采用统一规格及条码技术等。

三、国际物流的分类

国际物流根据不同的标准可进行如下分类。

(一) 进口物流和出口物流

根据货物在不同国家之间的流动可以把国际物流分为进口物流和出口物流。一国货物进口时所发生的国际物流活动属于进口物流;反之,当国际物流服务于一国货物出口时则称为出口物流。各国海关对进出口物流活动在监管上存在着较大的差异。

(二) 国际商品物流、国际展品物流、国际军火物流、国际邮政物流和国际逆向物流

根据跨国运送货物的性质,可将国际物流活动划分为国际商品物流、国际展品物流、国际军火物流、国际邮政物流和国际逆向物流。国际商品物流主要指国际贸易商品在国际间的移动;国际展品物流是指以展览、展示为目的,暂时将商品运入一国境内,待展览结束后再复运出境的物流活动;国际军火物流是指军用物资在不同国家之间的流通,是广义物流的一个重要组成部分;国际邮政物流是指通过国际邮政运送系统办理的包裹、函件等递送活动;国际逆向物流是指对国际贸易中回流的商品进行改造和整修活动,包括循环利用的容器和包装材料,由于损坏需要重新进货、回调货物或过量库存导致的商品回流等。

四、国际物流的发展

自然资源的分布和国际分工导致了国际贸易、国际投资和国际经济技术合作,产生了货物和商品的转移,从而带动了国际运输和国际物流的发展。尤其是经济全球化的发展,以及企业的国际化经营和跨国公司的发展带来的生产经营的全球化、专业分工的深化、供应链模式的改变,均促进了国际物流的兴起。

(一) 第一阶段 (20 世纪 50 年代至 80 年代初)

第二次世界大战以后,国际间的经济交往不断扩展,尤其是 20 世纪 70 年代的石油危机以后,国际贸易量已经非常巨大,交易水平和质量要求也越来越高。在这种情况下,原有的运输观念已不能适应新的要求,系统化的物流开始进入到国际领域。

在这一阶段,物流设施和物流技术得到了极大的发展。20 世纪 60 年代,出现了大型的物流工具,如 20 万吨级的油轮、10 万吨级的矿石船等。20 世纪 70 年代,由于石油危机的影响,国际物流不仅在数量上进一步发展,船舶大型化趋势进一步加强,而且出现了提高国际物流服务水平的要求,大数量、高质量服务性物流从石油、矿石等领域向物流难度最大的中、小件杂货领域深入,其标志是国际集装箱及集装箱船的大发展。国

际间主要航线的定期班轮都投入了集装箱运输，极大地提高了散杂货的物流水平。20 世纪 70 年代中后期国际物流的质量要求进一步提高，在国际物流领域出现了航空物流大幅度增加的新形势，同时出现了更高水平的国际联运。

（二）第二阶段（20 世纪 80 年代初至 90 年代初）

进入 20 世纪 80 年代，国际物流的突出特点是：在物流量基本不扩大的情况下出现了"精细物流"，物流的机械化、自动化水平提高。同时，伴随着人们需求观念的变化，国际物流着力于解决"小批量、高频度、多品种"的物流，出现了许多新技术和新方法，使得现代物流不仅覆盖了大量货物、集装杂货，而且也覆盖了多品种的货物，基本覆盖了所有物流对象，解决了所有物流对象的现代物流问题。

这一阶段的另一大发展是国际物流进入到物流信息时代，在国际物流领域出现的电子数据交换（EDI）系统信息技术，使国际物流向更低成本、更高服务、更大量化、更精细化的方向发展。

（三）第三阶段（20 世纪 90 年代初至今）

这一阶段，国际物流的概念和重要性已为各国政府、商务部门和企业所普遍认识。世界各国都在国际物流的理论和实践方面进行了大胆探索。人们已经形成共识：物流无国界，只有广泛开展国际物流合作，才能促进世界经济的繁荣。

在这一阶段，网络技术、条码技术以及卫星定位系统（GPS）在国际物流领域得到了普遍应用，极大地提高了物流的信息化水平和物流服务水平。21 世纪将是国际物流信息化高度发展的时代。

第二节　国际物流系统

一、国际物流系统的构成

国际物流系统由商品的包装、储存、流通加工、检验检疫和通关、装卸搬运、运输、保险、物流信息等子系统构成，其中运输子系统是国际物流的核心子系统。

（一）国际物流包装子系统

包装是保护商品在流通过程中品质完好和数量完整的重要条件。出口商在设计和制作包装的过程中，应把包装、储存、搬运和运输有机联系起来，统筹考虑，全面规划，实现国际物流系统所要求的"包、储、运一体化"，以加快物流速度，减少物流费用，满足现代物流系统设计的各种要求。

（二）国际物流储存保管子系统

商品储存保管是指商品在流通过程中处于一种或长或短的相对停滞状态，这种状态是完全必要的，因为商品流通是一个由分散到集中，再由集中到分散的源源不断的流通过程。国际贸易和跨国经营的商品从生产厂家或供应部门被集中运送到装运港口，有时需临时存放一段时间再装运出口；货物到达目的港后，有时需要临时存放一段时间再分拨给最终用户。这种集散过程主要在各国的保税区和保税仓库中进行。

从物流角度看，应尽量减少储存时间和储存数量，以加快货物和资金的周转，实现国际物流的高效率运转。

（三）国际物流流通加工子系统

商品在流通过程中的加工，不仅可以促进商品销售，提高物流效率和资源利用率，而且还能通过加工过程保证并提高进出口商品的质量，扩大出口。流通加工既包括分装、配装、挑拣、刷唛等出口贸易商品服务，也包括套裁、组装、改装、服装熨烫等生产性外延加工。这些加工不仅能最大限度地满足客户的多元化需求，还可以实现货物的增值。

（四）国际物流商品检验检疫和通关子系统

国际贸易和跨国经营具有投资大、风险高、周期长等特点，这就使得商品检验成为国际物流系统中重要的子系统。通过商品检验，可以确定交货的品质、数量、包装和卫生条件是否符合规定，如发现问题，也可分清责任，向有关责任方索赔。

商品的进出境还须申请通关。报关人员填写和提交有关单证后，海关按照海关法令和法规，审查核对有关单证、查验货物、计算应征税额、结清税款、办结通关手续后，准予货物进出境。

（五）国际物流装卸搬运子系统

在物流系统中，装卸搬运主要指垂直运输和短距离运输，其主要作用是衔接物流其他各环节作业。货物的装船和卸船，商品的出入库以及在库内的搬、倒、清点、查库、转运转装等都是装卸和搬运的主要内容。在国际物流活动中，装卸活动是频繁发生的，因而是产品损坏的重要原因。对装卸活动的管理，主要是确定最恰当的装卸方式，尽量减少装卸次数，合理配置和使用装卸机具，以做到节能、省力、减少损失、加快速度，最终获得较好的经济效果。

（六）国际物流运输子系统

运输子系统是国际物流的核心子系统，通过国际货物运输实现商品由发货方到收货方的转移。国际货物运输包括国内运输段和国际运输段。

出口货物的国内段运输是指出口商品由供货地运送到出运港（站、机场）的国内运输，是国际物流中不可缺少的重要环节。国内运输使出口货源从供货地集运到港口、车站或机场的过程得以实现，使国际物流业务得以正常开展。

国际段运输是国内运输的延伸和扩展，又是衔接出口国和进口国货物运输的桥梁和纽带。国际段运输可采用由出口国装运港直接到进口国目的港卸货的方式，也可以采用中转的方式，经过国际转运点再运到用户。

（七）国际物流保险子系统

国际物流货物要经过长途运输、多次装卸和搬运等环节，在运输过程中，还可能遭遇自然灾害或意外事故，因而货物遭遇损失的可能性很大。为了转移货物在运输过程中的风险损失，货主、货运代理便需要办理国际货物运输保险和国际货运代理责任险。

国际货物运输保险是以运输过程中的货物作为保险标的的保险。通过投保，当货物在运输途中遭遇到承保范围内的损失时，货主便可以从保险公司得到经济上的补偿。国际货物运输保险分为海运货物保险、陆运货物保险、空运货物保险和邮包运输保险。通常，投保金额＝CIF（CIP）价格×（1＋投保加成率），加成率一般最低为10％。

国际货运代理责任险主要承保的业务对象是货运代理、无船承运人和物流行业的运输经营人，源于货运代理在履行运输、仓储、报关等业务操作中所负的责任。货运代理责任险虽然在很多国家已经相当普及，但在我国还是新生事物，目前尚处于探索中。

（八）国际物流信息子系统

国际物流信息子系统的主要功能是采集、处理及传递国际物流和商流的信息情报。没有功能完善的信息系统，国际贸易和跨国经营将寸步难行。国际物流信息主要包括进出口单证的作业过程、支付信息、客户资料信息、市场行情信息和供求信息等。

二、国际物流系统的运作

（一）国际物流系统的运作流程

国际贸易合同签订后的履行过程，就是国际物流系统的实施过程。国际物流系统的运作流程可以用图1-1来简单表示。

国际物流系统在国际信息流系统的支撑下，借助于运输和储运等作业的参与，在进出口中间商、国际货运代理及承运人的通力协作下，共同完成一个遍布国内外、纵横交错、四通八达的物流运输网络。

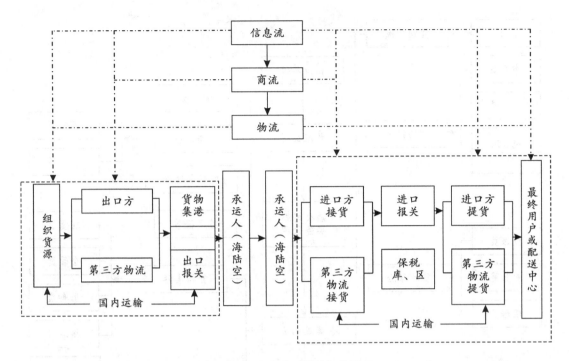

图 1-1 国际物流系统的运作流程

（二）国际物流系统的一般运作模式

国际物流系统的一般运作模式包括：系统的输入部分、系统的输出部分以及将系统输入转化为输出的转换部分。在系统运行过程中或一个循环周期结束时，外界信息反馈回来，为原系统的完善提供改进信息，以使下一次的系统运行有所改进。如此循环往复，使系统逐渐达到有序的良性循环。下面以国际货物出口为例，阐述国际物流系统的运作模式。

1. 国际物流系统的输入部分：备货，落实货源；到证，接到买方开来的信用证；到船，买方派来船舶；编制出口货物运输计划；其他物流信息。

2. 国际物流系统的输出部分：商品实体由卖方经由运输过程送达买方手中，交齐各项出口单证，结算、收汇，提供各种物流服务，经济活动分析及理赔、索赔。

3. 国际物流系统的转换部分：商品出口前的加工整理，包括包装、标签；储存；运输；商品进港、装船；制单、交单；报关、报检，以及现代管理方法、手段和现代物流设施的介入。

以国际物流系统转换部分为例，其各部分业务的运作关系可用图 1-2 来简单表示。

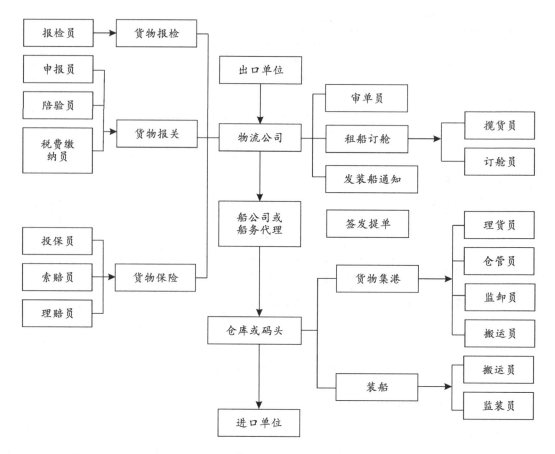

图 1-2　国际物流系统转换部分业务的运作关系

　　国际物流系统经常受到许多外界不可控因素的干扰，使系统运行偏离原计划。这些不可控因素可能是国际、国内、政治、经济、技术和政策法令、风俗习惯等方面的制约，通常是很难预计和控制的，它对国际物流系统的影响很大。因此，国际物流系统要具有较强的应变和适应能力。

　　例如，1956—1967 年苏伊士运河封闭，直接影响到国际货物运输，这是事先不可能预见到的。当时日本与欧洲对外贸易商品的运输因此受到了严重的威胁，如果绕道好望角或巴拿马运河，则航线增长、时间过长、经济效益太差。为此，日本试行利用北美横贯大陆的铁路线运输，取得了良好的效果，大陆桥运输由此产生。

三、国际物流网络的构成与建设

　　经济全球化的加强使得国际物流企业的竞争力体现于其网络优势，因而人们将 PANALPINA、SCHENKER、FEDEX 等跨国货运代理形象地称为网络货代。

　　人们对物流网络的理解包括两种含义：一种是指物理网络或实体网络，另一种是指信息网络。国际物流网络是指由多个收发货的"结点"和它们之间的"连线"所构成的物理网络，以及与之相伴随的信息网络组成的有机整体。

（一）国际物流物理网络的构成与建设

1. 国际物流物理网络的构成

整个国际物流过程是由多次的"运动—停顿—运动—停顿"所组成的，与之相对应的国际物流物理网络由执行运动使命的线路和执行停顿使命的结点两种基本元素组成。线路和结点相互关联组成了不同的国际物流物理网络。

（1）国际物流结点。物流结点（Nodes）或称物流节点是指进出口国内外的各层仓库，如制造仓库、中间商仓库、口岸仓库、国内外中转点仓库以及流通加工配送中心和保税仓库等。国际商品贸易就是通过这些仓库的收入与发出，并在中间存放保管，以实现国际物流系统的时间效益，克服生产时间和消费时间上的分离，促进国际贸易的顺利进行。各结点表示存货流动的暂时停滞，其目的是更有效地移动。结点内商品的收发是依靠运输连线和物流信息的沟通、输送来完成的。

（2）国际物流连线。物流连线是指连接上述国内外众多收发结点的运输路线，如各种海运航线、铁路线、飞机航线以及海、陆、空联运线路。广义上讲，物流连线包括国内连线和国际连线。这些网络连线代表库存货物的移动——运输的路线与过程，每一结点有许多连线，以表示不同路线、不同产品的各种运输服务。

国际物流物理网络可用图 1-3 表示。

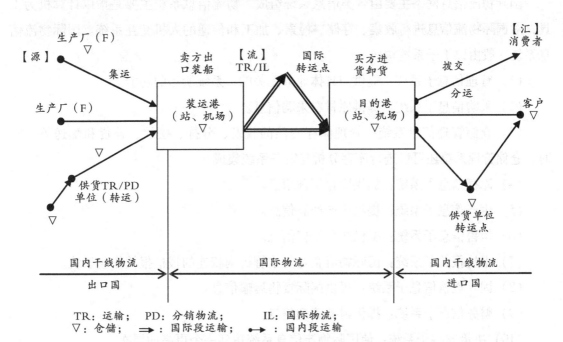

图 1-3　国际物流物理网络简图

2. 国际物流物理网络的建设

国际物流物理网络建设的中心问题是确定进出口货源点（或货源基地）和消费者的位置以及各层级仓库和中间商批发点（零售点）的位置、规模和数量，从而决定国际物流系统的合理布局和合理化问题。建立和完善国际物流物理网络应注意以下问题。

（1）在规划网络内建库的数目、地点及规模时，要紧密围绕商品交易计划，乃至一个国家国际贸易的宏观总体规划进行。

（2）明确各结点的供应范围、分层关系及供应或收购数量，注意各层结点间的有机衔接，优化运输线路。例如，生产厂家仓库与各中间商仓库、港（站、机场）区仓库间在储存能力以及进出口装运能力方面要相互配合和协同，以保证国内外物流的畅通，尽量减少或避免某一层仓库储存过多、过长等不均匀状态的出现。

（3）国际物流网点规划要考虑现代物流技术的发展，留有余地，以备将来的扩建。

（二）国际物流信息网络的构成与建设

物流信息是物流活动的内容、形式、过程及发展变化的反应，是由物流引起并能反映物流活动实际和特征的、可被人们接受和理解的各种信息、情报、文书、资料和数据等的总和。国际物流物理网络与国际物流信息网络并非各自独立，而是密切相关的。

1. 国际物流信息网络的构成

国际物流信息网络主要由各类信息系统组成。物流信息系统主要是指以计算机为工具，对国际物流信息进行收集、存储、检索、加工和传递的人机交互系统。国际物流信息系统一般由以下子系统构成。

（1）管理信息子系统：提供与具体业务无关的、系统所需的功能。

（2）采购信息子系统：提供原材料采购信息。

（3）仓储管理信息系统：管理储存商品的收发、分拣、摆放、补货和配送等。同时，仓储管理系统还可以进行库存分析与财务系统集成。

（4）库存信息子系统：提供库存管理信息。

（5）生产信息子系统：提供生产产品信息。

（6）销售信息子系统：提供产品销售信息。

（7）报检报关子系统：国际物流企业与主管机构相连的报检报关作业系统。

（8）国际运输信息子系统：提供国际货物运输信息。

（9）财务信息子系统：提供财务管理信息。

（10）决策支持子系统：使国际物流信息系统达到一个更高的层次。

国际物流信息网络也可理解为由"结点"和它们之间的"连线"构成。连线通常包括国内外的邮件或某些电子媒介（如电话、电传、EDI 等）；信息网络的结点则是各种物流信息的汇集及处理之点，如员工处理国际订货单据、编制大量出口单证、准备提单或用电脑对最新库存量进行记录。

2. 国际物流信息网络的建设

国际物流对信息网络的基本要求是信息充足、准确和通信畅通。

国际物流信息网络建设的难度：一是管理困难，二是投资巨大。而且由于世界各地区信息管理水平发展不均衡，使得国际物流信息网络的建设更为困难。

当前国际物流信息网络一个较好的建立办法是和各国海关及其他相关政府部门的公共信息系统联机，以及时掌握各港口、机场和联运线路、场站的实际情况，为供应或销售物流决策提供支持。一些大型企业或有开发能力的企业，可以根据自身的特点开发自己的国际物流信息系统和网络。而对于一些中小企业或自身开发能力不足的企业，则可以外包国际物流信息系统和网络的开发业务。

 【复习思考题】

1. 什么是国际物流？国际物流的特征有哪些？

2. 国际物流系统的子系统有哪些？

3. 国际物流物理网络的建设应注意哪些问题？

 【案例】

马士基航运集团（Maersk）的母公司为埃·彼·姆勒集团（A. P. Moller），它是迄今丹麦最大的企业集团，在全球拥有数百家办事处，是最早进入中国物流市场的外国航运商之一。

马士基航运集团于 1994 年 3 月在中国成立独资船务公司，总部设在北京，通过直航干线船和支线船服务网络在我国所有主要港口提供全面的运输服务。另外，在大连、天津、青岛、宁波、厦门和深圳设立分公司，在南京、扬州、广州、重庆、珠海和汕头设立办事处。

1996 年 6 月，公司成立上海铁洋多式联运有限公司，在许多内陆地区提供国际、国内货物铁路运输往返服务。

1998 年在上海成立有利（中国）集运服务有限公司，并且于 1999 年获准在沈阳、天津、青岛、广州和深圳设立分公司，提供供应链物流服务。

案例思考题

试分析马士基航运集团在中国发展的原因。

 【实践技能训练】

上海远程国际货运有限公司主要承办中国至美国、日本的海运、空运进出口货物的国际运输代理业务，请分析该公司的国际物流网络建设，并画出其国际物流物理网络图。

第二章　国际货运代理概述

第一节　国际货运代理的概念、性质和责任

一、国际货运代理的概念

国际货运代理是随着国际贸易的发展而产生和发展的。由于国际贸易买卖双方相距较远，必须借助各种运输方式和不同的交通工具才能实现货物的流动。货主为了货物安全、运输便捷、节省费用、降低成本，需要广泛收集交通运输方面的信息，方能选择到最佳的运输方式、最新的运输工具、最好的承运人和支付最便宜的费用。但事实上，绝大多数单纯经营国际贸易的货主限于人力、物力，很难做到，而且往往由于对某一环节的疏漏或不谙办理相关手续而事倍功半，甚至造成经济损失，因此，他们希望有专门的组织从事这方面的工作。另一方面，运输承运人也不可能亲自处理每一项具体的运输业务，不少工作需要委托代理人代为办理。于是，货运代理行业便应运而生了。

国际货运代理（International Freight Forwarding）简称国际货代，至今尚无一个为世界各国普遍接受的概念。

国际货运代理协会联合会（International Federation of Freight Forwarders Associations，简称 FIATA）给国际货运代理下的定义是：国际货运代理是根据客户的指示，并为客户

的利益而揽取货物运输的人，其本身并不是承运人。国际货运代理也可以依这些条件，从事与运输合同有关的活动，如储货（也含寄存）、保管、验收、收款等。

《中华人民共和国国际货物运输代理业管理规定》对它的定义是：接受进出口货物收货人、发货人的委托，以委托人的名义或者以自己的名义，为委托人办理国际货物运输及相关业务并收取服务费用的行业。

二、国际货运代理的性质和责任

当前，国际货运代理具有双重身份，即国际货运服务代理人与当事人并存。

（一）国际货运代理的基本性质：作为中间人行事的代理人

从传统业务的表面上看，国际货运代理是指以货主代理人的身份并按代理业务项目和提供的劳务向货主收取劳务费。货运代理根据货主的要求，代办货物运输业务，他们在托运人与承运人之间起着桥梁作用。

货运代理作为被代理人的代理时，在其授权范围内，以被代理人的名义从事代理行为，所产生的法律后果由被代理人承担。在内部关系上，被代理人和货运代理之间是代理合同关系，货运代理享有代理人的权利，承担代理人的义务。在外部关系上，货运代理不是与他人所签合同的主体，不享有该合同的权利，也不承担该合同的义务。对外所签合同的当事人为其所安排合同中的被代理人与实际承运人或其他第三人。当货物发生灭失或残损时，货运代理不承担责任，除非其本人有过失。被代理人可直接向负有责任的承运人或其他第三人索赔。当货运代理在货物文件或数据上出现过错，造成损失时，则要承担相应的法律责任，受害人有权通过法院向货运代理请求赔偿。所以，一旦发现文件或数据有错误，货运代理应立即通知有关方，并尽可能挽救由此造成的损失。

当货运代理作为中间人时，货主、货运代理和承运人三者的关系如图2-1所示。

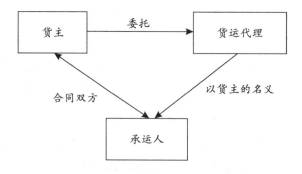

图2-1　货运代理作为中间人时，货主、货运代理和承运人三者的关系

【案例2-1】 选择承运人有误，货运代理承担责任

A货运代理作为B进口商的代理人，负责从C港接受一批工艺作品，在150海里外的D港交货。该批作品用于国际展览，要求货运代理在规定的日期之前于D港交付全部货物。货运代理在C港接收货物后，通过定期货运卡车将大部分货物陆运到D港。由于定期货运卡车出现了季节性短缺，一小部分货物无法及时运抵。于是货运代理在自由卡车市场雇佣了一辆货运车，要求其于指定日期之前抵达D港，但是该承载货物的货车连同货物一起下落不明。货运车造成的损失，货运代理是否要负责呢？

【案例分析】

对于在卡车市场上雇佣的货运车所造成的损失货运代理是否要负责的问题，有人提出货运代理仅为代理人，对处于承运人掌管期间的货物灭失不必负责。然而，根据FIATA关于货运代理的谨慎责任的规定，货运代理应恪尽职责并采取合理措施，否则需承担相应责任。本案例中造成货物灭失的原因与货运代理所选择的承运人有直接关系。由于其未尽合理谨慎职责，在把货物交给承运人掌管之前，甚至没有尽到最低限度的谨慎，即检验承运人的证书，掌握承运人的背景，而致使货物灭失。因而他应对选择承运人的过失负责，承担由此给货主造成的货物灭失的责任。

（二）国际货运代理的扩展性质：作为当事人行事的承运人

国际货运代理的上述中间人性质在过去尤为突出。然而，随着国际物流和多种运输形式的发展，国际货运代理的服务范围不断扩大，许多货运代理企业拥有自己的仓库或运输工具，能够签发自己的提单，以当事人的身份承担责任。

国际货运代理作为当事人，系指在为客户提供所需的服务中，是以自己的名义承担责任的独立合同人，应对其履行国际货运代理合同而雇佣的承运人、分货运代理的行为或不行为负责。在这种情况下，货主、货运代理和承运人三者的关系如图2-2所示。一般而言，货运代理与客户接洽的是服务的价格，而不是收取代理手续费。托运人付给他的是固定的费用，而他付给承运人的是较低的运费，即从两笔费用的差价中获取利润。例如，国际货运代理人常常将一些货主的货物集中在一个集装箱内，以此来节省费用，这对货运代理和托运人都有利。在这种情况下，对于托运人来说，货运代理被视为承运人，应承担承运人的责任。

作为当事人，国际货运代理不仅要对其本身和雇员的过失负责，而且应对在履行与客户所签合同的过程中提供的其他服务的过失负责。

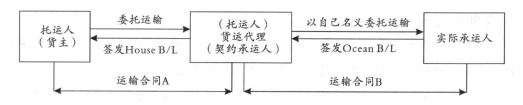

图2-2　货运代理作为当事人时，货主、货运代理和承运人三者的关系

【案例2-2】B货运代理承担承运人的责任

A进出口公司委托B货运代理公司办理一批服装的出口运输，从上海运至日本。B货运代理公司租用C远洋运输公司的船舶承运，但以自己的名义签发提单。货物运抵目的港后，发现部分服装已经湿损。于是，收货人向保险公司索赔。保险公司依据保险合同赔偿收货人后，取得代位求偿权，进而对B货运代理公司提出诉讼。问题：

（1）本案属于代理合同纠纷还是运输合同纠纷？

（2）B货运代理公司对货物损失是否该负赔偿责任？

（3）如果B货运代理公司对货物损失有责，他们该如何处理？

【案例分析】

很明显，本案非代理合同纠纷，而是运输合同纠纷。由于B货运代理公司是以自己的名义签发提单的，这一行为使其成为契约承运人，从而承担了承运人的责任和义务，对因承运人责任范围内的原因造成的货物损失负责赔偿。当然，B货运代理公司仍有权依据其与C远洋运输公司（实际承运人）签订的运输合同，向C远洋运输公司进行追偿。

第二节　国际货运代理的业务内容和作用

国际货运代理为委托人服务，并从委托人那里获得劳动报酬，其工作内容完全属于商业或贸易行为。国际货运代理在促进本国和世界经济发展、满足货物运输关系人服务需求的过程中起着重要的作用。

一、国际货运代理的业务内容

国际货运代理的业务服务范围很广泛，其既可作为货运服务代理人提供服务，又可作为货运服务当事人开展服务活动。

（一）国际货运代理作为货运服务代理人提供服务

国际货运代理作为货运服务代理人提供服务，主要是接受客户的委托，完成货物运输的某个环节或与此有关的各个环节的任务。从货主（发货人、出口商）到买方（收货方）之间的货物运输的某个环节或与此有关的各个环节的任务，都可以成为货运代理的业务内容（如图2-3所示）。

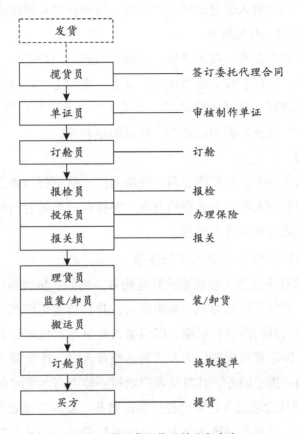

图2-3 国际货运代理的业务内容

根据货运代理作为货运服务代理人的不同服务对象，可将其业务内容分为以下几类。

1. 为发货人服务

国际货运代理可代替发货人（出口商）承担在各种不同阶段的货物运输中的任何一项业务。例如，研究信用证条款和政府的规定；包装；储存；称重和量尺码；选择运输路线、运输方式和适当的承运人；向选定的承运人订舱；提取货物并签发有关单证；货物到港后办理报关及单证手续，并将货物交给承运人；支付运费及其他费用；收取已签发的正本提单，并交发货人；安排货物转运；安排保险；通知收货人货物动态；记录货物灭失情况；协助收货人向有关责任方进行索赔。

2. 为收货人服务

国际货运代理可以作为收货人（进口商）的代理开展各种服务。例如：报告货物动态，接收和审核与运输有关的单据，提货和付运费，安排报关和付税及其他费用，安排运输过程中的存仓，向收货人交付已结关的货物，协助收货人储存或分拨货物。

3. 为检验检疫机构、海关服务

当国际货运代理作为报检、报关代理，办理有关进出口商品的检验检疫、海关手续时，不仅代表其客户，也代表检验检疫机构、海关。事实上，在许多国家，货运代理已取得这些政府部门的许可，办理检验检疫和海关手续，并对检验检疫机构、海关负责，负责在法定的单证中申报货物确切的金额、数量和品名等。

4. 为承运人服务

国际货运代理向承运人，如班轮公司、铁路部门、航空公司等及时地订好足够的舱位，认定对承运人和发货人都公平合理的费率，安排在适当的时间交货，以及以发货人的名义解决与承运人的运费结算等问题。

（二）国际货运代理作为当事人提供服务

1. 国际货运代理作为经营人提供多式联运服务。例如，集装箱化使国际货运代理介入多式联运。这时，国际货运代理充当总承运人，并且负责组织在一个单一合同下，通过多种运输方式进行门到门的货物运输，以当事人身份与其他承运人或其他服务的提供者分别谈判并签约。国际货运代理作为多式联运经营人时，通常需要提供包括所有运输和分拨过程的全面的一揽子服务，并对其客户承担一种更高水平的责任。

2. 国际货运代理从运输服务延伸到提供物流服务。提供物流服务是国际货运代理为满足客户的更高要求、提高其市场竞争力、顺应国际发展的一种新趋势。物流服务是一项从生产到消费的高层次、全方位、全过程的综合性服务。与多式联运相比，国际货运代理提供物流服务，不仅提供一条龙的运输服务，而且延伸到了运输前、运输中、运输后的各项服务。凡与运输相关的、客户需要的服务，均为国际货运代理服务的内容。

二、国际货运代理的作用

随着世界各国经济贸易往来的日益频繁、跨国经济活动的增加以及世界经济全球化进程的加快，国际货运代理行业在世界范围内迅速发展。目前，世界上80%左右的空运货物、70%以上的集装箱运输货物、75%的杂货运输业务，都控制在国际货运代理手中。国际货运代理在促进本国和世界经济发展、满足货物运输关系人服务需求的过程中起着重要作用。

（一）组织协调作用

国际货运代理使用最现代的通信设备来推动国际贸易程序的简化。国际货运代理是

"运输的设计师"，是"门到门"运输的组织者和协调者。

国际货运代理不仅组织和协调运输，而且影响到新运输方式的创造、新运输路线的开发、新运输费率的制定以及新产品的市场开拓。多年来，我国的国际货运代理已在世界各贸易中心建立了客户网，有的还建立了分支机构，因此能够控制货物的全程运输。

（二）中间人作用

作为"货物运输中间人"，国际货运代理既是发货人或收货人的代理，可以代理的名义及时订舱，洽谈公平费率，于适当时候办理货物递交，也可以委托人的名义与承运人结清运费，并向承运人提供有效的服务。

（三）顾问作用

国际货运代理是企业的顾问，能就运费、包装、进出口业务必需的单证、金融、海关、领事要求等方面提供咨询，还能对国外市场和国外市场销售的可能性提出建议。

（四）服务经营作用

第一，提供专业化的服务。国际货运代理的各种服务都是专业化的。它对复杂的进出口业务，海、陆、空运输，以及结算、集运、仓储、集装箱运输、危险品运输、保险、经常变化着的国内外海关手续等都十分熟悉，掌握着专门的知识。

第二，提供特殊服务。国际货运代理可以提供各种特殊项目的服务。例如，将小批量的货物集中成整组货物，这对于那些规模较小、自己又没有出口及运输能力的企业很有价值。

第三，使费用及服务具有竞争力。国际货运代理可以监督运费在货物售价中的比例，建议客户采用最合理的运输方式。此外，还可以在几种运输方式和众多的承运人中间就关键的运价问题进行比较，选择最有竞争力者进行承运。在这些方面，它可以比货方和承运人做得更好，因为这不是一家承运人所能做到的。

第三节　国际货运代理的行业管理

国际货运代理业是一个完全独立的行业，在我国，已经形成了一个具有一定规模的国际货运代理行业。目前，我国国际货运代理行业实行的是以商务主管部门为主、其他相关部门依职权参与管理、政府主管部门实行行政管理与行业协会自律并重的管理体制。

一、国际货运代理的行业组织

（一）国际货运代理协会联合会

国际货运代理协会联合会（International Federation of Freight Forwarders Associations）

简称"菲亚塔"（FIATA）①，是世界国际货运代理的行业组织。该联合会于 1926 年 5 月 31 日在奥地利维也纳成立，是一个在世界范围内运输领域最大的非政府和非营利性组织，成员包括世界各国的国际货运代理行业。该联合会的目的是保障和提高国际货运代理在全球的利益。

菲亚塔的总部设在瑞士的苏黎世，由两年一届的全会选出的常委会主持日常工作。常委会下设：公共关系、运输和研究中心、法律单据和保险、铁路运输、公路运输、航空运输、海运和多种运输、海关、职业训练、统计共十个技术委员会，负责研究、指导、协调和解决国际货运代理业务中所发生的问题。

（二）中国国际货运代理协会

中国国际货运代理协会（China International Freight Forwarders Association，简称 CI-FA）于 2000 年 11 月 1 日经民政部批准登记注册。它是由中国境内的国际货运代理企业自愿组成的、非营利性的、以民间形式代表中国国际货运代理业参与国际经贸运输事务并开展国际商务往来的全国性的行业组织。

中国国际货运代理协会的宗旨是维护我国国际货运代理行业的利益，保护会员企业的正当权益，促进货运代理行业的健康发展，更好地为我国对外经济贸易事业服务。

2001 年年初，中国国际货运代理协会代表中国国际货运代理行业加入了国际货运代理协会联合会。

二、我国对国际货运代理行业的管理

改革开放后，我国的国际货运代理行业由外运独家代理变为多家经营，经济成分由单一的全民所有制发展为中外合资、外商独资、股份制、有限责任公司等多种所有制形式。

我国国际货运代理行业的主管部门为商务部，但是国务院公路、水路、铁路、航空、邮政运输主管部门和联合运输主管部门也根据本行业有关的法律、法规和规章对国际货运代理企业的设立及其业务活动进行着不同程度的管理。自 2005 年 4 月 1 日起，我国对国际货运代理企业的设立已由审批制改为备案制。外商投资设立经营国际快递业务的国际货运代理企业由商务部负责审批和管理，外商投资设立经营其他业务的国际货运代理企业由各省、自治区、直辖市的商务主管部门负责审批和办理。

（一）我国对国际货运代理的界定

我国规定，国际货运代理企业可以作为进出口货物收货人、发货人的代理人，也可

---

① 菲亚塔是"FIATA"的译音，而 FIATA 是法文 Fédération International des Associations de Transitaires et Assimilés 的缩写，而不是国际货运代理协会联合会英文的缩写。

以作为独立经营人从事国际货运代理业务。

国际货运代理企业作为代理人从事国际货运代理业务，是指国际货运代理企业接受进出口货物收货人、发货人或其代理人的委托，以委托人的名义或以自己的名义办理有关业务，收取代理费或佣金的行为。

国际货运代理企业作为独立经营人从事国际货运代理业务，是指国际货运代理企业接受进出口货物收货人、发货人或其代理人的委托，签发运输单证、履行运输合同并收取运费以及服务费的行为。

（二）国际货运代理企业的设立条件

我国规定，国际货运代理企业的名称、标志应当符合国家有关规定，与其业务相符合，并能表明行业特点，其名称应当含有"货运代理"、"运输服务"、"集运"或"物流"等相关字样。

我国国际货运代理企业的组织形式仍然限于有限责任公司或股份有限公司，禁止具有行政垄断职能的单位申请投资经营货运代理业务，承运人以及其他可能对货运代理行业构成不公平竞争的企业不得申请经营国际货运代理业务。

把握设立国际货运代理企业的条件，应注意以下几点。

1. 至少要有五名从事国际货运代理业务三年以上的业务人员。

2. 国际货运代理企业的注册资本最低限额应符合下列要求：

①经营海上国际货物运输代理业务的，注册资本最低限额为 500 万元人民币；

②经营航空国际货物运输代理业务的，注册资本最低限额为 300 万元人民币；

③经营陆路国际货物运输代理业务或者国际快递业务的，注册资本最低限额为 200 万元人民币；

④经营以上两项以上业务的，注册资本最低限额为其中最高一项的限额。

3. 国际货运代理企业成立并经营国际货运代理业务一年以后，在形成一定经营规模的条件下，可以申请设立子公司或分支机构。国际货运代理企业每申请设立一个从事货运代理业务的分支机构，应当相应增加注册资本 50 万元人民币。

4. 设立外商投资国际货运代理企业注册资本最低限额为 100 万美元。外商投资国际货运代理企业正式开业满一年且注册资本全部到位后，可申请在国内其他地方设立分公司。分公司的经营范围应在其总公司的经营范围内，分公司的民事责任由总公司承担。外商投资国际货运代理企业每设立一个从事国际货运代理业务的分公司，应至少增加注册资本 50 万元人民币。

（三）国际货运代理企业的备案

凡经国家工商行政管理部门依法注册登记的国际货运代理企业及其分支机构均需办

理备案。国际货运代理企业的备案工作实行全国联网和属地化管理。企业既可通过网络向备案机关提交备案表，也可向备案登记机关直接报送书面备案表。

（四）我国国际货运代理企业的业务经营范围

根据《中华人民共和国国际货物运输代理业管理规定》、《中华人民共和国国际货物运输代理业管理规定实施细则》，我国国际货运代理企业可作为货主的代理提供货运代理服务，作为承运人的代理人提供货运代理服务，作为独立经营人提供有关服务（例如，国际货运代理企业以契约承运人、多式联运经营人的身份提供货物运输服务）。我国规定，国际货运代理企业可从事国际快递服务（不含私人信函）。

 【复习思考题】

1. 如何理解国际货运代理的双重身份？
2. 国际货运代理的服务对象主要有哪些？
3. 列举国际货运代理作为货运服务代理人能提供的服务内容。
4. 列举国际货运代理作为货运服务经营人（当事人）能提供的服务内容。

 【案例】

我国货主A公司委托B货运代理公司办理一批服装货物海运出口，从青岛港到日本神户港。B公司接受委托后，出具自己的 House B/L 给货主。A公司凭此到银行结汇，提单转让给日本D贸易公司。B公司又以自己的名义向C海运公司订舱。货物装船后，C公司签发海运提单给B公司，B/L上注明运费预付，收发货人均为B公司。实际上C公司并没有收到运费。货物在运输途中由于船员积载不当，造成服装沾污受损。C公司向B公司索取运费遭拒绝，理由是运费应当由A公司支付，B仅是A公司的代理人，且A公司并没有支付运费给B公司。A公司向B公司索赔货物损失，遭拒绝，理由是其没有诉权。D公司向B公司索赔货物损失，同样遭到拒绝，理由是货物的损失是由C公司过失造成的，理应由C公司承担责任。

案例思考题

（1）本案中B公司相对于A公司而言是何种身份？
（2）B公司是否负有支付C公司运费的义务，理由何在？
（3）A公司是否有权向B公司索赔货物损失，理由何在？
（4）D公司是否有权向B公司索赔货物损失，理由何在？

（5）D 公司是否有权向 C 公司索赔货物损失，理由何在？

 【实践技能训练】

1. 上网搜索并阅读《中华人民共和国货物运输代理业管理规定》、《中华人民共和国货物运输代理业管理规定实施细则》、《国际货运代理企业备案（暂行）办法》等文件，熟悉国际货运代理企业的设立条件、备案程序以及业务管理的内容，就创办一个国际货运代理企业的外部环境、内部条件以及可行性方面进行分析。

2. 国内某外贸公司 A 公司与物流公司 B 公司拟合作成立国际货运代理公司，经营海上国际货物运输代理业务。请分析该货运代理企业的设立需要经过哪些程序、办理哪些手续？

第三章 国际物流包装、仓储与理货业务

■ **知识目标**

1. 了解国际货物包装的分类、国际物流中仓库的分类、国际理货的含义。

2. 理解国际货物包装时应注意的问题、物流仓储业务程序、国际理货的原则。

3. 掌握国际货物包装的标志、保税仓库与保税区货物的出入库程序、理货过程中对残损货物和溢短货物的处理。

■ **能力目标**

1. 能够运用所学的国际物流包装标志的有关知识，设计运输包装标志。

2. 能够运用所学的保税仓库与保税区的业务知识，办理保税仓库与保税区货物的出入库手续。

3. 能够运用所学的理货作业的有关知识，处理理货作业过程中的一些业务问题。

第一节 国际物流货物的包装业务

在国际物流中，商品种类繁多，性质特点和形状各异，因而它们对包装的要求各不相同，除少数商品难以包装、不值得包装或根本没有包装的必要而采取裸装或散装的方式外，大多数商品都需要进行适当的包装。在国际货物买卖中，包装是货物的重要组成部分，包装条件是买卖合同的一项主要条件。按某些国家的法律规定，如卖方交付的货物未按规定的条件包装，或者货物的包装与行业习惯不符，买方有权拒收货物。

包装是在物流过程中，为保护商品、方便储运、促进销售，按一定技术方法采用容器、材料及附着物等物品包封并予以适当装封标志的工作的总称。简言之，包装是包装物及包装操作的总称。

一、国际物流包装的分类

（一）按功能分类

按功能对包装进行分类，可分为运输包装和销售包装。国际物流中的包装主要指运

输包装。

1. 运输包装

运输包装又称"大包装"或"外包装"，是以运输、保管为主要目的的包装，也就是从物流需要出发的包装。它具有保证商品安全，方便储运装卸，加速交接、点验等作用。运输包装又分为单件运输包装和集合运输包装。

（1）单件运输包装：指在国际物流过程中作为一个计件单位的包装。常见的有：箱，如纸箱、木箱；桶，如木桶、塑料桶；袋，如纸袋、麻袋、纤维编织袋；包，如帆布包，植物纤维包等。

（2）集合运输包装：又被称为成组化运输包装，指将若干单件运输包装组成一个大包装。常见的有：集装袋或集装包、托盘、集装箱等。

2. 销售包装

销售包装也称商业包装，主要是根据零售业的需要，作为商品的一部分或者为方便携带所做的包装。销售包装的主要功能是定量功能、标识功能、便利功能和促销功能。

在某些情况下，运输包装同时又是商业包装，例如装水果的纸箱属于运输包装，连同箱子出售时，也可以认为是商业包装。

（二）按贸易中有无特殊要求分类

包装根据在贸易中有无特殊要求可分为一般包装、中性包装和定牌包装。一般包装就是普通包装，货主对包装物无任何特殊的要求。中性包装是指商品的内外包装上不注明生产国别、产地、厂名、商标和牌号，它是出口厂商加强对外竞销和扩大出口的一种手段。定牌包装是指在商品的内外包装上不注明国别、产地和厂名，但要注明买方指定的商标或牌号。

除上述分类方法，包装还可分为充气包装、脱氧包装、真空包装、防潮包装、防锈包装、防震包装、危险品包装等。

二、国际物流中商品的包装标志

国际物流中商品的包装标志包括运输包装的标志和销售包装的标志。

（一）运输包装的标志

1. 运输标志

运输标志（Shipping Marks）俗称唛头或唛码，通常是由一些简单的几何图形和字母、数字及简单的文字组成，其主要内容包括：

①目的地的名称或代号；

②收货人、发货人的代号；

③件号、批号。

此外，有的运输标志还包括原产地、合同号、许可证号和体积与重量等内容。运输标志的内容繁简不一，由买卖双方根据商品特点和具体要求商定。

根据国际标准化组织（ISO）的建议，运输标志应为四行，每行的文字和数码不得超过 17 个字符。取消任何图形，因为图形不能用打字机一次做成，且在 EDI 操作中尤其不便。其格式示例如下：

<pre>
A、M、B ————————收货人的缩写
07/S/CNo. 2345 ————————合同编号
New York Via Hongkong ————目的港名称
Nos. 1-4 ————————箱号和总件数
</pre>

2. 指示性标志

这种标志指示出人们在装卸、运输和保管过程中需要注意的事项，一般以简单醒目的图形和文字在包装上标出，故又被称为注意标志。如"此端向上"、"小心轻放"、"由此吊起"、"易碎"等。

在运输包装上标打哪种标志，应根据商品性质正确选用。在文字使用上，最好采用出口国和进口国的文字，但一般以使用英文的居多。

3. 警告性标志

警告性标志又称危险品标志。在运输包装内装用爆炸品、易燃物品、有毒物品、腐蚀性物品、氧化剂和放射性物质等危险货物时，就必须在运输包装上标打用于各种危险品的标志，以示警告，使装卸、运输和保管人员按货物特性采取相应的防护措施，以保证物资和人身的安全。

（二）销售包装的标志

在销售包装上应有必要的文字说明，如商标、品牌、品名、产地、数量、规格、成分、用途和使用方法等。文字说明要同装潢画面紧密结合、互相映衬。

在销售包装上使用文字说明或制作标签时，应注意有关国家的标签管理条例的规定。例如，日本政府规定，凡销往该国的药品，除必须说明成分和服用方法外，还要说明其功能，否则就不准进口。

目前，许多国家的超级市场都使用条形码技术进行自动扫描结算，因此，商品的销售包装上应有条形码。如果商品包装上没有条形码，即使是名优商品，也不能进入超级市场，而只能当作低价商品进入廉价商店。另外，某些国家规定某些商品包装上无条形码标志不予进口。

三、国际物流货物的包装应注意的问题

（一）必须适应商品的特性

国际商品种类繁多，国际运输包装必须适应商品的特性。要避免异物的混入和污染；防湿、防锈、遮光、防止因为化学和细菌的污染而出现的腐烂变质，防霉变、防虫害等。尤其是对危险货物，要采取必要的措施。

（二）必须适应各种不同运输方式的要求

不同运输方式对包装的要求不同，例如，海运包装要求牢固，并具有防止挤压和碰撞的功能；铁路运输包装要求具有不怕震动的功能；航空运输包装要求轻便而且不宜过大。

（三）必须考虑有关国家的法律规定和客户的要求

在国际贸易中，由于各国国情不同，文化差异的存在，对商品的包装材料、结构、图案及文字标识的要求也就不同。例如，在包装材料方面，美国海关规定，为防止植物病虫害的传播，禁止使用稻草做包装材料；在标志和图案方面，法国商标上忌用菊花，英国商标上忌用人物肖像；在容器和结构方面，美国食品药物监督管理局规定，所有药品、化学品必须有保护儿童的安全盖；在使用的文字方面，加拿大政府规定，进口商品必须有英法文对照。

（四）要便于各环节人员的操作

国际物流的中间环节多，国际货物运输包装要便于各环节有关人员的操作。例如，对于装卸和搬运环节而言，如用手工搬运，应以一个人工可以胜任的重量单位进行包装。如运输过程中全部采用敞车，就无需包装成小单位，只要交易中允许，则尽可能包装成大单位。

（五）要在保证牢固的前提下节省费用

包装的用料和设计必须科学，既符合商品的特性，又适应不同运输方式和长途运输的要求，以保证商品品质的安全和数量的完整。包装的用料和设计，要符合节约的原则，在不影响包装牢固的前提下，尽量减少包装的重量和体积。

（六）运输包装的标志要清楚、清晰

如果由于包装不良、标识不清或不当而引起货物损坏或灭失，按有关规定，承运人对此不负赔偿责任，由货主自担责任。

（七）推崇绿色包装

绿色包装是指不会造成环境污染和破坏的包装。当前世界各国的环保意识日益增强，特别是一些经济发达国家出于对环保的重视将容易造成环境污染的包装列入限制进

口之列，例如德国、意大利均禁止使用 PVC 作包装材料的商品进口。

20 世纪 80 年代，工业化国家提出了绿色包装的 3R 原则，即减量化、重复使用和再循环。20 世纪 90 年代又提出了 ID 原则，即包装材料应"可降解"。根据上述原则，绿色包装应符合节省材料、资源和能源，废弃物可降解，不致污染环境，对人体健康无害等方面的要求。

第二节　国际物流仓储业务

"仓"也称为仓库，是存放物品的场地和建筑物；"储"表示收存以备使用，具有收存、保管、交付使用的意思。因此仓储是包含库存和储备在内的一种广泛的经济现象。仓储业务是国际物流过程中的重要组成部分，没有仓储就不能解决生产集中性与消费分散性的矛盾，也不能解决生产季节性与消费常年性之间的矛盾。换言之，没有仓储，生产就会停滞，流通就会中断。

一、国际物流中仓储业务的分类

仓储业务由于其经营主体的不同、仓储功能的不同、经营方式的不同，而具有不同的特征和管理特性。

（一）按仓储经营主体划分

1. 自营仓储

自营仓储是生产企业和流通企业自行进行的货物储存，仅为企业的产品生产或商品经营活动服务。相对来说规模小、专用性强、设施简单，一般不开展经营性仓储服务。

2. 专业经营仓储

专业经营仓储以其拥有的仓储设施，向社会提供商业性仓储服务。其经营人与委托人通过订立仓储合同的方式建立仓储关系，依据合同约定提供服务并收取仓储费。

3. 公共性仓储

公共性仓储是从事某种服务的行业或企业利用其配套仓储服务设施，为客户提供仓储服务的行为，如港口、机场、铁路场站等。其运作的主要目的是保证车站、码头、机场的货物作业，具有内部服务的性质。

4. 战略储备仓储

战略储备仓储是国家根据国防安全、社会的需要，对战略物资实行储备而进行的仓储。战略储备特别重视储备安全性，且储备时间较长。

（二）按仓储功能划分

1. 物流中心仓储

物流中心仓储是开展物流服务活动所必需的仓储活动。为了实现有效的物流服务，对物流的过程、数量、方向进行控制，实现物流的时间价值，需要进行必要的仓储。

2. 配送仓储

配送仓储也称为配送中心仓储，是商品在配送之前进行的短期仓储，是商品在销售或生产使用前的最后储存。其主要目的是支持销售，注重对物品存量的控制。

3. 运输转换仓储

衔接不同运输方式的运输转换仓储，目的是保证不同运输方式的高效衔接，减少运输工具的装卸和停留时间。运输转换仓储具有大进大出的特性，货物存期短。

（三）按仓储物的处理方式

1. 保管式仓储

保持保管物物理状态不变的仓储，也称为纯仓储。存货人将特定的物品交由保管人进行保管，到期时保管人将原物交给存货人。保管物除了所发生的自然损耗和自然减量外，数量、质量、件数不发生变化。

2. 加工式仓储

保管人在仓储期间根据存货人的要求对保管物进行一定加工的仓储。保管物在保管期间，保管人根据委托人的要求对保管物的外观、形状、尺寸等进行加工，使仓储物发生委托人所希望的变化。

二、国际物流中仓库的分类

在物流中，仓库一般是指以仓库、货场及其他设施、装置为劳动手段，对商品、物资进行收集、整理、储存、保管和分拨等工作的场所。国际物流业务中的仓库在国际物流系统中主要承担储存和保管的功能，是国际物流网络中以储存为主要功能的节点。根据使用目的不同，可分为以下几种类型。

（一）存储中心型仓库

存储中心型仓库是以存储为主的仓库。其主要职能是存储待销的出口商品、援外的物资、进口待分拨的物资等。如口岸仓库（大都设在商品集中发运出口的沿海港口城市，主要职能是收储口岸和内地外贸业务部门收购的待出口商品和进口待分拨商品，因此又叫周转仓库）、中转仓库（大多设在商品生产集中的地区和出运港口之间，主要职能是按照商品的合理流向，收储转运本省和外地经口岸出口的商品）、通用仓库（用于储存没有特殊要求的工业品和农用品的仓库）、专用仓库（专门用于储存某一类商品的仓库，在保养技术和设备方面相应地增加了密封、防虫、防霉、防火以及检测等设施）。

（二）流通中心型仓库

流通中心型仓库具有配送和流通加工的功能，它将不再以储存保管为主要目的，其业务范围包括挑选、配货、检验、分类等作业，并具有多品种、小批量、多批次的收货配送功能，以及附加标签、重新包装和流通加工功能。这类仓库能实现货物的迅速发送，是国际物流仓库业务发展的一个重要趋势。

（三）加工型仓库

以流通加工为主要目的的仓库，一般的加工型仓库具有加工厂和仓库两种职能，将商品的加工业务和仓储业务结合在一起。

（四）国际物流中心

国际物流中心是同时具有存储、发货、运输、流通加工功能的仓库，是国际物流活动中的商品、物资等大量流通集散的场所，是国际物流中仓库的最高形式。从区域的规模来划分，国际物流中心可以是某些小的国家或地区，如新加坡以及我国的香港地区；也可以是一国境内的某一特殊区域，如上海外高桥保税区。从实际贸易环境来看，国际物流中心多是由政府部门和物流服务企业共同筹建的具有现代化仓库、先进的分拨管理系统和计算机信息处理系统的外向型物流集散地。

三、国际货物仓储业务程序

仓储业务程序，是指以保管活动为中心，从仓库接受物品入库开始，到按需要把物品全部完好地发送出去的全部过程。

（一）入库

物品入库作业，按工作顺序大体可划分为两个阶段：入库前的准备阶段和确定物资入库的操作程序。

1. 入库前的准备工作

（1）编制仓库物品入库计划

物品入库计划是根据企业物资供应部门提供的物资进货计划来编制的，物资进货计划的主要内容包括各类物资的进库时间、品种、规格、数量等。仓库部门根据物资供应计划部门提交的采购进度计划，结合仓库本身的储存能力、设备条件和各种仓库业务操作过程中所需要的时间，来确定仓库的入库计划。

（2）入库前具体的准备工作

物品入库前具体的准备工作是仓库接受物品入库的具体实施方案，主要内容包括准备人力和物力、安排仓位、备足苫垫用品。

2. 物品入库的操作程序

物品入库工作必须经过一系列的操作过程。

（1）物品接运

物品接运人员要根据不同的接运方式，处理接运中的各种问题。

①专用线接运。这是一种铁路部门将物品直接送到仓库内部专用线的接运方式。操作中主要注意以下几个方面的问题。

第一，卸车前的检查。包括核对车号，检查车门、车窗、货封有无异样，物品名称、箱件数是否与运单相符等。

第二，卸车过程中要注意以下几个问题。按车号、品名、规格分别堆码，做到层次分明、便于清点，并标明车号和卸车日期；妥善处理苫盖，防止受潮后污损。

第三，卸车后的清理。检查车内物品是否卸净，做好卸车记录，办理内部交接手续，将卸车记录和运输记录交付保管人员。

②车站、码头提货。到车站提货，提货人应向车站出示"领货凭证"，若没有收到发货人寄出的"领货凭证"，也可以凭单位证明和在货票存查联上加盖单位提货专用章，将货物取回。

到码头提货的手续稍有不同，提货人要事先在提货单上签字并加盖公章或交付单位提货证明，再到港口换取货运单，就可到指定的交付方提取货物。

提货时要根据运单和有关资料认真核对检查，做出相应的货运记录。

③差错处理

在接运过程中，如果发生差错，要做好记录，以便向有关责任方提出索赔。差错事故记录主要有以下几种。

第一，货运记录。货运记录是表明承运人负有事故责任的基本文件，其内容包括：物品名称、件数与运单记载数字不符，物品被盗、丢失、损坏、污损、受潮、生锈等货物差错。货运记录必须在收货人卸车和提货前，通过认真检查发现问题，经承运人复查确认后，由承运人填写再交给收货单位。

第二，运输普通记录。遇到下述情况发生的货损货差，填写运输普通记录：大铁路专用线自装自卸的物品，棚车的铅封印文不清、不符或没有按规定施封，施封的车门、车窗关闭不严或门窗有损坏等异常情况，责任判明为发货人负责的其他事故。在以上情况发生时，收货单位可以凭普通记录与发货人交涉。

第三，接运记录。在完成物品接运工作的同时，每一步骤应有详细的记录。接运记录要详细列明接运物品到达、接运、交接等各个环节的情况。

（2）核对凭证

物品运抵仓库后，仓库收货人员首先要检验物品入库凭证，然后按物品入库凭证所列的收货单位、货物名称、规格数量等具体内容与物品的各项标志核对。如发现错误，应做好记录，退回或另行存放，待联系后处理。经复核无误后可进行下一道工序。

（3）大数点收

大数点收是按照物品的大件包装（即运输包装）进行数量清点。点收过程中如果发现件数不符、物品串库等情况，收货人员应要求送货人在送货单据上做相应的注明，同时通知运输部门、发货人和货主，并对串库货物另行存放。

（4）检查包装

在大数点收的同时，对每件物品的包装和标志要认真检查。如发现异状包装，收货人员要会同送货人员开箱、拆包检查，若查明确有残损或细数短少情况，由送货人员出具入库物品异状记录，或在送货单据上注明。保管人员要对异状物品另行存放。

（5）交接手续

交接手续通常由仓库收货人员在送货回单上签名盖章表示物品收讫。如果上述程序发现差错、破损等情况，必须在送货单上注明或由送货人员出具差错、异状记录，详细列明差错的数量、破损情况，以便与承运人分清责任，并作为查询处理的依据。

（6）物品验收

在办完交接手续后，仓库要对入库物品作全面细致的验收，包括开箱、拆包、检验物品的质量和细数等。如开箱、拆包验收时发现细数不符，要按实际数量签收，同时通知发货方和货主；如开箱、拆包验收时发现物品有残损或变质情况，应制作残损物品入库单，并及时通知发货方或货主，对残损物品也要分开堆存，以便货主检查处理。

（7）办理物品入库手续

物品验收后，由保管人员或收货人根据验收结果，在物品入库单上签收。同时将物品存放的库房、货位编号批注在入库单上，以便记账、查货和发货。经复核签收的多联入库单除本单位留存外，要退还货主一联作为存货的凭证。

（二）储存保管

物品在入库之后、出库之前处于储存保管阶段。物品储存保管的任务主要是根据物品的性能和特点，提供适宜的保护环境和保管条件，保证库存物品数量正确、质量完好，并充分利用现有的仓储设施，为经济合理地组织物品供应打下良好的基础。

1. 储存

在储存区内，全托盘装载的物品被分配到预定的托盘位置上。对此，有两种常用的货位分配方法，即可变的货位和固定的货位。

可变的货位安排系统，也称动态定位（Dynamic Slotting），是指在每次有新的装运到达时允许产品改变位置，以便有效地利用仓库空间；固定的货位安排系统，则是在选择区内为每种产品分配一个永久性的位置，只要产品的移动流量保持相同水平，储存物品就始终保持这种位置。物品的流量一旦发生增减，就有可能对储存物品进行重新分配位置。一般说来，固定货位安排优于可变货位，因为它可以对某种物品提供即时定位。不过，自从有了计算机控制的仓库定位系统后，这已经不是问题了。然而，无论使用哪一种定位系统，对于每一种区域内的储存物品都应该给它分配一个起始位置。

2. 保管

仓库一般首先考虑出入库的时间和效率，因而较多地着眼于拣选和搬运的方便，但保管方式必须与之协调。

保管方式一般有以下五种类型：

（1）地面平放式，即将保管物品直接放在地面上；

（2）托盘平放式，即将保管物品直接放在托盘上，再将托盘平放于地面；

（3）直接堆放式，即将货物在地面上直接码放堆积；

（4）托盘堆码式，即将货物直接堆码在托盘上，再将托盘放在地面上；

（5）货架存放式，即将货物直接码放在货架上。

保管应包括温度和湿度管理，注意防尘、防臭、防虫、防鼠、防盗等问题。

（三）出库业务

企业自用库和中转库在物资出库业务上有些不同。一般来说，企业自用库比较简单。对于中转库，其物资出库程序是：物资出库前准备→核对出库凭证→备料→复核→交接清点。

1. 物资出库前准备

物资出库前的准备工作分为两个方面：一方面是计划工作，就是根据需货方提出的出库计划和要求，事先做好物资出库的安排，包括货场货位、机械搬运设备、工具和作业人员等的计划和组织；另一方面要做好出库物资的包装和涂写标志工作。

由于出库业务比较细致复杂，工作量也大，因此需要事先对出库作业合理组织，安排好作业人力，保证各个环节的紧密衔接。

2. 核对出库凭证

核对出库凭证，不论是领（发）料单还是调拨单均应由主管分配的业务部门签章。

仓库接到出库凭证后，由业务部门审核证件上的印鉴是否齐全相符、有无涂改。审核无误后，按照出库单证上所列的物资品名规格、数量与仓库料账再作全面核对。无误后，在料账上填写预拨料数后，将出库凭证移交给仓库保管人员。保管员复核料卡无误后，即可作物资出库的准备工作，包括准备随货出库的物资技术证件、合格证、使用说明书、质量检验证书等。

3. 备料

备料的方式有两种：一种是在原货位上备料，无需"上线"集中，这种方式多用于大宗物资的出库。另一种备料方式是备料出库上线就位，即将出库物资按出库凭证上所列的品名、规格、数量，经过装卸运输作业，送到指定的流运场所集中。这种方法多用于小批量或不是整车发送而需集中配送的出库物资。

4. 复核

货物备好后，为了避免和防止备料过程中可能出现的差错，应按照出库凭证上所列的内容进行逐项复核查对。

物资出库的复核查对形式应视具体情况而定，可以由保管员自行复核，也可以由保管员相互复核，还可以设专职出库物资复核员进行复核或由其他人员复核等。

5. 交接清点

如果是用户自提方式，即将物资和证件向提货人当面点清，办理交接手续。

如果是代运方式，则应办理内部交接手续，即由保管人员向运输人员和包装部门人员点清交接。

运输人员根据物资的性质、数量、包装、收货人的地址等情况选择运输方式后，清点箱件，做好标记，整理好发货凭证等运输资料，向承运人办理委托代运手续。承运人同意承运后，运输人员及时组织力量，安排物资从仓库安全无误地交给承运人。

如果是专用线装车，运输人员应于装车后检查整车质量，并向车站监装人员办理交接手续。

物资点交清楚，出库发运后，该物资的仓库保管任务即告结束。保管人员应做好清理工作，及时注销账目、料卡，调整货位上的吊牌，以保证物资的账、卡、物一致，及时准确地反映物资的进出、存取状态。

第三节　保税仓库与保税区

随着国际贸易的不断发展，贸易方式也日益多样化，出现了如来料加工、进料加工、来件装配、补偿贸易、转口贸易等灵活的贸易方式。如进口时征收关税，复出口时再申请退税，则手续过于繁琐，必然会加大贸易成本，不利于发展对外贸易。建立保税仓库、保税区后，可大大简化进出口程序，降低贸易成本和贸易风险，对鼓励国际贸易的发展，鼓励外国企业在本国投资具有重要作用。

一、保税仓库

保税仓库是指经海关批准的专门存放保税货物的仓库，是保税制度中最为广泛的一种形式。根据国际上通行的保税制度，进境存入保税仓库的货物可暂时免纳进口税款，免领进口许可证或其他进口批件，在海关规定的存储期内复运出境或办理正式进口手续。但对于实行加工贸易项下进口需事先申领许可证的商品，在存入保税仓库时，应事先申请进口许可证。

（一）保税仓库允许存放的货物范围

我国规定，保税仓库允许存放的货物范围如下。

1. 缓办纳税手续的进口货物

缓办纳税手续的进口货物，主要包括进口国用于工程、生产等需要预进口的货物，可储存在保税仓库中，随需随提，并办理通关手续。也包括因进口国情况变化、市场变化等，暂时无法决定去向的货物，或是无法做出最后处理的进口货物，这些货物都需要存放一段时间，待条件变化、需要实际进口时再缴纳关税和其他税费，这就使得进口商将缴纳税费的时间推迟到货物实际内销的时间。

2. 需做进口技术处理的货物

需做进口技术处理的货物，是指有些货物到货后，因不适合在进口国销售，而需换包装、改包装尺寸或做其他加工处理。可在货物存入保税仓库后进行此类处置，待符合进口国的要求后再完税内销，若不符合则免税退返。

3. 来料加工后复出口的货物

为鼓励"两头在外"贸易战略的实施，对于某些来料加工的料件，到货后可先将其存入保税仓库，提取加工成成品后再复出口。

4. 不内销而过境港口的货物

有些货物存在如下情况：因内销无望而转口，或在该区域内存放有利于转口，或无法向第三国直接出口而需转口。这类货物可存放于保税仓库中。

（二）保税仓库的类型

1. 专业型保税仓库：具有外贸经营权的企业，经海关批准建立的自管自用的保税仓库。

2. 公用型保税仓库：具有法人资格的经济实体，经海关批准建立的综合性保税仓库。这类仓库的经营者一般不经营进出口贸易，只为国内外保税货物持有者服务。

3. 保税工厂：整个工厂或专用车间在海关监管之下，是专门生产进料加工、进件装配复出口产品的工厂。

4. 海关监管仓库：主要存放已进境而所有人未提取的货物和行李物品，或者暂时存放因无证到货、单证不齐、手续不完备以及违反规程等原因而海关不予放行的货物，以等候海关处理。海关监管仓库的另一种形式是出口监管仓库，专门存储已对外成交且已结汇，但海关暂不批准出境的货物。

二、保税区

保税区与经济特区、经济技术开发区等特殊区域一样，都是经国家批准设立的实行特殊政策的经济区域。主权国家建立保税区，大都是为了一定的经济目的，如吸引外国投资、扩大进出口贸易、发展转口运输等，并通过保税区实现加工、贸易、金融等功能，从国际上获取多方面的经济利益。我国从 20 世纪 90 年代开始在沿海地区陆续批准设立保税区，目前国务院已批准建立了上海外高桥、天津港、大连、宁波、青岛、张家港、福州、厦门象屿、广州、汕头、海口、珠海以及深圳的福田、沙头角和蓝田等 15 个保税区。

（一）保税区的含义

"保税"的大意是"从国外进口的货物，在一定条件下暂时保留关税的征收"。保税区是指在一国境内设置的、由海关监管的特定区域。我国最早设立的保税区是上海外高桥保税区。按我国规定，建立保税区需经国务院批准，保税区与中华人民共和国境内的其他地区（非保税区）之间，应设立符合海关监管要求的隔离设施，并由海关实施封闭式管理。

（二）保税区的特点

国际上与保税区具有类似经济功能的有"自由港"、"自由贸易区"、"出口加工区"等。这些特殊区域尽管名称各异，各国对其实施的管理措施也各不相同，但其具有的两个基本特点却是相同的，即"关税豁免"和"自由进出"。

1. 关税豁免

从境外进口到保税区的货物以及从保税区出口到境外的货物均免征进出口税收，目的是吸引国内外厂商到区内开展贸易和加工生产。

2. 自由进出

对于保税区与境外的进出口货物，海关不作惯常的监管。这里的"惯常监管"是指国际上对进出口的管理规定和进出口的正常海关手续。由于国际上将进入特定区域的货物视为未进入关境，因此不予办理海关手续，海关也不实行监管。

在保税区从事仓储业务可以获得良好的经济效益。设立保税仓储及物流企业，既可以分类、整理、包装、组装、分拨保税产品，享受生产性企业的税收优惠，又可以经营货物的转口及保税物资贸易。大量使用国外进口原辅料件的工贸企业，运用仓储销售、物资配送等现代营销方式经营的大型商贸批发、零售企业，均可把保税区作为仓储基地，建立进出口货物分拨中心。

由于货物进出保税区无需报关，且保税仓储无数量、品种、期限、配额和许可证限制，因此，在保税区从事仓储业务有四个方面的好处：其一，大批量进口商品，通过批量进货、分批报关，可降低进口成本；其二，可以缩短供货周期；其三，可以看样订货；其四，可以出租保税仓库，收取仓储费和其他服务费。

三、货物进出保税仓库的程序

（一）保税货物的入库

保税仓库货物的进货有两种情况：本地进货和异地进货。

1. 本地进货

当进口货物在保税仓库所在地进境时，应由货物所有人或其代理人向入境所在地海关申报，填写进口货物报关单，在报关单上加盖"保税仓库货物"戳记并注明"存入××保税仓库"，经入境地海关审查验放后，货物所有人或其代理人应将有关货物存入保税仓库，并将两份进口货物报关单随货交保税仓库，保税仓库经营人在核对报关单上申报的进口货物与实际货物无误后，在有关报关单上签收，其中一份报关单交回海关存查（连同保税仓库货物入库单据），另一份由保税仓库留存。

2. 异地进货

进口货物在保税仓库所在地以外的其他口岸入境时，货主或其代理人应按海关进口货物转关运输管理规定办理转关手续。货主或其代理人应先向保税仓库所在地主管海关提出将进口货物转运至保税仓库的申请，主管海关核实后，签发"进口货物转关运输联系单"，并注明货物转运存入"××保税仓库"。货主或其代理人凭此联系单到入境地海关办理转关运输手续，经入境地海关核准后，将进口货物监管运至保税仓库所在地，货物抵达目的地后，货主或其代理人按上述"本地进货"手续向主管海关办理进口申报及入库手续。

（二）保税货物的出库

对于存入保税仓库的货物，其出库的流向较为复杂，一般可分为储存后原物复出口、加工贸易提取后加工成品出口、转入国内销售三种情况。

1. 原物复出口

存入保税仓库的货物在规定期限内复运出境时，货物所有人或其代理人应向保税仓库所在地主管海关申报，填写出口货物报关单，并提交货物进口时经海关签章确认的进口货物报关单，主管海关核实后验放相关货物，或按转关运输管理办法将有关货物监管运至出境地海关验放出境。复出境手续办理后，海关在一份出口报关单上加盖印章并退还货物所有人或其代理人，作为保税仓库货物核销的依据。

2. 加工贸易提取后加工成品出口

从保税仓库提取货物用于进料加工、来料加工项目加工生产成品复出口时，经营加工贸易的单位首先按进料加工或来料加工的程序办理合同备案手续，然后由主管海关核发"加工装配和中小型补偿贸易进出口货物登记手册"（以下简称"登记手册"）。经营加工贸易的单位持海关核发的"登记手册"向保税仓库所在地主管海关办理保税仓库提货手续，填写进料加工或来料加工专用进口货物报关单和"保税仓库领料核准单"。"保税仓库领料核准单"经海关核实并加盖放行章后，其中一份由经营加工贸易单位留存以向保税仓库提取货物，另一份由保税仓库留存，作为保税仓库货物的核销依据。

保税仓库提货操作流程如图3-1所示。

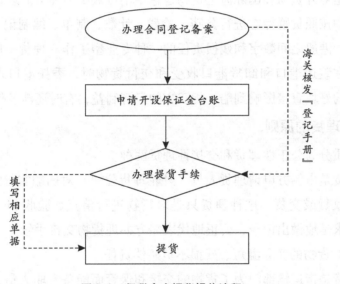

图3-1 保税仓库提货操作流程

3. 转入国内销售

存入保税仓库的货物需转入国内市场销售时，货物所有人或其代理人应事先报主管海关办理正式进口手续，填写进口货物报关单，其贸易性质由"保税仓库货物"转变为"一般贸易进口"。货物属于国家进口配额、进口许可证、机电产品进口管理，以及特定登记进口商品和其他进口管理商品的，需向海关提交有关进口许可证或其他有关证件，并缴纳进口关税和其他税费。上述进口手续办理完毕后，海关在进口货物报关单上加盖放行章，其中一份用以向保税仓库提取货物，另一份由保税仓库留存，作为保税仓库货物的核销依据。

操作提示

　　保税仓库的仓管人员应于每月的前五天内将上月所存货物的收、付、存等情况列表报送当地海关核查，并随附经海关签章的进出口报关单和保税仓库领料核准单等单证。主管海关对保税仓库入库、出库报表与实际进口、出口报关单及领料单进行审核或派员核查有关情况，核实无误后予以核销，并在一份报表上加盖印章认可，保税仓库经营单位对该报表应妥善保存。

第四节　国际理货

　　国际理货是对外贸易和国际海上货物运输中不可缺少的环节。理货（Tally）是指在货物交接过程中按照货物标志进行分哎、验残、计数、制单、编制记录，公正、实事求是地分清港贸、港船之间数字和残损责任的一种专业型工作。理货一般是船方或者货主根据运输合同在装运港口和卸货港口收受和交付货物时，委托港口理货机构代理完成的。理货工作的好坏直接影响到船、货双方的经济利益，有时还涉及保险人的利益。

一、国际理货的原则

　　理货按性质分为公正性理货和交接性理货两种。

　　公正性理货是由船方申请理货人员（外轮理货公司）对船舶实行的强制理货。理货人员代表船方收货或交货。这种理货只是对货物进行清点、验收和交付，对货物的溢短、残损实事求是地做出记录，公正地代表船方办理货物交接手续。专业理货人员（外轮理货公司）对货物的实际溢短、残损不负赔偿责任。

　　交接性理货是指运输部门为了货物的交接和保管而配备专职人员，或委托理货人员代表运输部门交接货物。港口的库场理货是指将出口货物交付船方，将进口货物接卸入库、保管、转运交付货主。港口在进出口货物交接中对货物的溢短、残损等情况要如实地做好记录，并取得责任方的签认，以此作为向责任方办理索赔的依据。

　　理货工作必须遵循的原则有以下三个。

　　第一，实事求是原则。理货工作以事实为依据，一切从事实出发。

　　第二，船边交接的原则。货物交接以船舷为界，交前由交方负责，接后由接方负责。

　　第三，一次签证的原则。

船舶装卸货物后，船长或大副须在有关的理货单证上签字，视为完成了货物的交付或接受任务，称为理货单证。通常讲的签证是指船长或大副签认进口货物的溢短单、残损单和出口货物的装货单，以及进出口货物理货证明书。

在理货或者货运单证上书写对商品数字或者状态的意见，称为批注。批注按批注对象分为理货批注和船方批注，按批注内容分为数字批注和残损批注。

船方签证是承运人对托运人履行的义务和责任，是船方对理货工作的确认和信任，是划分承托双方责任的依据和证明。为此，要求签证工作必须持慎重态度，坚持实事求是的原则，且理货签证一次为准。一次签证的前提是理货数字必须是准确的。

二、国际理货业务

（一）国际理货业务的内容

国际理货业务的内容很多，主要包括以下几项。

1. 按舱单（进口货物）、装货单（出口货物）和货物上的主标志，理清货物数字，分清货物残损。

2. 理清集装箱数字，分清集装箱残损。

3. 集装箱装拆箱的施封、验封以及理清箱内货物数字，分清箱内货物残损。

4. 指导和监督货舱积载，绘制货物积载图和集装箱积载图，制作货物分舱单。

5. 分清混装货物的主标志，隔票及分票卸货。

6. 依据理货结果办理交接签证手续，提供有关理货单证。

（二）理货作业过程中一些业务问题的处理

1. 残损货物的处理

货物包装或货物外表发生破损、污损、水湿、锈蚀、异常变化等现象，并危及或可能危及货物质量或数量时，称为残损货物。进口货物起卸前在船上发生的残损，称为原残。在作业过程中造成的残损，称为工残。

为了确保理货质量，维护委托方利益，理货人员可以按以下方法处理残损货物。

（1）出口货物残损，原则上不能装船，应由发货人换货或整修。在舱内发现的残损货物应卸下船。

（2）进口货物发现原残，应根据与船方商定的办法处理，集中验看或随时验看，编制现场记录，取得船方签字。未经理货员验看确认而卸下船的残损货物按工残处理。

（3）发生工残的货物，应编制记录，经工作组长签字确认。

2. 溢短货物的处理

船舶承运的货物，在装货港以装货单数字为准，在卸货港以舱单数字为准。当船舶实际装卸的货物数字比装货单、进口舱单记载的数字多出时，称为溢；短少时，称为短。

发货人发货数字不准，港口工人装船时途中掉包、掉件或落水，理货差错等是出口货物装船时发生溢短的主要原因。除了装货港的原因外，进口货物卸船时发生溢短的主要原因：船舶运输途中错卸、漏卸、被盗或发生海事；由于装货港装舱混乱、隔票不清、卸货溢短船方未发现，而遗漏船上；卸货时理货差错；卸货港收货差错等。

对溢短货物，理货人员可以按以下方法办理。

（1）出口货物应按装货单数字装船，溢出的货物不能装船。如发货人坚持装船，应由发货人通知船舶代理人更改装货单。

（2）装船时发现短少货物，应要求发货人补足装货单数字。如发货人无货补足，应根据具体情况作部分退关、整票退关或由发货人通过船舶代理人更改装货单。

（3）进口货物应按舱单数字卸船，对溢出或短少的货物应如实编制货物溢短单。

 【复习思考题】

1. 简述国际货物包装的分类。
2. 简述国际物流货物包装应注意的问题。
3. 简述国际物流中仓储业务的分类。
4. 简述国际仓储业务程序中的出库作业包括哪些环节。
5. 简述我国保税仓库中允许存放的货物范围。
6. 简述保税区的特点。
7. 简述国际理货的原则。
8. 理货作业过程中对溢短货物应如何处理？

 【案例一】

某出口公司外售杏脯 1.5 公吨，合同规定纸箱装，每箱 15 千克（内装 15 小盒，每小盒 1 千克）。交货时，由于此种包装的货物短缺，某物流公司按照出口公司的指示，将小包装（每箱仍为 15 千克，内装 30 小盒，每盒 0.5 千克）货物发出。到货后，进口方以包装不符为由拒绝收货。

案例思考题

你认为进口方的要求是否合理？如果不合理，责任在谁？

【案例二】

　　某保税区 HS 公司是一家经营丝绸及其制品、工艺品、小五金业务的公司，其货物出口到亚、欧、美等地区。该公司利用非保税区货物进入保税区视同出口的优势，以保税区为基础，从国内收购货物，在保税区进行仓储，按国外订单要求进行处理、包装并按时分运，这就等于把境外仓库搬到了境内，节约了成本，提高了经济效益。经营业务迅猛扩张，2004年贸易额达 100 多万美元，到 2006 年已达 600 多万美元，并节省了出口代理费用 225 万元，直接退税 1 800 多万元，而如果通过非保税区的常规做法就只能获得 400 万元左右的利益。目前该公司为进一步利用保税区的优势，决定建立丝绸服装仓储、分理、分运中心，并已在保税区购买了 1.2 万平方米土地建设仓储加工用房。

案例思考题

　　HS 公司采取了哪些运作方式？这些运作方式可以获得哪些经济效益？

【实践技能训练】

　　信用证规定：SHIPPING MARK：KD-SPTSC10/SPORTAR/HAMBURG/CASE NO. 1-UP。现已知货物共 5 000 箱，其中 ART. 32 的商品为 1 200 箱，ART. 45 的商品为 1 800 箱，ART. 50 的商品为 2 000 箱。请为货主的这批货编制唛头。

第四章　国际货物出入境检验检疫实务

■ **知识目标**

　　1. 了解电子检验检疫。

　　2. 理解出入境商品检验检疫的作用和意义。

　　3. 掌握检验检疫的程序。

■ **能力目标**

　　能够运用所学的出入境商品检验检疫的相关知识，分析检验检疫程序的正确性。

第一节　出入境商品检验检疫概述

一、出入境商品检验检疫的含义

　　进出口商品检验检疫是指在国际贸易活动中，由商品检验检疫部门或检验检疫机构依照法律、行政法规或国际惯例等的要求，对买卖双方成交商品的数量、质量、重量、包装、卫生、安全及装运工具、装运条件等进行检验，并对涉及人、动物、植物的传染病、病虫害、疫情等进行检疫的工作，在国际贸易活动中通常简称为商检工作。

　　对进出口商品进行检验，通常是国际货物买卖合同中的一项重要内容，对此，许多国家都有法律或行政法规方面的规定，如我国有关法律规定：进口商品未经检验的，不准销售、使用；出口商品未经检验合格的，不准出口。

二、出入境商品检验检疫的依据

（一）法定检验的依据

　　法定检验是指商检机构根据国家法律法规，对规定的进出口商品或有关的检验检疫项目实施强制性的检验或检疫。根据《中华人民共和国进出口商品检验法》的规定，法定检验只能由出入境检验检疫机构实施。属于法定检验的出口商品，未经检验合格的，不准出口；属于法定检验的进口商品，未经检验的，不准销售、使用。法定检验包括以下几个方面。

1. 法定检验的范围

（1）对列入《出入境检验检疫机构实施检验检疫的进出境商品目录》（以下简称《法检目录》）的进出口商品进行检验；

（2）对出口食品进行卫生检验；

（3）对出口危险货物包装容器的性能进行鉴定和使用鉴定；

（4）对装运出口易腐烂变质食品、冷冻品的船舱、集装箱等运载工具进行适载检验；

（5）对有关国际条约规定的须经商检机构检验的进出口商品进行检验；

（6）对其他法律、行政法规规定的须经商检机构检验的进出口商品进行检验；

（7）商检机构对《法检目录》以外的进出口商品实施抽查检验和监督管理。

2. 法定检验的标准

（1）按照国家技术规范的强制性要求进行检验；

（2）没有国家技术规范强制性要求的，参照国外有关标准进行检验。

3. 法定检验的方式

（1）自检；

（2）"共同检验"或"组织检验"；

（3）认可检验；

（4）免检。

（二）实施商品检验鉴定的依据

实施进出口商品检验鉴定是根据贸易合同的相关规定而由贸易当中某一方必须履行的义务。因此，其依据主要是买卖双方签订的进出口合同和相关的一些单证，主要包括买卖合同、租船合同、提单、保险合同等。

三、出入境商品检验检疫机构及其任务

我国出入境检验检疫工作的主管机构是中华人民共和国国家出入境检验检疫局，它是国家主权的体现，是国家管理职能的体现，是国家维护根本经济权益与安全的重要技术措施，是保证中国对外贸易顺利进行和持续发展的需要。

（一）出入境商品检验检疫机构

检验机构包括官方检验机构、半官方检验机构和非官方检验机构三种。

1. 官方检验机构

指由国家或地方政府投资，按照国家有关法律、行政法规对进出口商品的质量检验工作实施法定检验检疫和监督管理的机构。例如，美国食品药品监督管理局（FDA）、美国粮谷检验署、法国国家实验室检测中心、日本通商产业检验所等都是世界上著名的

官方商检机构。

2. 半官方检验机构

指由国家批准设立的公证检验机构。它由政府授权，代表政府行使商品检验鉴定工作或某一方面的检验管理工作，是国家行政执法部门实施监督管理的有效依据。例如，国际知名的美国担保人实验室就属于这种情况，各国若想将与防盗信号、化学危险品以及与电器、供暖、防水等有关的产品出口到美国，都必须先通过其检验，并贴上"UL"标志，否则产品就不能在美国市场上销售。

3. 非官方检验机构

指由私人创办的、具有专业检验鉴定技术能力的公证行或检验公司。这类机构既包括一些历史悠久、在全球具有较高权威的机构，如英国劳埃氏公证行（Lloyd's Surveyor）、中国香港天祥公证行（Intertek Labtest）；也包括一些规模庞大、具有垄断地位的全球性机构，如瑞士日内瓦通用鉴定公司（Societe Generale de Surveillance S. A.，SGS）。

（二）出入境商品检验检疫机构的任务

上述三种检验检疫机构承担着重要的任务，包括以下几个方面。

1. 法定检验

指根据国家法律法规，对规定的进出口商品实行强制检验。在我国，凡列入《检验检疫商品目录》内的进出口商品，必须经出入境检验检疫机构实施检验检疫，海关凭出入境检验检疫局签发的"出（入）境货物通关单"验放，实行"先报检，后报关"的货物出入境制度。

2. 公证鉴定

按国际惯例，由检验检疫局对进出口商品进行各项检验、鉴定业务，称作公证鉴定，包括对外贸易关系人的进出口商品的重量鉴定、货载衡量鉴定、进口商品的残损鉴定、短缺鉴定、出口商品的船舱检验和监视装载鉴定等，出具产地证明、价值证明、包装证明、签封样品、发票签证等其他鉴定。

3. 实施监督管理

检验检疫局对法定检验以外的进出口商品实施监督管理。商检机构接受国际贸易相关人包括生产单位、经营单位、进出口商品的收发货人和外国检验机构等的委托，对进出口原材料、半成品和成品实施化验、检验、测试、鉴定等，签发各种鉴定证书。

出入境检验检疫机构作为国际物流的重要环节，在我国积极应对加入世贸组织后所面临的责任及其适应现代物流发展趋势的要求下，建立起了电子检验检疫系统，极大地提高了通关速度，减轻了企业负担，提高了检验检疫工作效率，实现了对进出口企业、进出口货物和检验检疫自身的严密监管。

四、出入境商品检验检疫的时间和地点

根据各国法律，买方有权在接收货物前对其进行检验，因此，买卖双方一般会在合同中规定检验检疫的时间和地点。

一般而言，在国际货物买卖合同中，关于检验时间和地点的选择基本有三种：在出口国检验；在进口国检验；在出口国检验，在进口国复验。

（一）在出口国检验

这种做法又可分为在"产地检验"和"装运前或装运时，在装运港或装运地检验"。

1. 产地检验

即在货物离开生产地点（如工厂、农场或矿山等）之前，由卖方或其委托的检验机构人员或买方的验收人员或买方委托的检验机构人员对货物进行检验或验收。在货物离开产地之前或买方完成验收之前，关于保证货物品质、重量或数量的责任，由卖方承担。

2. 装运前或装运时，在装运港或装运地检验

即以离岸质量、重量（或数量）为准（Shipping Quality, Weight or Quantity as Final）。据此规定，货物在装运港或装运地装运前或装运时，经由双方所约定的检验机构对货物的质量和重量或数量进行检验，并由该机构出具的检验证书作为决定交货质量和重量或数量的依据。货物运抵目的港或目的地后，买方再对货物进行复验时，即使发现问题，已无权再表示拒收或提出异议和索赔。

（二）在进口国检验

在进口国检验是指货物运抵目的港（地）卸货后检验，或在买方营业处及最终用户的所在地检验。

1. 在目的港（地）卸货后检验

在货物运抵目的港（地）卸货后的一段时间内，由双方约定的目的港（地）检验机构进行检验，并出具检验证书作为双方交货品质、重量或数量等的依据。

2. 在买方营业处及最终用户的所在地检验

此种方法是指将货物检验延伸和推迟到货物运抵买方营业处及最终用户的所在地一段时间内进行，并以双方约定的检验机构所出具的检验证书作为双方交货品质、重量或数量等的依据。这种做法主要适用于那些需要安装调试并进行检验的成套设备、机电产品以及在口岸开包检验后难以恢复原包装的商品。

（三）在出口国检验，在进口国复验

按此做法，装运地的检验机构验货后出具检验证明，作为卖方收取货款的单据之一，但不作为买方收货的最后依据。货到目的地后的一定时间内，买方有权请双方约定的检验

机构进行复验，出具复验证明。复验中如发现到货品质、重量或数量与合同规定不符而属于卖方责任时，买方可凭复验证明向卖方提出索赔，但应注意在索赔期内提出。

此种做法比较公平合理，照顾到了买卖双方的利益，因而在国际贸易中被广泛采用。在我国的进口贸易中，对关系到国计民生、价值较高、技术复杂的重要进口商品和大型成套设备，可在合同中规定允许买方派人在产地或装运港（地）监造或监装，对货物进行预验。货物运抵我国后，再由我方最终检验。这样可以保障我方的利益，防止国外商人以次充好、以假充真等问题的发生。

五、出入境商品检验检疫的作用

出入境检验检疫的工作成果主要表现为检验检疫机构出具的各种证书、证明，一般称为商验证书或检验证书。检验检疫工作的作用通过检验证书的实际效能体现出来，在国际贸易活动中进出口商品的检验检疫主要表现为经济效用，具体有以下几个方面。

第一，作为报关验放的有效证件。许多国家的政府为了维护本国的政治经济利益，对某些进出口商品的品质、数量、包装、卫生、安全、检疫制定了严格的法律法规，相关货物进出口时，必须由当事人提交检验机构符合规定的检验证书和有关证明手续，海关当局才准予进出口。

第二，买卖双方结算货款的依据。检验部门出具的品质证书、重量或数量证书是买卖双方最终结算货款的重要依据，凭检验证书中确定的货物等级、规格、重量、数量计算货款，这是为买卖双方都接受的合理、公正的结算方式。

第三，计算运输、仓储等费用的依据。检验中货载衡量工作所确定的货物重量或体积（尺码吨）是托运人和承运人间计算运费的有效证件，也是港口仓储运输部门计算栈租、装卸、理货等费用的有效文件。

第四，办理索赔的依据。检验机构在检验中发现货物品质不良，或数量、重量不符，违反合同有关规定，或者货物发生残损、海事等意外情况时，检验后签发的有关品质、数量、重量、残损的证书是收货人向各有关责任人提出索赔的重要依据。

第五，计算关税的依据。检验检疫机构出具的重量、数量证书，具有公正、准确的特点，是海关核查征收进出口货物关税时的重要依据之一。残损证书所标明的残损、缺少的货物可以作为向海关申请退税的有效凭证。

第六，作为证明情况、明确责任的证件。检验检疫机构应申请人申请委托，经检验鉴定后出具的货物积载状况证明、监装证明、监卸证明、集装箱的验箱、拆箱证明，对船舱检验提供的验舱证明、封舱证明、舱口检视证明，以及对散装液体货物提供的冷藏箱或舱的冷藏温度证明、取样和封样证明等，都是为证明货物在装运和流通过程中的状态和某些环节而提供的，以便证明事实状态，明确有关方面的责任，这些也是船方和有关方面免责的证明文件。

第七，作为仲裁、诉讼举证的有效文件。在国际贸易中发生争议和纠纷，买卖双方或有关方面协商解决时，商检证书是有效的证明文件。当不能自行协商解决、提交仲裁或进行司法诉讼时，商检证书是向仲裁庭或法院举证的有效文件。

第二节　出入境商品检验检疫的程序

对于法定检验检疫商品或合同规定需要检疫机构进行检验并出具检验证书的商品，对外贸易人应及时提请检疫机构检验。一般而言，商品检验检疫的程序如图4-1所示，主要包括以下五个环节：报检、抽样、检验、签发证书和放行。

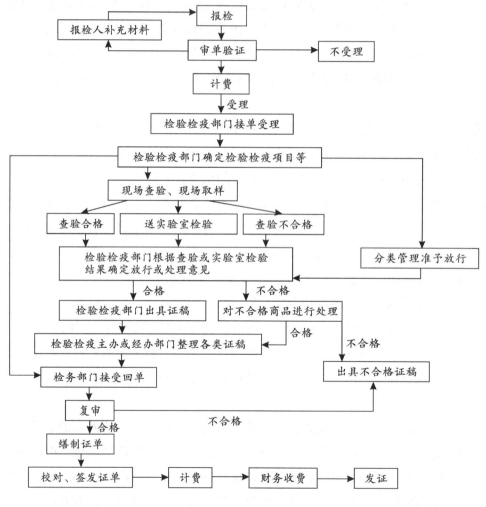

图4-1　出入境商品检验检疫的程序

一、报检

出入境商品的报检是指相关贸易人向检验检疫机构申请检验，凡属于检验检疫范围内的进出口商品都必须报检。报检和商检机构受理报检，是检验工作的起始程序。商检机构应当在规定的期限内检验完毕，并出具检验证单。

（一）报检的条件

1. 已经生产加工完毕并完成包装、刷唛、准备发运的整批出口货物；

2. 已经经过生产企业检验合格，并出具厂检合格单的出口货物；

3. 对于执行质量许可制度的出口货物，必须具有商检机构颁发的质量许可证或卫生注册登记证。

（二）报检的范围

1. 依据国家法律、行政法规规定必须由出入境检验检疫机构实施检验检疫的，如列入《出入境检验检疫机构实施检验检疫的出入境商品目录》的商品；

2. 输入国有规定或与我国有协议/协定，必须凭检验检疫机构出具有关证书（明）方准予入境的对象；

3. 有关国际公约规定必须经检验检疫的；

4. 对外贸易合同、信用证规定由检验检疫机构出具证明的出入境对象；

5. 对外贸易关系人申请的鉴定业务；

6. 委托检验检疫的业务；

7. 申请签发原产地证明书或普惠制原产地证明书的。

报检人在报检时应填写规定格式的报检单，加盖报检单位印章，提供与出入境检验检疫有关的证件资料，并按规定缴纳检验检疫费。

（三）报检时必须提供的单证

1. 受理入境货物报检时，一般应填写"入境货物报检单"，要求报检人提供外贸合同、发票、提单、装箱单以及入境货物通知单等单证；实施安全质量许可、卫生检疫注册的应提交有关证明文件复印件，并在报检单上注明文件号。

（1）报检入境货物品质检验的还应提供国外品质证书或质量保证书、产品使用说明及有关标准和技术资料；凭样成交的，须加附成交样品。

（2）申请残损鉴定的还应提供理货残损单、铁路商务记录、空运事故记录或海事报告等证明货损情况的有关单证。

（3）申请重（数）量鉴定的还应提供重量明细单和理货清单等。

（4）入境货物经用货部门验收或其他单位检验的，应加附有关验收记录、重量明细单或检验结果报告单等。

（5）入境特殊物品的报验。特殊物品包括微生物、人体组织、器官、血液及其制品、生物制品和国务院卫生行政部门指定的其他须特别审批的物品。对入境特殊物品的报验，报验人应根据不同货物种类向检验检疫机构提供相应资料、证明或证书。

2. 受理出境货物报检时，一般应填写"出境货物报检单"，并提供外贸合同或销售确认书或订单；信用证、有关函电；生产经营部门出具的厂检结果单原件；检验检疫机构签发的"出境货物运输包装性能检验结果单"（正本），此外，还应提交以下单据。

（1）凭样品成交的，须提供样品。

（2）经预检的货物，在向检验检疫机构办理换证放行手续时，应提供该检验检疫机构签发的"出境货物换证凭单"（正本）。

（3）产地证和报关地不一致的出境货物，在向报关地检验检疫机构申请"出境货物通关单"时，应提交产地检验检疫机构签发的"出境货物换证凭单"（正本）。

（4）出口危险货物时，必须提供"出境货物运输包装性能检验结果单"（正本）和"出境危险货物运输包装使用鉴定结果单"（正本）。

（5）出境特殊物品的，根据法律法规规定应提供有关审批文件。

（四）报检的时间和地点

1. 出境货物报检时间和地点的规定

（1）出口商品最迟应在出口报关或装运前7天报检，对于个别检验检疫周期较长的货物，应留有相应的检验检疫时间。

（2）需隔离检疫的出境动物在出境前60天预报，隔离前7天报检。

（3）法定检验检疫货物，除活动物需由出境口岸检验检疫机构检验检疫外，原则上应坚持产地检验检疫。

2. 入境货物报检时间和地点规定

（1）入境货物，应在入境前或入境时向入境口岸、指定地或到达站的检验检疫机构办理报检手续。

（2）入境货物需对外索赔出证的，应在索赔有效期前不少于20天内向到货口岸或货物到达地的检验检疫机构报检。

二、抽样

检验检疫机构接受报验后，须及时派员赴货物堆存地点进行现场检验、鉴定。其内容包括货物的数量、重量、包装、外观等项目。现场检验一般采取国际贸易中普遍使用的抽样法（个别特殊商品除外）。抽样时，要按照规定的方法和一定的比例，在货物的不同部位抽取一定数量、能代表全批货物质量的样品（标本）供检验之用。

抽样是进出口商品检验工作中的一个重要环节，检验结果是否准确同抽样工作有密切的关系。

（一）抽样的原则

抽样必须遵循以下原则。

1. 随机性

即从整批商品中抽取样品时，应不加任何选择地随机抽取。整批货物中的所有产品都有被抽取的机会，这样才能确保抽取的样品对于该整批报验商品来说具有代表性。

2. 代表性

抽取的样品必须具有足够的代表性，否则检验时即使运用最先进的技术和设备，检验结果也不可能准确。为此，在抽取样品时，必须抽取足够多的数量，这样样品的平均质量才比较接近整批商品的平均质量。

3. 可行性

即抽样的数量、方法、工具和装置要合理可行、切合实际，符合进出口商检的要求。应在力争准确的基础上做到快速、经济、节约人力和物力。

4. 先进性

即要不断改进抽样技术和抽样标准，赶上国际先进水平，以满足国际贸易的需要。

（二）抽样的种类

出入境货物品种繁多、情况复杂，为了确保抽样工作的质量，同时又便于对外贸易，必须针对不同商品的不同情况，灵活运用不同的抽样方式。常用的抽样方式有以下几种。

1. 登轮抽样

对于大宗商品，如散装粮谷、铁矿砂等，可采取在卸货过程中登轮抽样的办法，可随卸货进度，按一定的比例抽到各个部位的代表性样品，然后取得有代表性的检验样品。

2. 甩包抽样

例如橡胶，一般其数量很大，按规定以 10% 抽样，采取在卸货过程中，每卸 10 包甩留 1 包供抽样用，既可使抽样工作便利，又能保证样品的代表性。

3. 翻垛抽样

因商品在仓库中密集堆垛，而难以在不同部位抽样时，（如有条件）应进行适当翻垛，然后进行抽样，这个方式要多花一定的劳力。

4. 出厂、进仓时抽样

在仓容紧张、翻垛困难的情况下，可事先联系安排在出厂时或进仓时对商品进行抽样，同时加强批次工作。

5. 包装前抽样

为了避免商品抽样时的拆包损失，特别是对用机器打包的商品，在批次分清的前提下，采取在包装前进行抽样的方法。

6. 生产过程中抽样

有些商品，如罐头等，可在生产过程中，根据生产批次，按照规定要求，随生产抽样，以保证代表性，检验合格后再进行包装。

7. 装货时抽样

大宗散装商品，有条件的可在装船时进行抽样。如原油用管道装货时，可定时在管道中抽取样品；食盐在装船时每隔一小时抽样一次，这样可保证样品代表性很好。但采取这种方式抽样时，出口方必须事先确保出口商品的品质符合合同的要求，或是合同规定出口方只要凭检验机构根据实际检验结果出具的检验证书即可进行结算，否则如果在装船后发生检验不合格，就难以处理。

8. 开沟抽样

散装矿产品，如氟石、煤炭等，都是露天大垛堆存，抽样困难，且品质又不够均匀，一般视垛位大小，挖掘 2 ~ 3 条深 1 米的沟，以抽取代表性样品。

9. 流动间隔抽样

大宗矿产品抽样困难，可结合装卸环节，在输送带上定时抽取有足够代表性的样品。

不论采取上述哪种抽样方式，抽取样品时都必须遵循抽样的基本原则，尽量保证样品能代表整批商品的品质。

三、检验

检验机构接受报检之后，认真研究申报的检验项目，确定检验内容，仔细审核合同（信用证）对品质、规格、包装的规定，弄清检验的依据，确定检验标准、方法，然后实施检验。检验的方法主要有：仪器分析检验、物理检验、感官检验、微生物检验等。

根据我国商检法规的规定，内地省市的出口商品须由内地检验机构进行检验。经内地检验机构检验合格后，签发"出口商品检验换证凭单"。当商品的装运条件确定后，外贸经营单位持内地检验机构签发的"出口商品检验换证凭单"向口岸检验机构申请检验放行。

口岸查验是指对于经产地出入境检验检疫机构检验合格、运往口岸待运出口的商品，在运往口岸后申请出口换证时，口岸检验机构派人进行的查验工作。

口岸查验中发现有漏检项目和需要重新进行检验的，口岸检验机构要对漏检的项目进行估计，需要重新检验的要按照标准的规定重新检验；口岸查验中发现货物包装有问题或不合格时，应及时通知有关单位重新整理，经重新整理或包装后，再进行查验；口岸查验中如果发现"出口商品检验换证凭单"有误时，应与发货地的检验机构联系更正。

四、签发证书

商检证书是各种进出口商品检验证书、鉴定证书和其他证明书的统称，是对外贸易有关各方履行契约义务、处理索赔争议和仲裁、诉讼举证时具有法律依据的有效证件，也是海关验放、征收关税和优惠减免关税的必要证明。

对于出口商品，经检验部门检验合格后，凭"出境货物通关单"进行通关。如合同、信用证规定由检验检疫部门检验出证的，或国外要求签发检验证书的，应根据规定签发所需证书。

对于进口商品，经检验后签发"入境货物通关单"进行通关。由收、用货单位自行验收的进口商品，如发现问题，应及时向检验检疫局申请复验。如复验不合格，检验机构即签发检验证书，以供对外索赔。

商检证书的种类及其用途简要介绍如下。

1. 品质检验证书

该证书是出口商品交货结汇和进口商品结算索赔的有效凭证；是法定检验商品的证书，是进出口商品报关、输出输入的合法凭证。

2. 重量或数量检验证书

该证书是出口商品交货结汇、签发提单和进口商品结算索赔的有效凭证；是出口商品的重量证书，也是国外报关征税和计算运费、装卸费用的证件。

3. 兽医检验证书

该证书是证明出口动物产品或食品经过检疫合格的证件，适用于冻畜肉、冻禽、禽畜罐头、冻兔、皮张、毛类、绒类、猪鬃、肠衣等出口商品。该证书是对外交货、银行结汇和进口国通关输入的重要证件。

4. 卫生/健康证书

该证书是证明可供人类食用的出口动物产品、食品等经过卫生检验或检疫合格的证件，适用于肠衣、罐头、冻鱼、冻虾、食品、蛋品、乳制品、蜂蜜等，是对外交货、银行结汇和通关验放的有效证件。

5. 消毒检验证书

该证书是证明出口动物产品经过消毒处理，保证安全卫生的证件，适用于猪鬃、马尾、皮张、羽毛、人发等商品，是对外交货、银行结汇和国外通关验放的有效凭证。

6. 熏蒸证书

该证书是用于证明出口粮谷、油籽、豆类、皮张等商品，以及包装用木材与植物性填充物等已经过熏蒸灭虫的证书。

7. 残损检验证书

该证书是证明进口商品残损情况的证件，适用于进口商品发生残、短、渍、毁等情况；可作为收货人向发货人或承运人或保险人等有关责任方索赔的有效证件。

8. 船舱检验证书

该证书证明承运出口商品的船舱清洁、密固、冷藏效能及其他技术条件是否符合保护承载商品的质量和数量完整与安全的要求。其可作为承运人履行租船契约适载义务，以及对外贸易关系方进行货物交接和处理货损事故的依据。

9. 产地证明书

该证明书是出口商品在进口国通关输入、享受减免关税优惠待遇和证明商品产地的凭证。

10. 舱口检视证书、监视装/卸载证书、舱口封识证书、油温空距证书、集装箱监装/拆证书

这些是证明承运人履行契约义务、明确责任界限，以便于处理货损货差责任事故的证明。

11. 价值证明书

该证明书是进口国管理外汇和征收关税的凭证，在发票上签盖商检机构的价值证明章与价值证明书具有同等效力。

12. 货载衡量检验证书

该证书是证明进出口商品的重量、体积吨位的证件，可作为计算运费和制订配载计划的依据。

13. 装箱租箱交货检验证书、租船交船剩水/油重量鉴定证书

这类证书可作为契约双方明确履约责任和处理费用清算的凭证。

五、放行

1. 法定检验出口商品的放行

法定检验的出口商品经检验检疫机构检验合格后，报检人持检验申请单、外销合同、发票、装箱单、换证凭单和报关单（一式两份），向出口地检验检疫机构办理放行手续。商检机构审核单证无误后，在"报关单"上加盖"放行章"，或签发"放行通知单"，或签发注有"限国内通关使用"字样的检验证书。

2. 免验出口法定检验商品的放行

按照《中华人民共和国进出口商品检验法》及《中华人民共和国进出口商品检验法实施条例》的相关规定，对取得出口法定检验商品免验的申请人，在免验的有效期内，凭免验证书、外销合同、信用证及该商品的品质证书、厂检合格单或样品、礼品、展品证明书等文件，到检验检疫机构办理免验放行手续，缴纳手续费，海关就可予以放行。

第三节　出入境商品电子检验检疫

中国电子检验检疫是指通过应用信息化手段和改革检验检疫监管模式，实现对检验检疫对象从申报到检验检疫、签证放行全过程的电子化。电子检验检疫具有电子报检、电子监管、电子放行三大功能。

一、电子报检

电子报检是指报检人使用报检软件，通过检验检疫电子业务服务平台将报检数据以电子方式传输给检验检疫机构，经检验检疫业务管理系统和检务人员处理后，将受理报检信息反馈给报检人，实现远程办理出入境检验检疫报检的行为。

对报检数据的审核按照"先机审，后人审"的程序进行。企业发送电子报检数据，电子审单中心按计算机系统数据规范和有关要求对数据进行自动审核，对于不符合要求的，反馈错误信息；对于符合要求的，将报检数据传输给受理报检人员，由受理报检人员人工进行再次审核，若再次审核符合规定，则成功受理报检数据，同时将其反馈给报检企业和施检部门，并提示报检企业与相应的施检部门联系检验检疫事宜。

报检企业接到报检成功的信息后，按信息中的提示与施检部门联系检验检疫。在现场检验检疫时，持报检软件打印的报检单和全套随附单据交施检人员审核，对于不符合要求的，由施检人员通知报检企业，并将不符合情况反馈给受理报检部门。

电子报检的计费由电子审单系统自动完成，接到施检部门转来的全套单据后，对照单据进行计费复核。报检单位逐票或按月缴纳检验检疫等相关费用。

进行电子报检时，需要注意以下两个问题。

（一）申请电子报检的报检人应具备下列条件

1. 遵守报检的相关管理规定；

2. 报检人应已在检验检疫机构办理登记备案或注册登记手续；

3. 具有经检验检疫机构培训考核合格的报检员；

4. 具备开展电子报检的软硬件条件；

5. 在国家质检总局指定的机构办理电子业务开户手续。

（二）报检人在申请开展电子报检时，应提供以下资料

1. 在检验检疫机构取得的报检人登记备案或注册证明复印件；

2. 电子报检登记申请表；

3. 电子业务开户登记表。

二、电子监管

电子监管在检验检疫工作前推后移、改革原有监管模式的基础上，用信息化管理全过程，从而大大提高了工作效率。电子监管包括出口货物前期管理、出口货物快速核放以及进口货物快速查验。检验员通过"电子监管"系统可实时掌握企业产品管理信息、监控管理信息、日常监督管理信息，有效防止企业虚增批次。

（一）出口货物前期管理

出口货物前期管理是对出口货物监管的前推，实现从源头管理，包括建立企业电子档案、在生产过程排布关键监控点进行严密检验检疫检测、实时提取电子数据、实现严密监管和工作前推。

（二）出口货物快速核放

出口货物快速核放是指将出口企业日常监管信息、生产过程实时检验检疫结果和标准按规定要求存入监管数据库。报检时，只需将数据进行比对，成功后即可放行。

（三）进口货物快速查验

进口货物快速查验是指检验检疫机构与港务部门的网络互联、信息共享，货物到港前，该系统可提前获取港务部门的相关电子信息，并对进口货物到货信息自动核查和处理。货物到港后，按检验检疫的不同要求查验核放。

三、电子放行

（一）电子通关

电子通关是指采用网络信息技术，将检验检疫机构签发的出入境通关单的电子数据传输到海关计算机业务系统，海关将报检报关数据比对确认相符合后，予以放行。这种通关方式不仅加快了通关速度，还有效控制了报检数据与报关数据不符问题的发生，同时能有效遏制不法分子伪造、变造通关证单的行为。

（二）电子转单

电子转单是指通过系统网络，将产地检验检疫机构和口岸检验检疫机构的相关信息

相互连通，出境货物经产地检验检疫机构检验检疫合格后的相关电子信息传输到出境口岸检验检疫机构；入境货物经入境口岸检验检疫机构签发"入境货物通关单"后的相关电子信息传输到目的地检验检疫机构实施检验检疫的监管模式。

出境电子转单，由产地检验检疫机构检验检疫合格后，通过网络将相关信息（如报检信息、签证信息）传输到电子转单中心，并以书面形式向出境货物的货主或其代理人提供报检单号、转单号及密码等。出境货物的货主或其代理人凭报检单号、转单号及密码等到出境口岸检验检疫机构申请"出境货物通关单"。出境口岸检验检疫机构应出境货物的货主或其代理人的申请，提取电子转单信息，签发"出境货物通关单"。

入境电子转单，由口岸检验检疫机构通过网络，将相关信息（如报检信息、签证信息）传输到电子转单中心，并以书面形式向入境货物的货主或其代理人提供报检单号、转单号及密码等。目的地检验检疫机构接收电子转单中心转发的相关电子信息，并反馈接收情况信息。出境货物的货主或其代理人凭报检单号、转单号及密码等，向目的地检验检疫机构申请实施检验检疫。目的地检验检疫机构根据电子转单信息，对于入境货物的货主或其代理人未在规定期限内办理报检的，将有关信息反馈给入境口岸检验检疫机构。入境口岸检验检疫机构接收电子转单中心转发的上述信息，采取相关处理措施。

但是，需要注意的是凡属以下情况之一的，暂不实施电子转单：

1. 出境货物在产地预检的；

2. 出境货物出境口岸不明确的；

3. 出境货物需到口岸并批的；

4. 出境货物按规定需在口岸检验检疫并出证的；

5. 其他按有关规定不适用电子转单的。

此外，产地检验检疫机构签发完"换证凭单"后需进行更改的，按《出入境检验检疫报检规定》的有关规定办理，根据下列情况对电子转单有关信息予以更改：

1. 对运输造成包装破损或短装等原因需要减少数量或重量的；

2. 需要在出境口岸更改运输工具名称、发货日期、集装箱规格及数量等有关内容的；

3. 申报总值按有关比重换算或变更申报总值幅度不超过 10% 的；

4. 经口岸检验检疫机构和产地检验检疫机构协商同意更改有关内容的。

四、绿色通道制度

根据我国《出口货物实施检验检疫绿色通道制度管理规定》，绿色通道制度是指对于诚信度高、产品质量保证体系健全、质量稳定、具有较大出口规模的生产或经营企业（含高新技术企业、加工贸易企业），经国家质量监督检验检疫总局审查核准，对符合条件的出口货物实行产地检验检疫合格，口岸检验检疫机构免于查验，直接签发"出境货物通关单"放行的优惠通关制度。这是检验检疫部门贯彻"走出去"战略，支持促进扩大出口的又一重要措施，是提高检验检疫工作效率和口岸通关速度的有效手段。

因此，对于安全质量风险小、诚信度高的企业的出口货物，在口岸绿色通道申报窗口直接换发"出境货物通关单"，口岸检验检疫机构不再实施口岸查验，而直接向海关发送电子通关单。

【复习思考题】

1. 进出口商品检验检疫的含义。
2. 出入境检验检疫的依据包括哪些？
3. 出入境商品检验检疫的时间和地点如何选择？
4. 出入境商品报检的范围是如何规定的？
5. 出入境商品抽样时应遵循哪些原则？
6. 简述出入境商品检验检疫的程序。
7. 简述电子检验检疫的三大功能。

【案例一】

港口城市太仓是江苏省经济最为发达的地区之一。太仓港是上海国际航运中心的干线港和组合港、国家一类口岸，江苏省把太仓港视为"江苏第一港"。为加快太仓外向型经济发展，加快外贸通关放行速度，太仓检验检疫局开展了深入广泛的信息化建设。为配合江苏省检验检疫局"三电工程"新的发展措施——中小型进出口企业扶持计划，太仓检验检疫局结合太仓实际情况，推出适合企业发展要求的优惠政策，并于2006年5月21日召开了"太仓地区中小型企业三电工程扶持推广会议"。此次会议不仅适应了"三电工程"和"大通关"工程当前的发展形势，更进一步让广大企业得到信息化快捷便利的实惠，优化了太仓地区的投资软环境，深受企业欢迎。目前，太仓检验检疫局电子申报量已占总申报量的97%以上。

案例思考题

以上案例对我们有哪些启示？

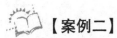

【案例二】

我国某公司出口一批货物，按照有关规定办理了电子转单，但是突然接到消息，接运货物的船舶于海上触礁，不能按时到达，买方因急需这批货物遂与卖方协商将这批货物由其他船只承载。

案例思考题

在这种情况下我方能否对电子转单的相关信息进行更改？

【实践技能训练】

济南某出口企业 A 公司经青岛口岸向新加坡 B 公司以 CIF 新加坡条件出口一批压缩机（法检商品）。请分析该批货物出口检验检疫的程序，并画出检验检疫流程图。

第五章　国际货物通关实务

第一节　海关概述

一、海关的定义

海关是主权国家在其开放口岸设立的，对进出境的货物、运输工具、行李物品、邮递物品等执行监督管理、稽征关税和查缉走私的国家行政机关。它是随着商品生产的发展和不同国家之间进行商品交换的需要而逐步形成和发展起来的。一个国家的海关政策及其监督制度，是该国对外经济贸易政策和措施的重要组成部分。

二、海关的性质

依据《中华人民共和国海关法》（以下简称《海关法》）的规定，海关的性质是国家进出关境的监督管理机关。具体表现在以下两方面。

（一）海关是国家的监督管理机关

海关是代表国家在进出境活动中行使监管职能的行政管理和执法机关。海关通过对其职能范围内的社会经济活动进行监管，维护国家法律的尊严，并依法对各种违法行为进行处罚。因此，海关具有行政监督和行政执法双重职能。

（二）海关实施监督的范围是进出关境的活动

海关进行监督管理的对象是所有进出关境的运输工具、货物、行李物品、邮递物品以及与上述货物有关人员的行为。与一般行政机关相比，海关管理具有较强的涉外性。

关境是国际上海关通用的概念，是指适用于同一海关法或实行同一关税制度的领域。因此，关境可以大于或小于国境。我国《海关法》所指的关境范围是除享有单独关境地位的地区以外的中华人民共和国全部领陆、领空和领海，本书所说的"出入境"均指出入"关境"。

三、海关的任务

海关的任务是指海关作为监管机关代表国家行使职权时所承担的责任与任务。根据《海关法》规定，海关的基本任务有四项：监督管理、征收关税、查缉走私和编制海关统计。

（一）监督管理

海关运用国家赋予的权力，通过报关注册登记、审核单证、查验放行、后续管理、查处违法行为等环节，对进出境的运输工具、货物、物品进行监督管理。海关监管形式上是管货，实质上是由货而及人，通过对货的监管，来确认当事人的进出境活动及该企业经营活动的真实性和合法性。

（二）征收关税

海关按照国家制定的关税政策、法律规定和《中华人民共和国进出口税则》（以下简称《进出口税则》），对进出境运输工具、货物、物品征收关税及其他税费，包括征收进口关税、出口关税，由海关代征的增值税、消费税等其他税费。

（三）查缉走私

海关依据国家法律赋予的权力在各监管场所和设关地附近的沿海、沿边规定地区内，打击各种走私违法犯罪，维护进出口环节的秩序，保证国家税收，维护国家主权和利益。海关对走私案的处理轻则处以罚款和没收走私货物、物品，若构成走私罪则移送司法机关追究其刑事责任。

（四）编制海关统计

海关统计是以实际进出口货物作为调查和统计、分析的对象，通过收集、整理、加工处理进出口货物报关单和经海关核准的其他申报单证，对进出口货物的各项指标分别进行统计和综合分析，全面、准确地反映对外贸易的运行态势，及时提供统计信息和资讯，实施有效的统计管理，促进对外贸易的发展。

四、海关的权力

海关的权力是指国家通过海关法规而赋予海关对进出境货物、物品、运输工具等的监督管理权。它具有特定性、独立性、强制性等三个特点。根据《海关法》及有关法律法规的规定，海关在执行职务过程中，可以行使以下 12 项权力。

（一）检查权

除法律另有规定的以外，在海关监管区内检查进出境运输工具；在海关监管区内和海关附近沿海沿边规定地区，检查有走私嫌疑的运输工具和有藏匿走私货物、物品的场所；检查走私嫌疑人的身体；检查与进出口活动有关的生产经营情况和货物。

（二）查阅权

查阅进出境人员的证件，查阅与进出境运输工具、货物、物品有关的合同、发票、账册、单据、记录、文件、业务函电、录音录像制品和其他有关资料。

（三）查问权

查问违反《海关法》和相关法律法规的嫌疑人。

（四）调查权

调查违反《海关法》和相关法律法规的嫌疑人的行为。

（五）稽查权

海关在规定的期限内对与进出口活动直接有关的企业、单位的会计账册、凭证、报表及其他资料进行稽查，以审查有关企业、单位有无违反海关法规的行为，促使企业守法经营，确保国家税收。需要强调的是，此项权力涵盖《海关法》提及的海关权力的大部分。对企业行使稽查权所动用的手段，如检查企业有藏私嫌疑的场所，查阅和复制有关合同、发票、账册，查问有走私嫌疑的企业人员，也就是海关工作人员依法行使检查权、查问权、复制权等。另外，海关进行稽查时若发现企业、单位有可能转移、藏匿、篡改、毁弃账簿、单证等资料，或发现企业、单位的进出口货物有违反《海关法》和其他有关法律、行政法规规定的嫌疑，则可以行使封存权。

（六）复制权

复制与进出境运输工具、货物、物品有关的合同、发票、账册、单据、记录、文件、业务函电、录音录像制品和其他有关资料。

（七）扣留权

扣留违反《海关法》的进出境运输工具、货物和物品，以及与之有关的合同、发票、账册、单据、记录、文件、业务函电、录音录像制品和其他有关资料。

（八）质押权

海关向有关当事人收取一定数额的保证金或物品作为抵押，以保证其履行法定义务。质押权一般在执行海关的其他强制性措施不便或执行处罚决定有障碍的情况下使用。

（九）追缉权

对违抗海关监管逃逸的进出境运输工具或个人连续追至海关监管区和海关附近沿海沿边规定地区以外，将其带回处理。

（十）处理权

海关可以对纳税争议、走私及其他违法行为不服处罚的作出复议决定；也可以对走私货物、物品及其他违法所得处以没收；还可以对走私行为和违反海关监管规定行为的当事人处以罚款。

（十一）佩带和使用武器权

海关为履行职责，可以依法佩带武器，海关工作人员在履行职责必要时可使用武器。使用范围为执行走私任务时；使用对象为走私分子和走私嫌疑人；使用条件必须是在不能制伏被追缉逃跑的走私团体或遭遇武装掩护走私，不能制止以暴力抢夺查扣的走私货物和其他物品，以及以暴力抗拒检查、抢夺武器或警械、威胁海关工作人员生命安全非开枪不能自卫时。

（十二）强制执行权

强制执行权是指在有关当事人不依法履行义务的前提下，为实现海关的有效行政管理，按照法定程序，采取法定的强制手段，迫使当事人履行法定义务。海关的强制执行权包括强制扣税、强制履行海关处罚决定等。

第二节　海关通关制度

海关通关制度是主权国家为维护本国政治、经济、文化利益，对进出口货物和物品在进出境口岸进行监督管理的基本制度。

通关是指进出境运输工具的负责人、货物的收发货人及其代理人、物品的所有人向海关申请办理进出境手续，海关对其呈交的单证和申请进出境的运输工具、货物、物品依法进行审核、查验、征缴税费，批准进口或出口的过程。

根据《海关法》的有关规定，国家在对外开放的口岸和海关监管业务集中的地点设立海关，进出境的运输工具、货物、物品都必须通过设立海关的地点入境或出境。特殊情况下，经国务院或国务院授权机关的批准，可在未设立海关的地点临时入境或出境，但也必须依法办理海关通关手续。

一、一般进出口货物的通关制度

一般进出口货物是指海关放行后可永久留在境内或境外，不能享受特定减免税优惠的实际进出口货物。也就是说，货物不论以何种进出口方式、进出口渠道，只要是不享受特定减免税优惠的实际进出口，均应按一般进出口货物的通关规则办理进出口海关手续。

一般进出口货物通关的基本程序是：申报→查验→征税→放行。加工贸易中，经海关批准的减免税或缓纳进出口税费的进出口货物，以及其他在放行后一定期限内仍须接受海关监管的货物的通关，可分为五个基本程序：申报→查验→征税→放行→结关。对于报关人来说，一般进出口货物通关的基本手续，由向海关申报、陪同海关查验、缴纳进出口税费和提取或装运货物四个基本环节组成，如图5-1所示。

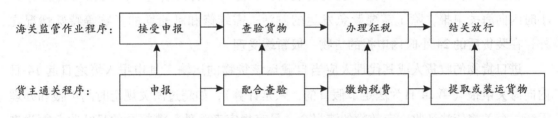

图 5-1　进出口货物通关的基本环节

（一）申报

所谓申报，也可理解为狭义的报关，是指货物、运输工具和物品的所有人或其代理人在货物、运输工具、物品出入境时，向海关呈送规定的单证（可以书面或者电子数据交换方式）并申请查验、放行的手续。申报与否，包括是否如实申报，是区别是否走私的重要界限之一。

为了保证申报行为的合法性，海关对进出口货物申报人的资格、申报时间和地点、申报单证、申报内容等方面做了明确的规定。

1. 申报资格

参与申报的报关单位和报关人员，必须依法在海关注册登记。

（1）报关单位

报关单位分为两种类型，即进出口货物收发货人和报关企业。

①进出口货物收发货人，是指依法直接进口或出口货物的中华人民共和国关境内的法人、其他组织或个人。

进出口货物收发货人应按照规定到所在地海关办理报关单位注册登记手续。

②报关企业，是指按照规定经海关准予注册登记，接受进出口货物收发货人的委托，以进出口货物收发货人的名义或者以自己的名义，向海关办理代理报关业务、从事报关服务的境内企业法人。

报关企业应当经直属海关注册登记许可后，方能办理注册登记手续。

（2）报关员

报关员是指依法取得报关员从业资格，并在海关注册登记，向海关办理进出口货物报关业务的人员。

自1997年6月1日起，报关员要参加全国统一考试，经考试合格取得《报关员资格证书》后，由所在的报关单位向海关申请注册，经海关核准者才能成为报关员，取得《报关员证》。

2. 申报期限

根据《海关法》规定，出口货物的发货人，除海关特准者外，应当在装货前的24小时内向海关申报，除了需要紧急发运的鲜活、需维修和赶船期的货物等特殊情况之外，在装货后的24小时内申报的货物一般暂缓受理。

进口货物的收货人或其代理人应当自载运该货物的运输工具申报入境之日起14日内向海关申报（第14日为法定节假日的，顺延计算），如超过海关规定时间申报和办理手续，海关将依法征收一定数额的滞报金，另有规定者除外。滞报金的日征收金额为进口货物到岸价格的0.5‰。进口货物滞报金期限的起算日期为自运输工具申报入境之日起15日。

$$滞报金 = 进口完税价格 \times 滞报期限 \times 0.5‰$$

进口货物自运输工具申报进境之日起超过三个月未向海关申报的，其进口货物将由海关提取变卖处理。变卖后所得价款在扣除运输、装卸、储存等费用和税费后尚有余款的，自货物变卖之日起一年内，经收货人申请，予以发还；逾期无人申领，上缴国库。

【例5-1】从秦皇岛进口一批需转运至保定某公司的货物，装载货物的运输工具于某年9月26日申报进境，货物于10月15日（周一）向秦皇岛海关申报转关；转关货物于10月16日运抵保定海关监管场所，该公司于10月31日（周三）向保定海关报关。问该批货物是否滞报？如滞报，滞报了多少天？

解：该批货物应于自运输工具入境之日起14日内申报，但10月15日才向海关申报，故滞报6天。

3. 申报地点

根据《海关法》的规定，进出口货物的报关地点应遵循以下三个原则。

（1）出入境地原则

一般情况下，进口货物应当由收货人或其代理人在货物的入境地向海关申报，并办理有关海关进口手续；出口货物应当由发货人或其代理人在货物的出境地向海关申报，并办理有关海关出口手续。

（2）转关运输原则

由于进出口货物的批量、性质、内在包装或其他一些原因，经收发货人或其代理人申请、海关同意，进口货物也可以在设有海关的指运地、出口货物也可以在设有海关的起运地向海关申报，并办理有关进出口海关手续。这些货物的转关运输，应当符合海关监管要求，必要时海关可以派员押运。

（3）指定地点原则

经电缆、管道或其他特殊方式输送的出入境货物，经营单位应当按海关的要求定期向指定的海关申报并办理有关进出口海关手续。这些以特殊方式输送出入境的货物，输送路线长，往往需要跨越几个海关甚至几个省份，而且输送方式特殊，一般不会流失，有固定的计量工具，如电表、油表等。因此，上一级海关综合管理部门协商指定由其中一个海关管理，经营单位或其代理人可直接与这一海关联系报关。

4. 申报单证

准备好报关用的单证是保证进出口货物顺利通关的基础。

一般情况下，除进出口货物报关单外，报关单证可分为基本单证、特殊单证和预备单证三大类。

（1）基本单证

指与进出口货物直接相关的商业和货运单证，主要包括：发票、装箱单、提货单（海运进口）或装货单（海运出口）、运单（空运）、包裹单（邮运）、领货凭证（陆运）、出口收汇核销单、海关签发的进出口货物减免税证明等。

（2）特殊单证

指国家有关法律法规规定实行特殊管制的证件，主要包括：进（出）口许可证、进（出）口配额证书、商品检验证书、动植物检验检疫证书、药品检验证书、机电产品进口证明文件等。

（3）预备单证

指办理进出口货物海关手续时，海关认为必要时需要查验或收取的证件。主要包括：贸易合同、货物原产地证明、报关委托书、委托单位的工商执照、委托单位的账册资料及其他有关单证。

5. 申报的程序

（1）接到进口提货通知或备齐出口货物

进口货物的收货人或其代理人接到"提货通知单"，即表示进口货物已经到达港口、机场或车站，收货人应当立即准备向海关办理报关手续。

出口货物的发货人根据出口合同的规定备齐出口货物后，即应准备向海关办理报关手续。

（2）接受报关委托

没有报关资格的进出口货主须在货物进出口口岸就近委托报关企业办理报关手续，并出具报关委托书。委托书应载明委托人和被委托人双方的名称、海关注册登记编码、地址、代理事项、权限、期限、双方责任等内容，并加盖双方单位的公章。

（3）报关单预录入

报关单预录入是在实行计算机报关的口岸，报关单位或报关员负责将报关单上申报的数据录入计算机，并将数据内容传送到海关报关自动化系统，海关方予接受申报。

（4）递单

报关单位在完成报关单的预录入后，应将准备好的报关随附单证及按规定填制好的进出口货物报关单，正式向进出口口岸海关递交申报。报关员向海关递交报关单，就意味着通关工作的正式开始，报关单位及其报关员必须承担相应的法律和经济责任。

（5）海关审单

海关审单是指海关工作人员通过审核报关员递交的报关单及其随附单证，检查判断进出口货物是否符合《海关法》和国家的有关政策、法令的行为。审核单证是海关监管的第一个环节，它不仅为海关监管的查验和放行环节打下了基础，也为海关的征税、统计、查私工作提供了可靠的单证和资料。

（二）配合查验

海关查验是海关根据《海关法》确定进出境货物的性质、价格、数量、原产地、货物状况等是否与报关单上已申报的内容相符、对货物进行实际检查的行政执法行为。

海关通过查验，核实有无伪报、瞒报、申报不实等走私、违规行为，同时也为海关的征税、统计、后续管理提供可靠的资料。

1. 查验的地点和时间

查验一般在海关监管区内进行。对进出口的大宗散货、危险品、鲜活商品等，经货物收、发货人或其代理人申请，海关也可同意在装卸作业现场进行查验。特殊情况下，经货物收、发货人或其代理人申请，海关可派员到海关监管区以外的地方查验货物。

查验时间一般约定在海关正常工作时间内。但在一些进出口业务繁忙的口岸，海关也可应进出口货物收、发货人或其代理人的请求，在海关正常工作时间以外安排查验作业。

2. 查验的方式

海关查验的方式一般分为以下三种。

（1）彻底查验。即对货物逐件开箱、开包查验。对货物的品名、规格、数量、重量、原产地、货物状况等逐一与申报的数据进行详细核对。

（2）抽查。即按一定的比例，对货物有选择地开箱、开包查验。

（3）外形查验。即对货物的包装、唛头等进行核查、核验。

海关在使用上述方式进行查验的同时，还可结合使用地磅、X 光机等设施和设备进行查验活动。

3. 配合查验的步骤

配合查验的一般步骤如图 5-2 所示。

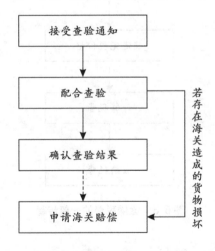

图 5-2　配合查验的一般步骤

（1）接受查验通知。在接到海关的查验通知后，企业应当向海关的查验部门办理确定查验的具体地点和具体时间的手续。

（2）配合查验。海关查验货物时，进出口货物的收、发货人或其代理人应当到场，配合海关查验，并负责搬移货物，开拆和重封货物的包装。在进行查验时，报关员应在海关查验现场回答海关的提问，提供海关查验货物时所需要的单证和其他资料。

（3）确认查验结果。查验完毕，海关实施查验的关员应当填写"海关进出境货物查验记录单"一式两份。配合海关查验的报关员应当注意查看查验记录是否如实反映查验情况，确认查验记录准确清楚后，报关员签字确认。至此，配合海关查验结束。

（4）申请海关赔偿。在查验过程中，或者证实海关在进行查验的过程中，由于海关关员的责任而造成被查验货物损坏的，进出口货物的收、发货人或其代理人可以要求海关赔偿。海关赔偿的范围仅限于在实施查验过程中，由于海关关员的责任造成的被查验货物的直接经济损失。

（三）缴纳税费

根据《海关法》和《中华人民共和国进出口关税条例》（以下简称《关税条例》）的有关规定，进出口货物除国家另有规定的外，均应征收关税。海关在审核单证和查验货物后，根据《关税条例》和《进出口税则》的规定，对实际货物征收进出口关税及相关税费。另外，我国规定进口货物应缴纳的增值税和消费税也由海关代征。

缴纳税费的一般步骤如图 5-3 所示。

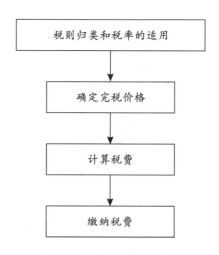

图 5-3　缴纳税费的一般步骤

1. 税则归类和税率适用

税则归类是将进出口货物按照《进出口税则》的归类规则归入适当的税则编号，以确定其所适用的关税税率。

《进出口税则》中的关税进口税率有普通税率和优惠税率两种，出口税率只有一种。根据《进出口税则》的规定，普通税率适用于一般国家或地区的进出口货物；优惠税率适用于进口货物的原产国是与我国订有关税互惠条款的贸易条约或协定的国家；对原产于对我国出口货物征收歧视性关税或给予其他歧视性待遇的国家或地区的进口货物，可以征收特别关税。

2. 完税价格的确定

关税完税价格是指海关按照《海关法》和《关税条例》的有关规定，计算应征关税的进出口货物的价格。

（1）进口货物的关税完税价格

进口货物将以海关审定的成交价格为基础的到岸价格作为关税完税价格。其包括货价，加上货物运抵中华人民共和国关境内输入地点起卸前的包装费、运费、保险费和其他劳务费等费用。

①进口货物的关税完税价格 = CIF

②进口货物的关税完税价格 =（FOB + 运费）÷（1 − 保险费率）

③进口货物的关税完税价格 = CFR ÷（1 − 保险费率）

（2）出口货物的关税完税价格

出口货物将以海关审定的实际成交价格为基础的离岸价格扣除出口税后作为关税完税价格。离岸价格不能确定的，由海关估定。

①出口货物的关税完税价格 = FOB ÷（1 + 出口税率）

②出口货物的关税完税价格 =（CFR − 运费）÷（1 + 出口税率）

③进口货物的关税完税价格 =（CIF − 运费 − 保险费）÷（1 + 出口税率）

3. 税费的计算

（1）关税

应税货物的税则归类和进口货物原产地确定后，即可根据应税货物的完税价格和适用税率计算进出口货物应纳的关税税款。

①从价关税的计算公式：

$$应纳关税 = 进出口货物完税价格 × 适用税率$$

②从量关税的计算公式：

$$应纳关税 = 进出口货物数量 × 单位关税税额$$

③复合关税的计算公式：

$$应纳关税 = 从价关税 + 从量关税$$

（2）增值税

$$应纳进口增值税额 =（关税完税价格 + 关税税额 + 消费税额）× 增值税税率$$

（3）消费税

$$从价消费税额 =（关税完税价格 + 关税税额）÷（1 − 消费税税率）× 消费税税率$$

$$从量消费税额 = 应税消费品数量 × 消费税单位税额$$

操作提示

　　进出口货物的成交价格以外币计算的，应由海关按照签发税款缴纳证之日国家外汇牌价的中间价折合成人民币。完税价格计算到元为止，元以下四舍五入；税费额计算到分为止，分以下四舍五入。

【例5-2】某进出口公司自日本购进圆钢一批，其申报的发票价格及相关费用如下：

Mild Steel plain round bars, 6×6 000mm,

Gross Weight：500MT

Net Weight：400.46MT

成交价格：USD380/MT，FOB Yatsusiro

总额：USD190 000

申报运费：60元（人民币）/吨

保险费率：0.1%

当时的外汇牌价：100美元＝799元人民币（买入价），801元人民币（卖出价）

查此圆钢优惠进口关税税率为15%，增值税税率为17%，求该批货物的进口税额。

解：税款的计算如下：

（1）将该批货物的成交价格折合成人民币

美元与人民币兑换的中间价＝（7.99＋8.01）÷2＝8.00

FOB人民币价＝190 000×8.00＝1 520 000（元）

（2）总运费＝60×500＝30 000（元）

（3）关税完税价格＝（FOB＋运费）÷（1－保险费率）

　　　　　　　　＝（1 520 000＋30 000）÷（1－0.1%）

　　　　　　　　＝1 551 552（元）（完税价格元以下四舍五入）

（4）进口关税税额＝完税价格×税率

　　　　　　　　＝1 551 552×15%

　　　　　　　　＝232 732.80（元）（税额分以下四舍五入）

（5）进口增值税额＝（关税完税价格＋关税税额＋消费税额）×增值税税率

　　　　　　　　＝（1 551 552＋232 732.80）×17%

　　　　　　　　＝303 328.45（元）

4. 税费的缴纳

（1）纳税义务人

进口货物的收货人、出口货物的发货人是关税的纳税义务人。

在我国境内销售货物或者提供加工、修理、修配业务以及进口货物的单位和个人，是增值税的纳税义务人。

在我国境内生产、委托加工和进口《中华人民共和国消费税暂行条例》规定的消费品的单位和个人，是消费税的纳税义务人。

（2）缴纳期限

对经海关审定应征关税、增值税、消费税和监管手续费、船舶吨税的货物和船舶，纳税义务人应当在海关填发税款缴款书的次日起 15 日内（遇节假日顺延），向指定银行缴纳。

（3）滞纳金

对进出口货物纳税义务人未在规定的缴纳期限内缴纳税费的，由海关自到期日的次日起至缴清税、费止，按日征收欠缴税款 0.5‰的滞纳金。

（四）提取或装运货物

海关接受进出口货物的申报、审核电子数据报关单和纸质报关单及随附单证、查验货物、征收税费或接受担保后，对进出口货物作出结束海关进出境现场监管决定，海关在进口货物提货凭证（如提单、运单、提货单）或出口货物装货凭证（如运单、装货单、场站收据）上签盖"海关放行章"，进出口货物的收发货人或其代理人即可凭以提取进口货物或将出口货物装运到运输工具上离境。

对于一般进出口货物，放行即为结关。对于保税、减免税和暂准进出口的货物，海关虽予以放行，但并未办结海关手续，也就是放行未结关仍需接受海关的后续管理。

进出口货物的收发货人或其代理人在办理完提取进口货物或装运出口货物之后，根据实际情况需要，可向海关申请签发有关货物的进出口证明联。

一般海关证明联都是在已放行报关单上签章，此章是"海关验讫章"，而不同于"海关放行章"、"海关单证章"。

1. 进口付汇证明或出口收汇证明

对需要进口付汇核销或出口收汇核销的进、出口货物，报关人可向海关申请进口货物付汇证明联或出口货物收汇证明联。海关核准后，在已放行的进口货物报关单上或出口货物报关单上签名、加盖"海关验讫章"，作为进口付汇证明或出口收汇证明交报关人。同时，海关通过电子口岸执法系统向银行和外汇管理部门发送证明联的电子数据。

2. 出口收汇核销单

对需要出口收汇核销的出口货物，报关人在申报时向海关提交出口收汇核销单。海关放行后，由海关关员在该核销单上签名、加盖"海关单证章"。出口货物的发货人持出口收汇核销单、收汇证明联、境外付款凭证，向外汇管理部门办理出口收汇核销手续。

3. 出口退税证明

需要退税的出口货物，发货人在向海关申报时，增附一份浅黄色的出口报关单（出口退税证明联）。海关放行后，在报关单上签名、加盖"海关验讫章"，交报关人，由报关人送交退税地税务机关办理出口退税。同时，海关通过口岸电子执法系统向国家税务机关发送该证明联的电子数据。

4. 进口货物证明书

对于进口汽车、摩托车等，报关人应当向海关申请签发进口货物证明书，进口货物收货人凭以向国家交通管理部门办理汽车或摩托车的牌照申领手续。

二、保税货物的通关制度

保税货物通关制度的管理特征包括：经海关批准暂缓纳税；原则上免交许可证件；放行未结关时监管货物；应复运出境或按最终去向办理海关手续。

（一）保税货物的分类及保税期限

1. 分类

（1）储存出境类保税货物：指经海关批准保税进境暂时存放后再复运出境的货物。

（2）加工生产类保税货物：专为加工、装配出口产品而从国外进口且海关准予保税的料件，以及用这些料件生产的成品、半成品。

（3）准予缓税类保税货物：经海关批准、缓办纳税手续入境，最终办理进口纳税或免税手续而不复运出境的货物。

保税货物如按海关监管的形式来分，也可分为三大类：仓储保税货物、加工保税货物、区域保税货物。

2. 保税期限

（1）仓储保税期限：从进境入库到出库出境或办结海关手续止，最长为1年，特殊情况经批准可延长1年。

（2）加工贸易保税期限：原则上最长1年，特殊情况经批准可延期1年。但具体期限应根据不同的合同、不同的料件，作具体规定。

（3）区域保税期限：从进境进区起到出境或出区办结海关手续止。

（二）保税货物的通关程序

保税货物的通关程序除了和一般进出口通关程序一样有进出口报关阶段外，还有备案申请保税阶段和报核申请结案阶段。

1. 备案申请保税

经国家批准的保税区域，包括保税区、出口加工区从境外运入区内储存、加工、装配后复运出境的货物，已经整体批准保税，备案阶段和报关阶段合并，省略了按照每一个合同或每一批货物备案申请保税的环节。

经海关批准的保税仓库，在每一批货物入库之前必须按照每一批货物为单位进入备案申请保税环节：仓库经营人向主管海关提出保税申请，主管海关审核批准保税，仓库经营人凭海关批准保税的单证办理申报货物进境入库手续。

加工贸易进口料件必须按照每一个合同为单位进入备案申请保税阶段。具体环节是：企业合同备案、海关批准保税、设立或不设立银行保证金台账、海关核发《登记手册》。

2. 进出境报关

所有经海关批准保税的货物在进出境时，都必须和其他货物一样进入出入境报关阶段。

3. 报核申请结案

报核申请结案阶段的具体环节是：企业报核、海关受理、实时核销、结关销案。

所有经海关批准的保税货物，都必须按规定由保税货物经营人在核销的期限内向主管海关报核，海关受理报核后进行核销，核销后视不同情况分别予以结关销案。

保税货物经营人申请核销的期限规定如下。

（1）仓储保税核销期限：每月一次，每月的 5 日前报核上一个月的所有保税货物的进、出、存情况。

（2）加工贸易保税核销期限：以加工贸易《登记手册》为报核单位，按保税期限到期后一个月或最后一批成品出运后一个月内向海关报核。

（3）区域保税核销期限：每半年一次，即 6 月底和 12 月底前报核半年内所有保税货物的出、入、存情况。

三、进出口货物的转关制度

转关是指进出口货物在海关监管下，从一个设关地运到另一个设关地办理某项海关手续的行为。

（一）转关货物的分类

1. 进口转关货物：指由进境地入境，向海关申请转关、运往另一设关地点办理进口海关手续的货物。

2. 出口转关：指在起运地已办理出口海关手续，运往出境地口岸，由出境地海关监管出口的货物。

3. 境内转关：指从境内一个设关地点运往境内另一个设关地点，须经海关监管的货物。

（二）转关的方式及适用

1. 转关方式

（1）提前报关转关：指在指运地或起运地海关提前以电子数据录入的方式申报进出口，待计算机自动生成"进（出）口转关货物申报单"，并传输至进境地或货物起运地海关监管现场后，办理进口或出口转关手续。

（2）直转转关：指在进境地或起运地海关以直接填报"转关货物申报单"的方式办理转关手续。

（3）中转方式：指在收发货人或其代理人向指运地或起运地海关办理进出口报关手续后，由境内承运人或其代理人统一向进境地或起运地海关办理进口或出口转关手续。

2. 转关方式的适用

具有全程提运单，需换装境内运输工具的进出口中转货物应采用中转方式办理转关手续；其他进口转关、出口转关及境内转关的货物可采用提前报关或直转方式办理转关手续。

（三）转关的条件和当事人的义务

1. 转关的条件

（1）转关货物的指运地或起运地应当设有海关批准的监管场所。转关货物的存放、装卸、查验应在海关监管场所内进行。因特殊情况需在以外场所存放、装卸、查验的货物，应先向海关提出申请。

（2）转关货物应由已在海关注册登记的承运人承运。

2. 当事人的义务

（1）转关货物未经海关许可，不得进行任何处置。

（2）海关派员押运转关货物，收、发货人或其代理人应当按规定向海关缴纳规费，并提供方便。

（3）转关货物运输途中因故需要更换运输工具或驾驶员的，承运人或驾驶员应通知附近海关，经附近海关核实同意后，方可在海关监管下换装运输工具或更换驾驶员。

（4）转关货物在境内储运中发生损坏、短少、灭失等情况时，除不可抗力外，承运人、货物所有人、存放场所负责人应承担税赋责任。

四、退运进出口货物和出口退关货物的通关制度

（一）退运进口通关手续

原出口货物退运入境时，原发货人或其代理人应填写进口货物报关单向入境地海关申报，并提供原货物出口时的出口报关单，以及保险公司证明、承运人溢装、漏卸的证明等有关资料。原出口货物海关已出具出口退税报关单的，应交回原出口退税报关单或提供主管退税的税务机关出具的《出口商品退运已补税证明》，海关核实无误后，验放有关货物进境。

因品质或规格原因，出口货物自出口之日起1年内原状退货复运入境的，经海关核实后不予征收进口税款；原出口时征收出口税的，只要重新缴纳因出口而退还的国内环节税，自缴纳出口税款之日起1年内准予退还。

（二）退运出口通关手续

因故退运出口的境外进口货物，原收货人或其代理人应填写出口货物报关单申报出境，并提供原货物进口时的进口报关单，以及保险公司的证明、承运人溢装、漏卸的证明等有关资料，经海关核实无误后，验放有关货物出境。

因品质或规格原因，进口货物自进口之日起1年内原状退货复运出境的，经海关核实后可以免征出口税；已征收的进口税，自缴纳进口税款之日起1年内准予退还。

（三）出口退关货物的通关手续

出口退关是指出口货物经海关放行后，因故未能装上出境的运输工具，发货人或其代理人请求将货物退运出海关监管区域不再出口的行为。

对于出口退关货物，发货人或其代理人应当在得知出口货物未装上运输工具，并决定不再出口之日起三日内向海关申请退关，经海关核准且撤销其出口申报后方能将货物运出海关监管场所。已缴纳出口税的可以在缴纳税款之日起一年内提出书面申请退税。

相关链接

我国在建立现代化的通关制度方面进行了有益的探索和实践，已经开始采用报关自动化系统进行作业处理。

报关自动化系统的全称是"自动化的报关处理系统"。中国电子口岸系统、报关自动化系统和无纸报关（EDI报关）是进出口货物通关现代化的主要体现。企业报关员只要轻点鼠标，登录中国电子口岸，即可向海关办理报关等进出口业务；海关采用现行H883通关系统或H2000通关系统，可实现无纸审单、放行。

进出口货物的自动化通关流程可用图5-4来表示。

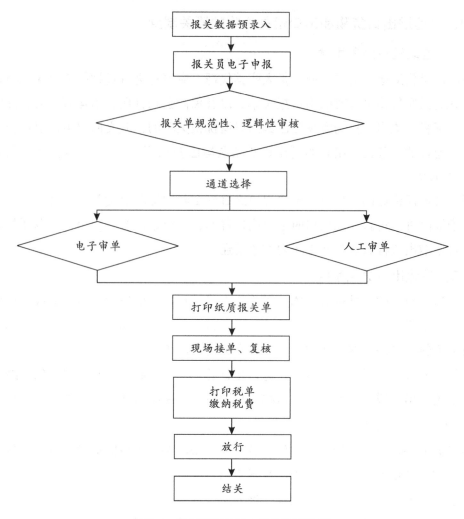

图5-4 进出口货物的自动化通关流程

第三节　报关单的填制和使用

进出口货物报关单是由海关总署规定统一格式和填制规范，由报关人填制并由报关员代表报关企业向海关提交办理进出口货物申报手续的法律文书，是海关依法监管货物进出口、征收关税及其他税费、编制海关统计及其他事务的重要凭证。

一、进出口货物报关单的类别及各联的用途

（一）类别

1. 按进出口状态分为以下两种。

（1）出口货物报关单；

（2）进口货物报关单。

2. 按表现形式分为以下两种。

（1）纸质报关单；

（2）电子报关单。

3. 按使用性质分为以下四种。

（1）进料加工出口货物报关单；

（2）来料加工及补偿贸易出口货物报关单；

（3）一般贸易进出口货物报关单；

（4）出口货物报关单出口退税专用（浅黄色）。

4. 按用途分为以下四种。

（1）报关单录入凭单：指申报单位按海关规定格式填写的凭单，用作报关单预录入的依据，并被海关留存，习惯上也被称为"原始报关单"。

（2）预录入报关单：是指先由预录入公司录入、打印并联网，将录入数据传送到海关，再由申报单位向海关办理申报手续的报关单，习惯上也被称为"报关预录单"。

（3）电子数据（EDI）报关单：指申报单位通过电子计算机系统，按照报关单填制规范的要求，向海关申报的电子报文格式的报关单及事后打印、补交、备案、核查的纸质电子数据报关单，简称为"电子报关单"；

（4）报关单证明联：指海关在核实货物实际进出境后，按报关单格式并加盖"验讫章"所提供的证明联，用于进出口企业向税务、外汇管理、主管海关等部门办理有关核销、退税、付汇、收汇、申领牌照等手续的证明文件，也被称为"海关证明联"。

（二）报关单各联的用途

纸质报关单一式五联，各联的用途如表5-1所示。

表5-1　报关单各联的用途

进口货物报关单		出口货物报关单	
各联名称	用途	各联名称	用途
海关作业联	查验、征税、提货	海关作业联	查验、征税、装运
海关留存联	查验、征税、提货	海关留存联	查验、征税、装运
企业留存联	备案、申领牌照等	企业留存联	备案
海关核销联	合同核销、结案	海关核销联	合同核销、结案
进口付汇证明联	售汇、付汇	出口收汇证明联	收汇、核销
——		出口退税证明联	退税

二、进出口货物报关单填制的一般要求

进出口货物报关单由海关统一印制，内容共有 47 个栏目，除"税费征收情况"及"海关审单批注及放行日期签字"栏目外，其余均由收发货人或其代理人填写。填写的具体要求如下。

1. 申报人必须按照《海关法》、《海关进出口申报管理规定》和《海关进出口货物报关单填制规范》的有关规定，向海关如实申报，不可以伪报、瞒报、虚报和迟报。

2. 填制内容必须真实，做到两个相符——"单证相符"和"单货相符"，即所填报关单各栏目必须与商业发票、装箱单、批准文件和随附单据相符，必须与实际进出口货物情况相符。

3. 报关单的填报要准确、齐全、完整、字迹清楚，不得用铅笔或红色复写纸填写。若有更正，须在更正项目上加盖"校对章"。一般用电脑或打字机打印。

4. 对于不同批文的货物、不同合同的货物，以及同一批货物采用不同贸易方式、同一批货物采用不同运输方式、同一批货物采用相同运输方式但航次不同等情况，均应分单填报。

5. 一份原产地证书只能对应一份报关单。同一份报关单上的同一种商品不能同时享受协定税率和减免税。

6. 一份报关单最多填报 20 项商品。超过 20 项商品时，必须分单填报。一张纸质报关单上最多打印 5 项商品。

7. 分栏填报：反映进出口商品本身情况的项目中，须以相同的项号进行分栏填报。

8. 分行填报：反映不同项号、商品名称、规格型号、数量及单位和不同单价等时均要分行填制。

9. 对已向海关申报的进出口货物报关单，如原填报内容与实际进出口货物不一致而有正当理由的，申报人应向海关递交书面更正申请，海关核准后，对原报关单进行更改或撤销。

10. 报关单的份数和颜色的相关规定如下。

使用电子数据报关，填写一份报关单作为录入原始单据即可。不同贸易方式和不同性质的报关人，使用不同颜色的报关单，如表 5-2 所示。

表 5-2　不同贸易方式和不同性质的报关人使用的报关单颜色

贸易方式	非外商投资企业	外商投资企业
一般贸易进出口货物	（浅蓝）报关单	（浅蓝）报关单
进料加工进出口货物	（粉红）报关单＋手册	（浅蓝）报关单
来料加工装配和补偿贸易	（浅绿）报关单＋手册	（浅蓝）报关单
需要国内退税	（浅黄）报关单	（浅黄）报关单

11. 申报企业在填完的报关单上加盖与企业名称一致的报关专用章和报关员章后才有效。

【复习思考题】

1. 海关的基本任务包括哪些方面？

2. 海关有哪些权力？

3. 简述一般贸易进出口货物的申报期限和申报地点。

4. 简述一般贸易进出口货物的通关程序。

5. 简述保税货物的通关程序。

6. 简述转关货物的分类。

7. 简述退运进口货物、退运出口货物和退关货物的通关程序。

8. 报关的单证通常包括哪些？

9. 海关查验货物的方法有哪些？

10. 简述海关征收税款的一般作业程序。

11. 简述报关单各联的作用。

【计算题】

某公司出口某种货物，成交价为 CIF 旧金山 USD2 000（折合人民币 13 600 元），已知运费合计为 1 000 元，保费为 50 元人民币，出口税率为 10%。求应征关税税额。

【案例】

某年 7 月，深圳 A 公司从美国进口一批 100 公吨的牛皮卡纸。由于到货港是香港，所以深圳某公司还得安排从香港到深圳的陆路运输。同时，由于 A 公司仓库库容有限，装卸能力又差，因此不可能同时把总共五个 40 英尺的集装箱一次拉进深圳，完成卸货任务。7 月底，第一批三个集装箱进入文锦渡海关，A 公司的报关员立刻带齐所有的单据（美国公司寄来的原始发票、装箱单、海运提单、报关公司电脑打制的报关单、司机簿及香港运输公司重新填制的进境汽车清单），赴海关报关大楼报关。但报关第一步就受挫，因为此批货物是三辆货柜车，而美国原始发票是整批货物五个集装箱一起开立的，海关关员不同意 A 公司以此报关。于是，A 公司立即电告美国公司，让美国公司赶制两份发票及装箱单，一份为三个集装箱，另一份为两个集装箱。次日，A 公司报关员再度报关。结果，海关拒受美国方面开来的原始发票，因为美方开来的发票只有签名而没有印鉴。由于中美文化习俗上的差异，美方注重的是签名，而中国注重的是印鉴，所以又造成了麻烦，A 公司只得再与美国公司联系。但由于时差关系，等到外商急件传真过来已是第三日的早晨。A 公司的报关员只得三度出击。而这次 A 公司报关的是牛皮卡纸，而司机载货清单上写的是白板纸。问题严重了，因为牛皮卡纸只有每吨 280 美元，而白板纸却要每公吨 1 100 美元左右，两者之间有着天壤之别。往轻说，是以假乱真，偷逃国家税款；往重说，则要背上走私的罪名。事已至此，只得让海关关员开箱检查，纸卷外层被捅破足有五六厘米，造成了不必要的损失。最后检查下来的结果证明是牛皮卡纸，但三个集装箱在深圳耽误两夜，共损失 1.8 万元港币的租箱费，这还不包括司机过夜费、临时停车场费等。

案例思考题

这个案例给我们什么样的启示？

 【实践技能训练】

1. 2007 年 11 月 28 日，97 台日本生产的二手挖掘机被国际运输船舶载抵上海外高桥港。到港后，该船就向外高桥海关申报进境，从该船向海关递交的载货清单上看，该批货物的收货人是杭州 Q 进出口公司（以下简称 Q 公司）。但是该船申报进境后，收货人迟迟不露面。2008 年 2 月 23 日，外高桥海关根据载货清单上的地址，向 Q 公司发出了催报通知，请 Q 公司在 2008 年 2 月 28 日前向海关办理货物进口报关手续，并申明如逾期不向海关办理报关手续，海关将按《海关法》二十一条的规定提取变卖该批货物。3 月 1 日，收货人通过地方政府部门，以无法领取机电产品进口证明为由，向外高桥海关提出退运该批货物的申请。由于其提出退货申请的时间超过海关总署有关规定的退运提出期限，不符合退运条件，外高桥海关于 4 月 7 日给出答复，不同意退运，并告知收货人，海关决定提取拍卖该批货物。受海关委托，Y 公物拍卖行定于 2008 年 4 月 22 日举行该批货物的公开拍卖会。2008 年 4 月 12 日，收货人向上海市中级人民法院提起行政诉讼，请求法院撤销外高桥海关作出的不准原告退运并决定提取变卖该批货物的行政行为。2008 年 4 月 22 日，97 台二手挖掘机在外高桥市进行公开拍卖，拍卖所得价款共计 4 277.7 万元。在法院做出最终判决之前，Q 公司找到了 H 报关行，请教胜诉的可能性。请问：

（1）海关是否有权变卖处理超期未报关货物？

（2）Q 公司具备哪些条件才有权申领余款？

（3）请给 Q 公司提出建议。

2. 济南 Y 机械厂是一家民营企业，该厂向日本订购了冷轧不锈钢带（STAINLESS STEEL STRIP）一批，委托济南 T 外贸公司代理进口，T 外贸公司委托 Z 报关行办理进口报关手续。关于该批进口货物的有关资料如下。

（1）该批货物通过海洋运输，船名"EVER GREEN V. 365"。承运船舶于 2008 年 3 月 3 日（周一）申报进境。

（2）冷轧不锈钢带规格：300mm ≤ 宽 < 600mm，编码为 72202090，其对应的关税税率优惠为 10%，普通为 20%，增值税税率为 17%。因我国与日本签订有关税互惠条例，故在征税时应按优惠税率档 10% 计征。美元对人民币汇率按 1∶6.8 计算。

（3）该批货物总成交金额为 USD16 000 CIF QD，支付方式为"L/C AT SIGHT"。

请参考上述资料，写出该批货物的报关流程。

第六章　国际货物班轮运输

■ **知识目标**

1. 了解海洋货物运输的特点、班轮运输的关系人、主要海运航线和港口、班轮运价本。

2. 理解班轮运输的特点。

3. 熟悉班轮运费的计算。

4. 掌握班轮货运业务程序。

■ **能力目标**

1. 能够组织和管理班轮货物运输，说明班轮运输业务流程。

2. 能够填制和处理班轮运输业务中使用的各种单证。

第一节　班轮运输基础知识

一、国际海洋货物运输

（一）国际海洋货物运输的概念

国际海洋货物运输是指使用船舶或其他运输工具通过海洋航道运送货物和旅客并获取收益的运输方式，以及与这种运输方式相关的辅助性的获取收益的活动的总称。

（二）国际海洋货物运输的特点

1. 通过能力大

海洋运输可以利用四通八达的天然航道，它不像火车、汽车受轨道和道路的限制，故其通过能力很大。

2. 运量大

海洋运输船舶的运载能力远远大于铁路和公路运输车辆，如一艘万吨船舶的载重量一般相当于 250 ~ 300 个火车车皮的载重量。

3. 运费低

按照规模经济的观点，由于运量大、行程远，分摊于每货运吨的运输成本就少，因此运价相对低廉。

海洋运输虽有上述优点，但也存在不足之处。例如，海洋运输受气候和自然条件的影响大，行期不易确定，而且风险较大。此外，海洋运输的速度也较慢。

二、国际海洋货物运输的具体业务种类

（一）班轮运输业务

班轮运输（Liner Transport）又称定期船运输，它是指在固定的航线上和固定的港口间按事先公布的船期表，从事客货运输业务并按事先约定的费率收取运费。

从事班轮运输的船舶是按照预先公布的船期来营运的，并且船速较高，因此能够及时将货物从起运港发送，而且迅速地将货物运抵目的港。货主则可以在预知船舶抵离港时间（ETA、ETD）的基础上，组织、安排货源，保障市场对货物的需求。从事班轮运输的船舶又是在固定的航线上（既定的挂靠港口及挂靠顺序）经营并有规则地从事货物运输服务的，因此对于零星、小批量货物的货主，他们同样可以与大批量货物的货主一样，根据需要向班轮公司托运，节省货物等待集中的时间和仓储费用。另外，用于班轮运输的船舶的技术性能较好、设备较齐全，船员的技术业务水平也较高，所以既能满足普通件杂货物的运输要求，又能满足危险货物、重大件等特殊货物的运输要求，并且能较好地保证货运质量。

（二）租船运输业务

租船运输（Shipping by Chartering）又称不定期船（Tramp）运输，它没有预定的船期表、航线和港口，船舶是按照租船人和承租人双方签订的租船合同中的条款来进行运输的。

三、班轮运输的特点及优点

（一）班轮运输的特点

班轮运输经过长期的发展，形成了以下特点。

1. 四固定的特点

即固定的船期、固定的港口、固定的航线和固定的运费率。

2. 班轮提单是运输合同的证明

班轮运输的承运人按照国际公约和有关国内法规，拟订承、托运双方的权利、义务、责任和免责条款的班轮提单，是承、托运双方争议处理的依据。货物装船后，提单由承运人（或其代理人）或船长签发给托运人。

3. 没有规定货物的装卸时间，无滞期费和速遣费

由于班轮须按船期表规定的时间到港和离港，装卸作业均由承运人负责，所以在班轮运输中不存在滞期费和速遣费的问题。

（二）班轮运输的优点

由于班轮运输具有上述特点，其在国际海洋货物运输中表现出了明显的优点，具体如下。

1. 班轮运输的船舶技术性能较好，能适应定期运行的航线和货源（如备有冷藏货舱、鲜活货舱以及贵重物品和重件货装载的特殊装备）。

2. 班轮运输的管理制度较为完善，船舶设备较好，船员的技术素质也较高，而且班轮公司一般都拥有自己的专用码头，在仓储和装卸方面都有一套专门的管理制度。

3. 班轮运输特别适合一般杂货和小批量货物的运输需要。班轮公司众多、班次频繁的特点为小批量而卸港又分散的货物及时出运提供了优越的条件。即使不能直达的港口货运，班轮公司也可安排转运。

4. 班轮运输有利于收、发货的合理安排。班轮承运一般均采取码头仓库交接货物，而且定期公布船期表，这就为货方带来了诸多方便。

四、班轮运输中的主要关系人

班轮运输中通常会涉及班轮公司、船舶代理人、无船（公共）承运人、海上货运代理人、托运人等有关货物运输的关系人。

班轮公司是指运用自己拥有或者自己经营的船舶，提供国际港口之间班轮运输服务，并依据法律规定设立的船舶运输企业。班轮公司应拥有自己的船期表、运价本、提单或其他运输单据。根据各国的管理规定，班轮公司通常应有船舶直接挂靠该国的港口。班轮公司有时也被称为远洋公共承运人（Ocean Common Carrier）。

船舶代理人是指接受船舶所有人、船舶经营人或者船舶承租人的委托，为船舶所有人、船舶经营人或者船舶承租人的船舶及其所载货物或集装箱提供办理船舶进出港口手续、安排港口作业、接受订舱、代签提单、代收运费等服务，并依据法律规定设立的船舶运输辅助性企业。由于国际船舶代理行业具有其独特的性质，所以各国在国际船舶代理行业大多制定有比较特别的规定。

无船承运人（Non-vessel Operating Common Carrier），也称无船公共承运人，是指以承运人身份接受托运人的货载，签发自己的提单或者其他运输单证，向托运人收取运费，通过班轮运输公司完成国际海上货物运输，承担承运人责任，并依据法律规定设立的提供国际海上货物运输服务的企业。根据《中华人民共和国国际海运条例》的规定，

在中国境内经营无船承运业务,应当在中国境内依法设立企业法人;经营无船承运业务,应当办理提单登记,并交纳保证金;无船承运人应有自己的运价本。无船承运人可以与班轮公司订立协议运价〔国外称为服务合同(Service Contract, S. C.)〕以从中获得利益。但是,无船承运人不能从班轮公司那里获得佣金。上海航运交易所制订有无船承运人的标准格式提单。

国际海上货运代理人,也称远洋货运代理人(Ocean Freight Forwarder),是指接受货主的委托、代表货主的利益、为货主办理国际海上货物运输相关事宜,并依据法律规定设立的提供国际海上货物运输代理服务的企业。海上货运代理人除可以从货主那里获得代理服务报酬外,因其为班轮公司提供货载,所以还应从班轮公司那里获得奖励,即通常所说的"佣金"。但是,根据各国的管理规定(如果有的话),国际海上货运代理人通常无法与班轮公司签订协议运价或 S. C. 。

托运人(Shipper)是指本人或者委托他人以本人名义或者委托他人为本人与承运人订立海上货物运输合同的人;本人或者委托他人以本人名义或者委托他人为本人将货物交给与海上货物运输合同有关的承运人的人。托运人可以与承运人订立协议运价,从而获得比较优惠的运价。但是,托运人无法从承运人那里获得"佣金"。如果承运人给托运人"佣金",则将被视为给托运人"回扣"。

班轮运输中还有收货人等关系人。

五、海运航线与港口

船舶在两个或多个港口之间从事货物运输的线路称为航线。海运航线按其不同的要求分为大洋航线、地区性航线和沿海航线,根据船舶营运的形式可分为定期船航线和不定期船航线。

(一) 太平洋航线

太平洋沿岸有 30 多个国家和地区,经济比较发达。太平洋航线有以下几组。

远东 – 北美西海岸各港航线:包括从中国、韩国、日本和俄罗斯远东海港出发到加拿大、美国、墨西哥等北美西海岸各港。目前我国已与北美西海岸港口之间辟有定期集装箱航线。该航线以日本与美国、加拿大贸易量为最大,其次是韩国。

远东 – 加勒比海、北美东海岸各港航线:该航线大多是经夏威夷群岛南北至巴拿马运河后到达。

远东 – 南美西海岸航线:从我国北方沿海各港出发的船舶多经奄美大岛、硫磺列岛、威克岛、夏威夷群岛之南的莱思群岛附近穿越赤道进入南太平洋至南美西海岸各港。

远东－东南亚航线：这组航线是我国、朝鲜、韩国、日本去东南亚各港，以及过马六甲海峡去波斯湾、地中海、西北欧、东西非、南美东海岸各港常走的航线。东海、台湾海峡、巴士海峡、南海是该航线船舶经常进出的海域。

远东－澳、新航线：由于澳大利亚面积辽阔，远东至新西兰、澳大利亚东西海岸航线有所不同。我国北方沿海各港去澳东海岸和新西兰港口，走琉球、加罗林群岛，进入所罗门海、珊瑚海；日本等国到该地区的航线也基本与我国相同。但中澳之间的集装箱航线则由我国北方港口南下经香港加载后经南海、苏拉威西海、班达海、阿拉弗拉海，然后进入珊瑚海、塔斯曼海。中国去澳西海岸航线，多半经菲律宾的民都洛海峡，然后经望加锡海峡、龙目海峡南下。

澳、新－北美东西海岸航线：澳、新至北美西海岸航线大多途经苏瓦、火奴鲁鲁等太平洋上重要航站；澳、新至北美东海岸航线则大多取道社会群岛中的帕皮提，后经巴拿马运河到达。

北美－东南亚航线：这组航线一般要经过夏威夷、关岛、菲律宾等地；到北美东海岸和加勒比海各港要经过巴拿马运河。

（二）大西洋航线

大西洋水域辽阔，海岸线曲折，有许多优良港湾和深入大陆的内海。北大西洋两侧是西欧、北美两个世界经济发达的地区，又有苏伊士运河和巴拿马运河通印度洋和太平洋。

西北欧－北美东海岸各港航线：这组由北美东海岸经过纽芬兰横渡大西洋进入西北欧的航线历史最悠久，是美国、加拿大与西北欧各国之间国际贸易的海上大动脉。

西北欧、北美东岸－加勒比海各港航线：该航线大多出英吉利海峡后横渡大西洋，除去加勒比海沿岸各港外，还要经过巴拿马运河到达美洲太平洋岸西港口。

西北欧、北美东岸－地中海、苏伊士运河去东方航线：这是世界上最繁忙的航线之一，它除与地中海各港间往来外，还与海湾国家往来密切。

西北欧、地中海－南美东海岸航线：该航线一般经过西非两大洋岛屿、加纳利、佛得角群岛上的航站。

西北欧、北美－大西洋岸好望角、东方航线：该航线一般是巨型油船的运输线。西北欧、北美去海湾运油的15万吨级以上巨轮必须经过好望角。西非大西洋上的佛得角群岛、加纳利群岛是它们经常停靠的地方。

南美东海岸－好望角航线：它是南美东海岸去海湾运油，或远东国家购买巴西矿石常走的路线。中国至南美东海岸运油和矿石也走该航线。

（三）印度洋航线

由于印度洋的特殊地理位置，其航线可以将大西洋与太平洋连接起来，因此经过的航线众多。

横贯印度洋东西的航线：这组航线是从亚洲太平洋地区和大洋洲横穿印度洋西行的航线，在这组航线上的港口，如塞得港、苏伊士港、亚丁、科伦坡等因地理位置的特殊性而有着极其重要的地位。

进出印度洋北部国家各港的航线：印度洋北部包括孟加拉湾、阿拉伯海沿岸各国，即进出缅甸、孟加拉国、印度、斯里兰卡、巴基斯坦等国港口的航线。船舶来自东部太平洋地区或欧洲。

进出波斯湾沿岸国家的航线：波斯湾沿岸大多为石油输出国，石油为这组航线的基本货物。大致分三条航线，一条是去曼德海峡和红海，经苏伊士运河、地中海进入大西洋，到达欧洲或继续驶往北美；另一条是南下印度洋，经东非的索马里、肯尼亚、坦桑尼亚附近，绕道好望角通往大西洋，到达西欧和北美；还有一条是由波斯湾东行，经印度洋、马六甲海峡、太平洋到东南亚和日本。

出非洲东岸国家的航线：在这条航线上货物的运量较其他航线要少，但它仍是印度洋上一组重要的航线。

（四）集装箱运输的主要航线

当前，世界上规模最大的三条主要集装箱航线是：远东－北美航线，远东－欧洲、地中海航线和北美－欧洲、地中海航线。

远东－北美航线习惯上也称为（泛）太平洋航线，该航线实际上可以分为两条航线，一条是远东－北美西岸航线，另一条为远东－北美东岸航线。远东－北美西岸航线主要由远东－加利福尼亚航线和远东－西雅图、温哥华航线组成，其涉及港口主要有亚洲的高雄、釜山、上海、香港、东京、神户、横滨等港口，和北美西岸的长滩、洛杉矶、西雅图、塔科马、奥克兰港和温哥华港。远东－北美东岸航线涉及亚洲的中国、韩国、日本以及北美的美国和加拿大东部地区。

远东－欧洲、地中海航线也被称为欧地线。该航线由远东－欧洲航线和远东－地中海航线组成。远东－欧洲航线是1879年由英国四家船公司开辟的世界最古老的定期航线。欧洲地区涉及的主要港口有：荷兰的鹿特丹港，德国的汉堡港、不来梅港，比利时的安特卫普港和英国的费利克斯托港。远东－地中海航线是1972年10月开始集装箱运输的，其地中海地区主要涉及的港口有位于西班牙南部的阿尔赫西拉斯、意大利的焦亚陶罗和位于地中海中央、马耳他岛南端的马尔萨什洛克港。

北美－欧洲、地中海航线也被称为跨大西洋航线。该航线实际包括三条航线：北美东岸－海湾欧洲航线，北美东岸－海湾地中海航线和北美西岸－欧洲、地中海航线。

第二节　班轮运价与运费

一、运价与运价本

（一）运价

运价是调节航运市场状态的关键因素，是平衡运力与运输需求关系的杠杆。航运资源的分配、调整、发展取决于航运市场和运价机制的作用，价值规律发挥着调节供求关系及资源分配的导向作用。运价不仅是船公司，也是货主关心的问题。

运价（Freight Rate）是为运输单位货物而付出的劳动价格。海上运输价格，简称为海运运价。

运费（Freight）是承运人根据运输契约完成货物运输后从托运人处收取的报酬。

运费是为运输一批货物而支付的费用；运价则是为运输单位货物而支付的运费。

运费与运价的关系是：运费等于运价与运量之积。即：

$$F = f \times Q$$

式中：F 为运费；f 为运价；Q 为运量。

（二）运价本

运价本（Tariff），也称费率表或运价表，是船公司承运货物据以向托运人收取运费的费率汇总，运价本主要由条款和规定、商品分类和费率三部分组成。

按运价制订形式不同，运价本可分为等级费率本和列名费率本。

1. 等级费率本

等级费率本中的运价是按商品等级来确定的。这种运价是按照货物负担运费能力的定价原则，首先根据货物价格，将货物划分为若干等级，之后确定不同等级的货物在不同航线或港口间不同等级的运价。同一等级的商品在同一航线或港口间运输时，使用相同的运价。

2. 列名费率本

列名费率本，也称单项费率运价本，其中的运价是根据商品名称来确定的。对各种不同货物在不同航线上逐一确定的运价称为单项费率运价。按照货物名称和航线名编制的这种运价表也称作"商品运价表"（Commodity Freight Rate Tariff）。所以，根据货物名称和所运输的航线，即可直接查出该货物在该航线上运输的运价。

（三）我国使用的运价表

1. 中国远洋货物运价表

它由中国租船公司代表货方同"中远"公司共同商定并以交通部的名义颁布执行，现为 6 号表，按美元收取运费，在结构上是等级运价表。

2. 中国外贸运输总公司运价表

它是由中国外运总公司根据公平合理的原则代表货方制定的运价表，现为 3 号表，按港币收取运费。外国班轮装运中方货物时也有按此表收费的。

3. 华夏公司 3、4 号表

适用于国外班轮公司承运美国的货物，按美元计收。属于商品费率本，3 号本去美国东海岸用，4 号本去美国西海岸用。

此外，合营班轮有的使用我国 6 号表，也有的使用其自定的运价表，如"中波"。外资班轮有的也使用其自定的运价表，如日本的"东方"、德国的"瑞克麦斯"。

二、班轮运费

班轮运费是承运人为承运货物而收取的报酬。

（一）班轮运费的构成

班轮运费由基本运费和各种附加费构成。

1. 基本运费

基本运费是指对货物在预定航线的各基本港口之间进行运输所规定的运价，它构成全程运费的主要部分。基本运费的计收标准，通常按不同商品分为以下几种。

（1）按重量吨计收。在运价表中用"W"表示。每一重量吨是按货物的毛重（或按 1 长吨或按 1 短吨）计算。适用于价值不大、体积较小、重量较大的货物，如钢材、电焊条等，均按此标准收费。

（2）按尺码吨计收。在运价表上用"M"表示。每一尺码吨是按货物的体积 1 立方米（或按 40 立方英尺）计算。适用于价值较高、重量较轻、体积较大的货物，如棉花、家具等均按此标准收费。

（3）按货物的价格计算。即按货物的 FOB 价收取百分之零点几到 5% 的运费，俗称从价运费，在运价表上用"A. V"或"Ad. Val"表示。适用于黄金、白银、精密仪器、手工艺品等贵重商品，如托运人声明价格，则按 FOB 价另行加收 2% 的运费。

（4）按重量吨或按尺码吨计收。在运价表中用"W/M"表示。由班轮公司根据从高收费的原则选择其中一种标准收费。

（5）按重量吨或按尺码吨或按从价计收。在运价表中用"W/M Or A. V"表示。即由轮船公司从三者中选择收费最高的一种标准收费。

（6）按重量吨或尺码吨中收费较高的标准再另行加收一定百分比的从价运费。在运价表上用"W/M Plus A. V"表示。

（7）按货物的件数计收。如卡车按辆、活牲畜按头。

（8）按议价计收。如粮食、矿石、煤炭等大宗货物，往往都是由货主与轮船公司临时商定运价的。

（9）按起码运费计收。凡不足1运费吨（1重量吨或1尺码吨的统称）的货物，无论该货物属于几级货，均按该航线上的一级货收取运费，称为起码运费。按起码运费收费时所签发的提单称起码提单，在运价表中一般都表明所到港口的起码提单的运费数额，所以无须另行计算。

2. 附加费

班轮公司除收取运价表中规定的基本运费外，还要根据不同情况另收不同的附加费，以弥补基本运费的不足。

（1）超重附加费。一件货物毛重超过运价表中规定的重量即为超重货。但各轮船公司对每件货物的重量规定不一，有的为2.5公吨，有的为3公吨，有的为5公吨，有的为8公吨。我国的轮船公司规定每件货物不得超过5公吨。如超过限额，则按每公吨加收一定的超重附加费。

（2）超长附加费。一件货物的长度超过运价表中规定的长度即为超长货。一般规定为9公尺，如超过则按每公尺加收超长附加费。如一件货物既超重又超长，则按高者计收。如需转船，则每转一次，加收一次超重或超长附加费。这类货物在托运时，如有条件最好能拆装，将一大件拆装为几小件便可节省运费。如不能拆装，应在托运时在托运单上注明货物的重量或尺码以及其他应注意的事项，以便承运人在装卸时加以注意，以防造成货损。

（3）转船附加费。凡运往非基本港口且需转船运往目的港口的货物，需加收转船附加费，其中包括中转费和二程运费。但有的轮船公司不收转船附加费，而分别另收中转费和二程运费，连同一程运费叫做"三道价"。

（4）燃油附加费。在燃油价格上涨时，轮船公司便按基本运价的一定百分比加收附加费，或按每一运费吨加收。

（5）直航附加费。运往非基本港口的货物达到一定数量（"中远"规定近洋直航须够2 000公吨，远洋直航须够5 000公吨），轮船公司才肯安排直航，因直航附加费较转船附加费低。

（6）港口附加费。有些港口由于设备条件差或装卸效率低，轮船公司便加收附加费以弥补其因船舶靠港时间延长所造成的损失，一般按基本运价的百分比收取。

（7）港口拥挤附加费。有些港口由于压港压船，以致停泊时间较长，一般按基本运价收取附加费。通常此项费用较大，遇有这种费用，卖方应设法由买方负担。

（8）选港附加费。托运时因不能确定卸货港口，只能预先提出两个或两个以上（最多不得超过三个）的港口作为选卸港。但所选港口必须是班轮的基本港口，货主应在货船到达第一选卸港之前 24 小时或 48 小时（各轮船公司规定不一）通知船方最后确定的卸港，否则船方有权将货物卸在所选港口中的任何一个。

（9）变更卸货港附加费。货主要求改变原定卸货港口，如有关当局（海关）准许、船方又同意时便要加收此项附加费。如因倒舱困难或使船舶停留时间过长，船方也可拒绝。此项费用应由买方负担。

（10）绕航附加费。当正常航道不能通行，需绕道才能将货物运至目的港时，轮船公司便要加收此项费用。

（11）货币贬值附加费。当运价表中规定的货币贬值时，轮船公司为弥补其损失便按基本运价加收一定百分比的货币贬值附加费。

除上述各种附加费外，还有一些附加费须由船、货双方临时议定，如洗舱费、熏蒸费、破冰费、加温费等。

由此可见，基本运费的计收标准不一，附加费又名目繁多且时有变动，因此在对外报价和核算运费时应仔细测算，以防漏计或错算造成不应有的经济损失。

（二）班轮运费的计算

由于班轮运价表的结构不同，运费的计算方法也不同。单项费率运价表只要找到商品列名，也就找到了运价和计算单位，再加有关的附加费即可求得该批货物的总运价。等级运价表的计算程序较为复杂，先应根据商品的英文名称，从商品列名栏内查明商品的等级和计收标准，然后根据该商品的等级和计收标准从航线港口划分栏内查出基本费率，再查明该商品有无附加费用，如有，各为哪些附加费，最后根据基本费率和附加费求出该商品的总运费。

$$总运费 = 基本运费 + \sum 附加费$$

1. 在没有任何附加费的情况下班轮运费的计算

其计算公式为：

$$F = f \times Q$$

上式中：F 为总运费，f 为基本费率，Q 为货运量。

【例6-1】某公司拟向日本出口冻驴肉30公吨，共需装1 500箱，每箱毛重25kg，每箱体积为 20cm×30cm×40cm。问该批货物的运费是多少？

解：（1）首先按冻驴肉的英文（Frozen Donkey-meat）字母顺序从运价表中查得该商品属于8级货，计收标准为W/M；然后再查得日本航线每运费吨的运费为144美元，无其他任何附加费。

（2）计算该批商品的积载系数：

$$0.2 \times 0.3 \times 0.4 \div 0.025 = 0.96$$

0.96 < 1，所以该商品为重货。

（3）该批货物的运费为：

$$F = 144 \times 0.025 \times 1\,500 = 5\,400 （美元）$$

2. 在有各种附加费的情况下班轮运费的计算

（1）有各种附加费且附加费按基本费率的百分比收取的情况下，其计算公式为：

$$F = fQ \times (1 + S_1 + S_2 + \cdots + S_n)$$

上式中：F 为总运费，f 为基本费率，Q 为货运量，S_1，S_2，$\cdots$，S_n 为各项附加费的百分比。

（2）在各项附加费按绝对数收取的情况下，运费的计算公式为：

$$F = fQ + (S_1 + S_2 + \cdots + S_n) \times Q$$

上式中：F 为总运费，f 为基本费率，Q 为货运量，S_1，S_2，$\cdots$，S_n 为各项附加费的绝对数。

【例6-2】设某出口公司向马来西亚出口大型机床1台，毛重为7.5MT，目的港为巴生港或槟城。运送机床去新马航线的基本运费率每运费吨为1 500港元，另加收超重附加费每运费吨28港元，选港附加费每运费吨20港元。问该机床的运费为多少。

解：$F = fQ + (S_1 + S_2 + \cdots + S_n) \times Q$

$\qquad = 1\,500 \times 7.5 + (28 + 20) \times 7.5$

$\qquad = 11\,610 （港元）$

第三节 班轮货运程序

一、班轮货运程序

少量货物或件杂货，通常采用班轮运输。整个班轮运输的业务流程可用图6-1表示。

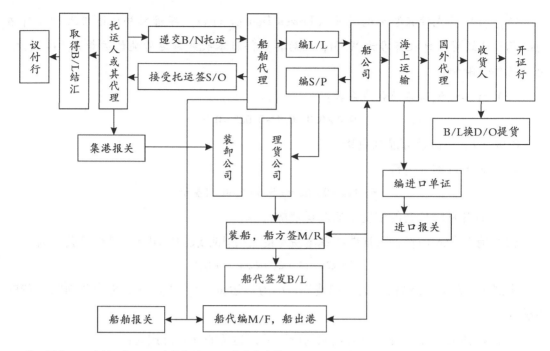

注：图中 B/N 为托运单；S/O 为装货单；L/L 为装货清单；S/P 为积载计划；B/L 为海运提单；D/O 为提货单；
M/R 为大副收据；M/F 为载货清单。

图 6-1　班轮运输流程图

根据图 6-1，班轮运输程序简化为九个主要业务流程：揽货→订舱→接受托运申请→接货→装船→换取提单→海上运输→卸船→交付货物。

（一）揽货

揽货就是揽集货载，即从货主那里争取货源的行为。船公司为使自己所经营的班轮运输船舶能在载重和舱容上得到充分利用，以期获得最好的经济效益，通常都会采取一些措施来招揽顾客。具体方法是对自己经营的班轮航线、船舶挂靠的港口及其到发港口的时间制定船期表，并做广告宣传或者在各挂靠港设立分支机构等。揽货工作的好坏，将直接影响到班轮公司的经营效益。

（二）订舱

订舱是指货物托运人或其代理人向承运人（即船公司或其代理）申请货物运输，承运人对这种申请给予承诺的行为。班轮运输不同于租船运输，承运人与托运人之间不需要签订运输合同，而是以口头或传真的形式进行预约。只要承运人对这种预约给予承诺，并做出舱位安排，即表明承托双方已建立了有关货物运输的关系。

（三）接受托运申请

货主或其代理向船公司提出订舱申请后，船公司首先考虑其航线、港口、船舶、运输条件等能否满足发货人的要求，然后再决定是否接受托运申请。

（四）接货

传统的件杂货不仅种类繁多，性质各异，包装形态多样，而且货物又分属不同的货主。如果每个货主都将自己的货物送到船边，势必造成装货现场的混乱。为了提高装船效率，加速船舶周转，减少货损，在杂货班轮运输中，对于普通货物的交接装船，通常采用由船公司在各装货港指定装船代理人，由装船代理在各装货港的指定地点（通常是码头仓库）接受托运人送来的货物，办理交接手续后将货物集中整理，并按货物的性质、包装、目的港及卸货顺序进行适当的分类后进行装船，即所谓的"仓库收货，集中装船"。对于特殊货物，如危险品、冷冻货、贵重货、重大件货等，通常采取由托运人将货物直接送至船边交接装船的方式，即采取现装或直接装船的方式。

仓库在收到托运人的货物后，应注意认真检查货物的包装和质量，核对货物的数量，无误后即可签署收据给托运人。至此，承运人与托运人之间的货物交接即已结束。

（五）装船

船舶到港前，船公司和码头计划室对本航次需要装运的货物制作装船计划，待船舶到港后，将货物从仓库运至船边，按照装船计划装船。如果船舶系靠在浮筒或锚地作业，船公司或其代理人则用自己的或租用的驳船将货物从仓库驳运至船边再装船。

货物装船完毕后，大副根据装船的实际情况签发"收货单"（俗称"大副收据"）交给托运人。

（六）换取提单

托运人凭经过签署的"收货单"（俗称"大副收据"），向船公司或其代理换取提单，然后去银行结汇。

（七）海上运输

海上承运人对装船的货物负有安全运输、保管、照料的责任，并依据货物运输提单条款划分与托运人之间的责任、权利和义务。

（八）卸船

船公司在卸货港的代理人根据船舶发来的到港电报，一方面编制有关单证，约定装卸公司，等待船舶进港后卸货；另一方面还要把船舶预定到港的时间通知收货人，以便收货人做好接收货物的准备工作。与装船时一样，如果各个收货人都同时到船边接收货物，同样会使卸货现场十分混乱，所以卸货一般也采用"集中卸货，仓库交付"的方式。

（九）交付货物

收货人将提单交给船公司在卸货港的代理人，经代理人审核无误后，签发提货单交给收货人，然后收货人凭提货单前往码头仓库提取货物，并与卸货代理人办理交接手续。

交付货物时，除了要求收货人必须交出提单外，还必须要求收货人付清运费和其他应付的费用，如船公司或其代理人垫付的保管费、搬运费等费用以及共同海损分摊和救助费等。如果收货人没有付清上述费用，船公司有权根据提单上留置权条款的规定暂不交付货物，直到收货人付清各项应付的费用后才交付货物。如果收货人拒绝支付应付的各项费用而使货物无法交付时，船公司还可以经卸货港所在地法院批准，对卸下的货物进行拍卖，以卖得的货款抵偿应向收货人收取的费用。

二、杂货班轮货运单证及其流转程序

（一）杂货班轮货运单证

在班轮运输中，为了方便货物的交接，区分货方与船方之间的责任，需要用到许多单证。在这些单证中，有些是受国际公约和各国国内法约束的，有些则是按照港口当局的规定和航运习惯编制的。尽管这些单证种类繁多，而且因各国港口的规定会有所不同，但主要单证是基本一致的，并能在国际航运中通用。下面介绍一些常用的单证。

1. 在装货港编制使用的单证

（1）托运单

托运单（Booking Note，B/N）就是"订舱委托书"，它是托运人根据贸易合同条款和信用证条款内容填写的，向承运人（船公司，一般为装货港的船方代理人）办理货物托运的单证。承运人或其代理人对该单签认后，即表示已接受这一托运，承运人与托运人之间对货物运输的相互关系即告成立。

（2）装货联单

原则上，托运人先将托运单交船公司办理托运手续，船公司接受承运后在托运单上签章确认，然后发给托运人装货联单。但实务中，通常是由货运代理人向船舶代理人申请托运，货运代理人根据托运人的委托，填写装货联单后交给船公司的代理人。

目前，我国各个港口使用的装货联单的组成不尽相同，但主要有以下各联组成。

①留底联（Counterfoil）。用于船公司或其代理缮制其他货运单证，如装货清单、积载计划等。

②装货单（Shipping Order，S/O）。签发装货单时，船公司或其代理人会按不同港口分别编装货单号，装货单号不会重复，也不会混港编号。托运单也称"下货纸"，经船公司或其代理人签章后，是托运人据以要求船长将货物装船承运的凭证。由于托运人必须在办理了货物装船出口的海关手续后才能要求船长将货物装船，所以装货单又常称

为"关单"，是托运人办理出口货物报关手续的单证之一。

③收货单（Mate's Receipt，M/R）。指的是某一票货物装上船后，由船上大副签署给托运人的、作为证明船方已收到该票货物并已装上船的凭证。所以，收货单又称为"大副收据"。发货人取得了经大副签署的收货单后，即可凭以向船公司或其代理人换取已装船提单。如果货物外表状况不良、标志不清、数量短缺、货物损坏，大副会将这些情况记载在收货单上，习惯上称为"大副批注"。有大副批注的收货单称为"不清洁的收货单"，无大副批注的收货单称为"清洁的收货单"。

（3）装货清单

装货清单（Loading List，L/L）是本航次船舶待装货物的汇总，装货清单由船公司或其代理人根据装货单的留底联制作，制作的要求是将待装货物按目的港和货物性质归类，按照挂靠港顺序排列编制出一张总表。

装货清单是船舶大副编制船舶积载图的主要依据；又是供现场理货人员进行理货、港口安排驳运、进出库场以及掌握托运人备货及货物集中情况的业务单据。这份单证的内容是否正确，对积载的正确、合理与否具有十分重要的影响。

（4）载货清单

载货清单（Manifest，M/F），也称"舱单"。是本航次全船实际载运货物的汇总清单，它反映船舶实际载货情况。载货清单由船公司的代理人根据大副收据或提单编制，编好后再送交船长签字确认，编制的要求是将所装货物按照卸货港顺序分票列明。

载货清单是国际航运实践中一份非常重要的单证。船舶办理报关手续时，必须提交载货清单；载货清单又是港方及理货机构安排卸货的单证之一；在我国，载货清单还是出口企业申请退税、海关据以办理出口退税手续的单证之一；另外，进口货物的收货人在办理货物进口报关手续时，载货清单也是海关办理验放手续的单证之一。

如果在载货清单上增加运费项目，即可制成"载货运费清单（Freight Manifest，F/M）。

（5）货物积载图

货物积载图（Stowage Plan），是用图表的形式表示货物在船舱内的装载情况，使每一票货物都能形象、具体地显示出其在船舱内的位置。

货物装船前，大副根据装货清单上记载的货物资料，就装船顺序、货物在船上的装载位置等情况作出一个详细的积载计划，以指导有关方面安排泊位，货物出舱、下驳，搬运等工作。但在实际装船过程中，往往因各种原因使装船工作无法完全按计划进行，造成货物实际在舱内积载位置与原计划不一致。当货物装船后，应重新标出货物在舱内的实际装载位置，最后绘制成一份"货物积载图"。

（6）危险货物清单

危险货物清单（Dangerous Cargo List）是专门列出船舶所载运全部危险货物的明细表。其记载的内容除装货清单、载货清单所应记载的内容外，特别增加了危险货物的性能和装船位置两项。

为了确保船舶、货物、港口及装卸、运输的安全，包括我国港口在内的世界上很多国家的港口都专门作出规定，凡船舶载运危险货物时，都必须另行编制危险货物清单。

除上述主要单证外，还会使用其他一些单证，如重大件清单、剩余仓位报告、积载检验报告等。

2. 在卸货港编制使用的单证

（1）过驳清单

过驳清单（Boat Note）是采用驳船作业时，作为证明货物交接和标明所交货物实际情况的单证。过驳清单根据卸货时的理货单证编制，内容包括：驳船名、货名、标志、包装、件数、卸货港、卸货日期、舱口号等，并由收取货物的一方与船方共同签字确认。

（2）货物残损单

货物残损单（Broken & Damaged Cargo List）是在卸货完毕后，理货员根据现场理货过程中发现的货物破损、水湿、水浸、汗湿、污染等情况的记录编制的，证明货物残损情况的单据。货物残损单必须经船方确认。

（3）货物溢短单

货物溢短单（Overlanded & Shortlanded Cargo List）是指一票货物所卸下的数字与载货清单上所记载的数字不符，发生溢卸或短卸的证明单据。货物溢短单由理货员编制，并且必须经船方和有关方（收货人、仓库）共同签字确认。

以上三种单据通常是收货人向船公司提出索赔的证明材料，也是船公司处理收货人索赔要求的原始资料和依据。货主在获取以上三种单据时，应检查船方的签字。

（4）提货单

提货单（Delivery Order，D/O），也称小提单，是收货人或其代理人据以向现场（码头、仓库或船边）提取货物的凭证。虽然收货人或其代理人提取货物是以正本提单为交换条件的，但在实际业务中采用的办法则是由收货人或其代理人先向船公司在卸货港的代理人交出正本提单，再由船公司的代理人签发一份提货单给收货人或其代理人，然后再到码头仓库或船边提取货物。

提货单的性质与提单完全不同，它只不过是船公司或其代理人指令仓库或装卸公司向收货人交付货物的凭证而已，不具备流通或其他作用。为了慎重起见，一般都在提货单上标有"禁止流通"字样。

（二）杂货班轮货运单证的流程

杂货班轮货运及主要货运单证流程如图6-2所示。

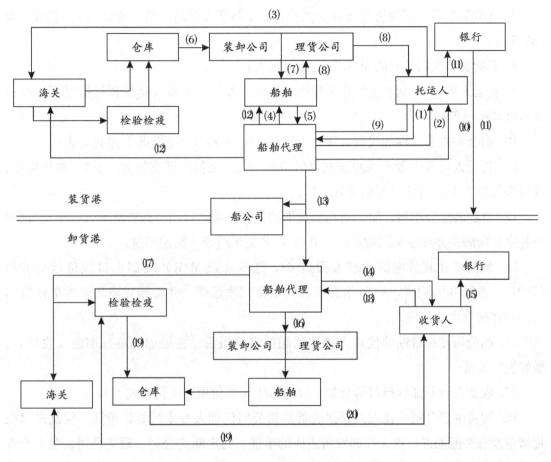

图6-2 杂货班轮货运单证流程图

1. 托运人向船公司在装货港的代理人（也可直接向船公司或其营业所）提出货物装运申请，递交托运单，填好装货联单；

2. 船公司同意承运后，其代理人指定船名，核对S/O与托运单上的内容无误后，签发S/O，将留底联留下后退还给托运人，要求托运人将货物及时送至指定的码头仓库；

3. 托运人持S/O及有关单证向海关办理货物出口报关、验货放行手续，海关在S/O上加盖放行图章后，货物准予装船出口；

4. 船公司在装货港的代理人根据留底联编制装货清单（L/L），送船舶及理货公司、装卸公司；

5. 大副根据 L/L 编制货物积载计划，交给代理人分送理货公司、装卸公司等按计划装船；

6. 托运人将经过检验的货物送至指定的码头仓库准备装船；

7. 货物装船后，理货长将 S/O 交大副，大副核实无误后，留下 S/O，并签发收货单（M/R）；

8. 理货长将大副签发的 M/R 转交给托运人；

9. 托运人持 M/R 到船公司在装货港的代理人处付清运费（运费预付情况下）换取正本已装船提单；

10. 船公司在装货港的代理人审核无误后，留下 M/R，签发 B/L 给托运人；

11. 托运人持 B/L 及有关单证到议付银行结汇（在信用证支付方式下），取得货款，议付银行将 B/L 及有关单证邮寄开证行；

12. 货物装船完毕后，船公司在装货港的代理人编制好出口载货清单（M/F），送船长签字后向海关办理船舶出境手续，并将 M/F 交船随带，船舶起航；

13. 船公司在装货港的代理人根据 B/L 副本（或 M/R）编制出口载货运费清单（F/M），连同 B/L 副本、M/R 送交船公司结算代收运费，并将卸货港需要的单证寄给船公司在卸货港的代理人；

14. 船公司在卸货港的代理人接到船舶抵港电报后，将船舶到港日期通知收货人，做好提货准备；

15. 收货人到开证银行付清货款，取回 B/L（在信用证支付方式下）；

16. 卸货港船公司的代理人根据装货港船公司代理人寄来的货运单证，编制进口载货清单及有关船舶进口报关和卸货所需要的单证，约定卸货公司、理货公司，联系安排泊位，做好接船及卸货的准备工作；

17. 船舶抵港后，船公司在卸货港的代理人随即办理船舶入境手续，船舶靠泊后即开始卸货；

18. 船公司在卸货港的代理人向收货人发"到货通知书"，收货人持正本提单（B/L）向船公司在卸货港的代理人处办理提货手续，付清应付的费用后，换取代理人签发的提货单（D/O）；

19. 收货人办理货物进口手续，支付进口关税；

20. 收货人持 D/O 到码头仓库或船边提取货物。

第四节 班轮提单

一、提单的定义与作用

（一）提单的定义

《中华人民共和国海商法》（以下简称《海商法》）第 71 条给提单下的定义是："提单是指用以证明海上货物运输合同和货物已经由承运人接收或者装船，以及承运人保证据以交付货物的单证。提单中载明的向记名人交付货物，或者按照指示人的指示交付货物，或者向提单持有人交付货物的条款，构成承运人据以交付货物的保证。"该定义源自于《汉堡规则》的规定，它明确地说明了提单的性质与作用。

（二）提单的作用

1. 提单是海上货物运输合同的证明

提单的印刷条款规定有承运人与货物关系人之间的权利、义务，提单也是法律承认的处理有关货物运输争议的依据，因此，有人会认为提单本身就是运输合同。但是，提单并不具有作为经济合同应具备的基本条件，构成运输合同的主要项目，诸如船名、开航日期、航线、靠港及其他有关货运条件都是事先公布且众所周知的。至于运价和运输条件也是承运人预先规定的，提单条款仅是承运人单方面制订的，而且，在提单上只有承运人单方的签字。另外，运输合同订立在前、提单签发在后，提单只是在履行运输合同的过程中出现的一种证据，而合同实际上是在托运人向承运人或其代理人订舱、办理托运手续时就已成立。所以，将提单解释为"海上货物运输合同已存在的证明"更为合理。

2. 提单是证明货物已由承运人接管或已经装船的货物收据

承运人签发提单，就表明他已按提单上所列内容收到货物。但是，提单作为货物收据的法律效力在不同的当事人之间也是不同的。

提单作为货物收据的效力，因其在托运人或收货人手中而有所不同。对于托运人来说，提单只是承运人依据托运人所列提单内容收到货物的初步证据，即如果承运人有确实证据证明他在事实上未收到货物，或者在收货时实际收到的货物与提单所列的情况有差异，承运人可以通过一定方式减轻或者免除自己的赔偿责任。但对于善意接受提单的收货人，提单是承运人已按托运人所列内容收到货物的绝对证据。承运人不能提出相反的证据否定提单内所记载的内容。《中华人民共和国海商法》第 77 条对提单有关货物记载事项的证据效力的规定为："承运人或者代其签发提单的人签发的提单，是承运人已经按照提单所载状况收到货物或者货物已经装船的初步证据；承运人向善意受让提单的包括收货人在内的第三人提出与提单所载状况不同的证据，不予承认。"

3. 提单是承运人保证凭以交付货物的物权凭证

提单作为物权凭证的功能是用法律的形式予以确定的，提单的转移意味着提单上所记载货物的转移，提单的合法受让人或提单持有人有权要求承运人交付提单上所记载的货物。除提单中有规定外，提单的转让是不需要经承运人同意的。

承运人或其代理人在目的港交付货物时，必须向提单持有人交货。在这种情况下，即使是真正的收货人，如果不能递交正本提单，承运人也可以拒绝对其放行货物。也就是说，收货人是根据提单物权凭证的功能，在目的港以提单作为交换来提取货物的。

提单具有物权凭证的功能使提单所代表的"物权"可以随提单的转移而转移，提单中所规定的权利和义务也随着提单的转移而转移。即使货物在运输过程中遭受损坏或灭失，也因货物的风险已随提单的转移而转移给了提单的受让人。提单的受让人能否得到赔偿将取决于有关海上货物运输的法律、国际公约和提单条款的规定。提单的转让是受时间上的制约的。在办理提货手续前，提单是可以转让的。但是，一旦办理了手续后，该提单就不能再转让。

二、提单的种类

（一）基本分类

基本种类，是指在正常情况下符合法律要求所使用的提单。由于提单分类的标准不同，因此就有以下多种情况。

1. 以货物是否已装船为标准

已装船提单（On board B/L；Shipped B/L），是指整票货物全部装船后，应托运人要求、由承运人或其代理人签发的货物已经装船的提单。该提单上除了载明其他通常事项外，还须注明装运船舶名称和货物实际装船完毕的日期。

收货待运提单（Received for shipment B/L），简称待装提单或备运提单，是指承运人虽已收到货物但尚未装船，应托运人要求而向其签发的提单。由于待运提单上没有明确的装船日期，而且又不注明装运船的船名，因此，在跟单信用证的支付方式下，银行一般都不接受这种提单。

当货物装船后，承运人在待运提单上加注装运船舶的船名和装船日期，就可以使待运提单成为已装船提单。

2. 以提单收货人一栏的记载为标准

记名提单（Straight B/L），是指提单"收货人"一栏内填有特定收货人名称的提单。记名提单只能由提单上所指定的收货人提取货物，且不得转让。记名提单可以避免因转让而带来的风险，但也失去了其代表货物可转让流通的便利。银行一般不愿意接受记名提单作为议付的单证。

不记名提单（Open B/L；Blank B/L；Bearer B/L），是指提单"收货人"一栏内记明应向提单持有人交付货物或在提单"收货人"一栏内不填写任何内容（即空白）的提单。不记名提单无需背书即可转让。也就是说，不记名提单由出让人将提单交付给受让人即可转让，谁持有提单，谁就有权提货。

指示提单（Order B/L），是指提单"收货人"一栏内只填写"凭指示"（To Order）或"凭某人指示"（To the Order of ×××）字样的提单。指示提单经过记名背书或空白背书可转让。指示提单除由出让人交付给受让人外，还应背书，这样提单才得到了转让。

3. 以对货物外表状况有无不良批注为标准

清洁提单（Clean B/L），是指没有任何有关货物残损、包装不良或其他有碍于结汇的批注的提单。事实上提单正面已印有"外表状况明显良好"（In Apparent Good Order and Condition）的词句，若承运人或其代理人在签发提单时未加任何相反的批注，则表明承运人确认货物装船时外表状况良好这一事实，承运人必须在目的港将接受装船时外表状况良好的同样货物交付给收货人。在正常情况下，向银行办理结汇时，都应提交清洁提单。

不清洁提单（Unclean B/L Or Foul B/L），是指承运人在提单上加注有货物包装状况不良或存在缺陷，如水湿、油渍、污损、锈蚀等批注的提单。承运人通过批注声明货物是在外表状况不良的情况下装船的，在目的港交付货物时，若发现货物损坏归因于这些批注的范围，则可减轻或免除自己的赔偿责任。在正常情况下，银行将拒绝凭不清洁提单办理结汇。

4. 以不同的运输过程为标准

直达提单（Direct B/L），是指由承运人签发的，货物从装货港装船后，中途不经过转船而直接运抵卸货港的提单。

转船提单（Transhipment B/L），是指在装货港装货的船舶不直接驶达货物的目的港，而要在中途港换装其他船舶运抵目的港，由承运人为这种货物运输所签发的提单。转船提单记载有货物运输需要转船的事项。

多式联运提单（Combined Transport B/L；Intermodal Transport B/L；Multimodal Transport B/L；Through B/L），是指货物由水运与铁路、公路和航空等两种以上不同运输工具共同完成全程运输时所签发的提单，这种提单主要用于集装箱运输。多式联运提单一般由承担海运区段运输的船公司签发。

5. 以提单签发人不同为标准

班轮提单（Liner B/L），是指在班轮运输中，由班轮公司或其代理人所签发的提单。在集装箱班轮运输中，班轮公司通常为整箱货签发提单。

无船承运人提单（NVOCC B/L），是指由无船承运人或其代理人所签发的提单。在集装箱班轮运输中，无船承运人通常为拼箱货签发提单，因为拼箱货是在集装箱货运站内装箱和拆箱，而货运站又大多有仓库，所以也有人称其为仓/仓提单（House B/L）。当然，无船承运人也可以为整箱货签发提单。

（二）特殊情况分类

这类提单是指在特殊情况下，可能是不符合法律规定或者对货运业务有一定影响时所使用的提单。这类提单也有多种情况。

1. 预借提单（Advanced B/L），是指由于信用证规定的装运期或交单结汇期已到，而货物尚未装船或货物尚未装船完毕时，应托运人要求而由承运人或其代理人提前签发的已装船提单，即托运人为能及时结汇而从承运人处借用的已装船提单。

2. 倒签提单（Anti-date B/L），是指在货物装船完毕后，应托运人的要求，由承运人或其代理人签发的提单，但是该提单上记载的签发日期早于货物实际装船完毕的日期，即托运人从承运人处得到的、以早于货物实际装船完毕的日期为提单签发日期的提单。由于倒填日期签发提单，所以称为"倒签提单"。

3. 顺签提单（Post date B/L），是指在货物装船完毕后，承运人或其代理人应托运人的要求而签发的提单，但是该提单上记载的签发日期晚于货物实际装船完毕的日期，即托运人从承运人处得到的、以晚于该票货物实际装船完毕的日期为提单签发日期的提单。由于顺填日期签发提单，所以称为"顺签提单"。

（三）其他特殊提单

1. 舱面货提单（On Deck B/L），是指将货物积载于船舶露天甲板，并在提单上记载"On deck"字样的提单，也称甲板货提单。

2. 并提单（Omnibus B/L），是指应托运人要求，承运人将同一船舶装运的相同港口、相同货主的两票或两票以上货物合并而签发的一套提单。

3. 分提单（Separate B/L），是指应托运人要求，承运人将属于同一装货单号下的货物分开，并分别签发的提单（多套提单）。

4. 交换提单（Switch B/L），是指在直达运输的条件下，应托运人的要求，承运人同意在约定的中途港凭起运港签发的提单换发以该中途港为起运港的提单，并记载有"在中途港收回本提单，另换发以中途港为起运港的提单"或"Switch B/L"字样的提单。

5. 交接提单（Memo B/L），是指由于货物转船、联运或其他原因，在不同承运人之间签发的不可转让、不是"物权凭证"的单证。交接提单只是具有货物收据和备忘录的作用。有时由于一票货物运输会由不同的承运人来运输或承运，为了便于管理，更是为了明确不同承运人之间的责任，就需要制作交接提单。

6. 过期提单（Stale B/L），是指由于出口商在取得提单后未能及时到银行议付的提单。因不及时而过期，形成过期提单，也称滞期提单。关于过期提单有两种说法：一种是提单晚于货物到达目的港，称为过期提单。在近洋运输中难免会出现这种情况，因此，在买卖合同中一般都规定"过期提单可以接受"的条款。另一种是向银行交单时间超过提单签发日期 21 天的提单，这种滞期交到银行的提单，也称为过期提单，银行有权拒收。过期提单是商业习惯的一种提单，但它在运输合同下并不是无效提单，提单持有人仍可凭其要求承运人交付货物。

三、提单的内容

（一）提单正面记载的内容

国际公约和各国国内法均对提单需要记载的内容作了规定，以保证提单的效力。根据《中华人民共和国海商法》第 73 条的规定，提单内容包括下列事项。

1. 货物的品名、标志、包数或者件数、重量或者体积，以及运输危险货物时对危险性质的说明；

2. 承运人的名称和主营业所；

3. 船舶名称；

4. 托运人的名称；

5. 收货人的名称；

6. 装货港和在装货港接收货物的日期；

7. 卸货港；

8. 多式联运提单增列接收货物地点和交付货物地点；

9. 提单的签发日期、地点和份数；

10. 运费的支付；

11. 承运人或者其代表的签字。

提单缺少上述一项或几项并不影响提单的性质。但是，提单应当符合海商法第 71 条的规定。实践中，为了满足业务上的需要，提单正面记载的内容还会增加以下一些项目。

1. 船名（Name of the Vessel）；

2. 承运人名称（Name of the Carrier）；

3. 托运人名称（Name of the Shipper）；

4. 收货人名称（Name of the Consignee）；

5. 通知人名称（Name of the Notified Party）；

6. 装货港、卸货港和转运港（Port of Loading, Port of Discharge, Port of Transhipment）；

7. 货物名称、标志、包装、件数、重量和体积等（Description of Goods, Marks & No., Number of Package/Container, Gross weight, Measurement, etc）；

8. 运费的支付（Payment of Freight）；

9. 提单的签发日期、地点和份数〔Place and Date of issue, Number of Original B(s)/L〕；

10. 承运人或载货船船长，或由其授权的人签字或盖章。

（二）提单的背面条款

提单的背面条款主要有以下几点。

1. 首要条款和提单适用法；

2. 定义条款；

3. 承运人责任条款；

4. 承运人责任期间条款；

5. 承运人赔偿责任限制条款；

6. 特定货物条款；

7. 此外，提单背面还列有许多其他条款，如分立契约、赔偿与抗辩、免责事项；运费和其他费用；索赔通知与时效；承运人的集装箱；托运人的集装箱；货方的责任；运费与费用；承运人检查货物；留置权；通知与交付；货主装箱的整箱货；共同海损与救助；互有过失碰撞责任；管辖权等。

四、提单的使用

（一）提单的签发

1. 提单的签发人与签署

提单必须经签署才能产生效力。有权签发提单的人包括承运人本人、载货船船长或经承运人授权的代理人。

提单签署的方法除了有传统的手签，在没有特殊规定的情况下，如信用证没有规定必须手签提单，则可以采用印摹、打孔、盖章，及符合或不违反提单签发地所在国法律的其他机械或电子方法。

2. 提单记载内容

提单所记载的内容是否正确无误，不但关系到承运人的经济利益，而且还影响到承运人的信誉。为了使所签发的提单字迹清晰、整洁，内容完整、不错不漏，就要求提单的签发人在签发提单前，必须对提单所记载的、包括提单各个关系人的名称、货物的名称、包装、标志、数量和外表状况等各项内容的必要记载事项进行认真核对、审查，使不正确的内容能得到及时纠正。

3. 提单的份数和签发日期

提单有正本提单和副本提单之分，通常所说的提单都是指正本提单。为了防止提单遗失、失窃或在转递过程中发生意外事故造成灭失，各国海商法和航运习惯都允许为一票货物签发一套多份正本提单。鉴发正本提单的份数应分别记载于所签发的备份正本提单上。另外，正本提单应标注"Original"字样。副本提单只用于日常业务，不具备法律效力。

提单上记载的提单签发日期应是提单上所列货物实际装船完毕的日期。集装箱班轮运输中，为了给承运人签发提单提供方便，实践中大多以船舶开航之日（Sailing Date）作为提单签发日期。但是，应该注意的是，开行日期（Sailing Date）不一定是已装船日期（On Board Date）。

（二）提单的背书

提单是"物权凭证"，不论是记名提单、不记名提单，还是指示提单，在凭提单提货或者换取提货单时，收货人都应在提单上记载提货的意思表示。通常是由收货人在提单的背面盖章、签字。

关于提单转让的规定为：记名提单，不得转让；不记名提单，无需背书，即可转让；指示提单，经过记名背书或者空白背书转让。所以，背书与转让是不相同的。

通常所说的"背书"是指"指示提单"在转让时所需进行的背书。背书是指转让人（背书人）在提单的背面写明或者不写明受让人，并签名的手续。实践中，背书有记名背书、指示背书和不记名背书等几种方式。

1. 记名背书

记名背书也称完全背书，是指背书人在提单背面写明被背书人（受让人）的名称，并由背书人签名的背书形式。经过记名背书的指示提单将成为记名提单性质的指示提单。

2. 指示背书

指示背书是指背书人在提单背面写明"凭'×××'指示"的字样，同时由背书人签名的背书形式。经过指示背书的指示提单还可以继续进行背书，但背书必须连续。

3. 不记名背书

不记名背书也称空白背书，是指背书人在提单背面由自己签名，但不记载任何受让人的背书形式。经过不记名背书的指示提单将成为不记名提单性质的指示提单。

五、电子提单

（一）电子提单的概念

电子提单是提单电子化的一个方面。提单的电子化，有时又称作"提单的无纸化"、"提单的非物质化"或"提单的电子传输"等，是指传统纸面提单上所载列的信息改由电子化的方法进行生成、发布、传送或记录。

国际海事委员会（Comité Maritime International，CMI）于 1990 年通过了电子提单规则。CMI 规则的核心是由承运人发出电子单证并由承运人对提单的转让做非官方的登记，同时为电子提单提供了一套由承运人控制的秘密登记系统。CMI 规则是非强制性的，只有在当事人双方于运输协议中达成合意的前提下才能适用。规则就书面和签字的法律要件提供了一种解决方法，即密码的持有人享有与提单持有人同等的权利。但规则在一些具体的细节问题上仍不够完善，且使承运人的法律责任过重，因此在实践中运用不多。

2004 年 8 月 28 日第十届全国人民代表大会常务委员会第十一次会议通过的《中华人民共和国电子签名法》规定，电子签名是指数据电文中以电文形式所含、所附，用于识别签名人身份并表明签名人认可其中内容的数据。数据电文是指以电子、光学、磁盘或者类似手段生成、发送、接收或者储存的信息。

（二）电子提单的优点

1. 可快速、准确地实现货物支配权的转移

EDI 系统是一种高度现代化的通信方式，可以利用计算机操纵、监督运输活动，达到快速、准确地实现货物支配权转移的效果。这将在很大程度上减少、避免无单放货现象。

2. 可方便记名提单的使用

电子提单是在海运单得到使用后产生的，而记名提单很多情况下与海运单有相似之处，二者在对待收货人的态度上相近。因此，电子提单的出现必将方便记名提单及海运单的使用。当海上运输航程较短时，则可避免传统提单因为邮寄而可能出现的船到但记

名提单尚未寄到的现象。

3. 可防止冒领和避免误交

电子提单使用的整个过程具有高度保密性，这能大大减少提单欺诈案件的发生。承运人可以控制监视提单内容，以防止托运人涂改提单，欺骗收货人与银行；托运人、银行、甚至收货人可以监视承运人行踪，可以避免船舶失踪；承运人对收货人能够进行控制。只有当某收货人付款之后，银行才通告货物支配权的转移。承运人可准确地将货交给付款人，可防冒领，及避免误交。

（三）电子提单操作流程

我们以一个例子来说明电子提单的操作流程。假定买卖双方签订了一个以 CIF 为条件的买卖合同，买方通过开证行开给卖方一个信用证，买方根据银行通知按合同规定付款，在目的港，买方向承运人请求交货，承运人履行交货义务。在电子提单取代传统提单时，上述合同的履行过程如下。

1. 卖方向承运人订舱，承运人确认。双方确认时应包括双方都同意的条款。

2. 卖方提供货物的详细说明，承运人确认是否承运该批货物。卖方同时向承运人指明银行。

3. 卖方将货物交给承运人，承运人向卖方发送一个收到该批货物，但同时可做某些保留的信息。此时，在法律上仍由卖方控制着这批货物。在信息中，承运人给卖方一个密码，卖方在此后与承运人的信息往来中可使用此密码，以保证信息的鉴定和完整。这里所指的"保留"，是指诸如"货物的品质、数量是由卖方提供的，承运人对具体情况不明"之类的保留，如实际品质、数量与所提供的不符，应由卖方承担后果。另外，"密码"可以是一组数字、一组字母，或数字与字母的组合。

4. 承运人将货物装船后通知卖方，同时通知银行。

5. 卖方凭信用证取款，货物支配权由卖方转移到银行。卖方通知承运人货物权利的转移，承运人即销毁与卖方之间通信的密码，并向银行确认。银行则从承运人那里得到一个新的密码。

6. 卖方告诉银行，谁是买主。

7. 买方支付货款并获得货物支配权后，银行则通知承运人货物权利的转移。承运人即销毁与银行之间的密码，向买方确认其控制着货物，并给买方一个新的密码。一般情况下，谁持有密码，谁就具有货物的支配权。但密码与支配权是完全不同的概念，货物的支配权不是根据密码的转移而转移的，密码不能转移，它具有独立、专有和不可转移三个特点。独立是指它应与众不同，专有即属于独占的，而不可转移意指其保密性。货物支配权的转移是以密码鉴定的通知来实施的。

8. 船舶抵目的港后，承运人通知买方。买方有义务指定一个收货人，否则在法律上买方即被视为收货人。

9. 收货人实际接收货物后通知承运人，买方对货物的支配权终止，买方有时自己就是收货人。此时，承运人销毁与买方之间的密码。

六、海运单

（一）海运单的定义

海运单（Sea Waybill，SWB），是证明海上货物运输合同和货物已经由承运人接管或装船，以及承运人保证将货物交给指定收货人的一种不可转让的单证。

（二）海运单的作用

海运单是发货人和承运人之间订立海上货物运输合同的证明，又是承运人接管货物或者货物已经装船的货物收据。但是，海运单不是一张转让流通的单据，不是货物的"物权凭证"。所以，海运单具有以下两个重要作用。

1. 它是承运人收到货物，或者货物已经装船后，签发给托运人的一份货物收据。

2. 它是承运人与托运人之间订立海上货物运输合同的证明。

（三）海运单与提单的区别

海运单与提单的区别主要在于其作用的不同。

1. 海运单不具有提单"物权凭证"的作用

最重要的不同之处在于提单是"物权凭证"，而海运单则不是。由于海运单不是物权凭证，收货人在卸货港提取货物时并不需要持有和出具正本的海运单，只需要确认自己的收货人身份后就可以取得提货单提货。海运单的这种特征使其能够适应海上货物运输时间缩短后对单证的要求，发货人可以为其客户提供更简易迅速的服务，并使承运人和收货人都能从中获得方便。而使用提单时，如果提单不能及时到达收货人手里，则会使收货人无法及时提货，或者会使承运人冒险接受保函交付货物。

提单具有"物权凭证"的性质，通过提单的转让，能够实现货物的买卖，而海运单却不具有"物权凭证"的性质。所以，海运单还无法替代提单。

2. 作为运输合同证明方面的区别

海运单通常采用简单形式，其正面或者背面如果没有适当的条款或者没有列入有关国际组织（如国际海事委员会）或者民间团体为海运单制定的规则，则它只能作为托运人与承运人之间订立货物运输合同的证明，收货人是不能依据海运单上记载的条款向承运人提出索赔的，承运人也不能依据海运单上记载的条款进行抗辩。而提单在这方面却与海运单不同，当提单经过转让到了收货人手里时，收货人就享有提单赋予的权利，同时也要承担相应的责任。

为了解决海运单的上述缺陷，会在海运单的条款中列入有关海运单规则，或者在海运单中列入"对抗合同当事人原则"条款，该条款规定托运人不但自己接受海运单中的条款，同时也代表收货人接受这些条款。托运人还要保证其有权代表收货人接受这些条款（条件）。

3. 作为货物收据证据效力方面的区别

提单运输涉及的贸易是单证贸易，为了保护合法受让提单的第三人，即通过购买提单来购买货物的第三人，就有必要强调提单作为货物收据所记载内容是最终证据。但是，海运单运输涉及的贸易不是单证贸易，海运单不涉及转让问题，海运单中记载的收货人也并不仅仅依赖海运单对货物的描写（说明）来决定是否购买这批货物，所以，没有必要强调海运单作为货物收据所记载的内容是最终证据。

（四）海运单的优点

在一定条件下，海运单具有迅捷、简便、安全的特点。

1. 对于发货人而言

（1）海运单不一定寄给收货人；

（2）节省邮费；

（3）免除了业务员对提单的检查，同时也免除了对其他配套的物权单证的检查；

（4）发货人可向客户（收货人）提供更简易、迅速的服务；

（5）整个单据程序得到了改进，从而提高了市场的竞争力；

（6）当货物尚未放行时，可视需要将海运单交货改为提单交货，海运单可由发货人改签提单发给新的收货人（例如原市场丧失，另找到了新买主），因为此时货物仍在船公司的控制之下。

2. 对于承运人而言

海运单的交货条件不取决于海运单的呈递，也无需遵守单据手续，承运人只要将货物交给海运单上所列明的收货人或其授权的代理人，就视为已经做到了谨慎处理，相信已将货物交给了合适的有关部门。

3. 对于收货人而言

（1）可免除因等海运提单而招致的延迟提货；

（2）可免除为防止交错货物而向承运人出具银行担保。如果使用提单，收货人必须凭正本提单提货，正本提单晚到或丢失时，则不得不求助于银行提供保证金或担保函，同时还必须承担保费或偿付保证金利息；

（3）免除业务员对延误的提单及转运中丢失的提单的检查；

（4）不再产生滞期费、仓租费。

4. 单证本身的风险方面

由于海运单具有不可转让性，这使得它成为一种安全的凭证，从而减少了欺诈，即使第三者得到丢失的海运单，也不能提取货物，因此对收货人不存在风险。而使用提单时，由于提单是物权凭证，如果丢失而被第三者得到，第三者便有权提取货物，故提单的使用具有一定的风险。

5. 单证的流转程序方面

由于采用海运单不必递交给收货人，因此有关单据例如保险单和商业发票，可以在装完货后立即发送给有关当事人。而使用提单时，则必须向收货人递交正本提单，因此上述有关单据，只有在提单签发后才能发送给有关当事人。

（五）海运单的使用

1. 签发运单的要求

在使用海运单而不使用提单时，海运单仍是根据双方一致同意的条件（如运费预付或到付、待运或已装船等）来签发的。

2. 签发运单份数

通常只签发一份正本海运单。但是，如经请求，也可签发两份或两份以上的正本海运单。如托运人要求更改收货人，承运人应要求托运人交回原来已经签发的海运单，然后再按托运人的要求签发更改了收货人的海运单。

3. 海运单流转程序

（1）承运人签发海运单给托运人。

（2）承运人在船舶抵达卸货港前向海运单上记名的收货人发出到货通知书。到货通知书表明此货物的运输是根据海运单进行的。

（3）收货人在目的地出示有效身份证件证明他确系海运单上记载的收货人，并将其签署完的到货通知书交给承运人的办事机构或当地代理人，同时出示海运单副本。

（4）承运人或其代理人签发提货单给收货人。

（5）一旦这批货物的运费和其他费用结清，同时办好海关等所有按规定应办理的手续，收货人就可以提货。

海运单与提单相比，也具有承运人收到货物的收据和运输合同成立的证明作用，但它不是物权凭证，不得转让。因此，实践中应注意的问题主要有：对一票货物，使用海运单就不再使用提单等单证；海运单必须记明收货人；海运单通常签发一份正本；收货人提货时不需出具正本海运单，而只要证明其是海运单中的收货人；在收货人向承运人请求提货之前，只要符合要求，托运人有权改变收货人的名称。在使用海运单的情况下，收货人无需出具海运单，承运人只要将货物交给海运单上所列的收货人，就被视为已经做到了谨慎处理。通常收货人在取得提货单提货之前，应出具海运单副本及自己确实是海运单注明的收货人的证明材料。

 【复习思考题】

1. 班轮有何特点？其计收运费的标准和办法有哪些？
2. 海运提单有何性质和作用？
3. 多式联运单据与联运提单有何区别？
4. 海运单与海运提单有何区别？
5. 班轮提单的种类及用途？

 【计算题】

由荷兰出口到美国的郁金香花一批，每箱 3.40 美元，FOB 鹿特丹，每箱 25 枝，每箱体积为 20cm×30cm×50cm，毛重 6kg。到纽约航线每运费吨运价为 190 美元，该货按 W/M 计费。求：

(1) 每箱运费；
(2) 每枝郁金香 CFR 纽约价。

 【案例】

英国某航运公司所属 A 轮在上海装载甲公司托运的 10 万袋白糖时，因发现有 10% 的脏包，便在收货单上作了批注，并按规定在提单上作同样批注。但甲公司为能迅速出口货物与及时结汇，请求船东接受其作出的担保，并签发清洁提单。考虑到甲公司一时难以换货，在甲公司提供保函承诺承担由此而产生的责任的情况下，A 轮签发了清洁提单。当 A 轮抵达科伦坡卸货完毕后，收货人以脏包造成其损失为由，向斯里兰卡高等法院申请扣船并提起诉讼。A 轮被迫向收货人赔偿了损失，并将上述情况及时告知甲公司，要求甲公司按保函所言赔偿 A 轮损失。甲公司拒绝赔偿 A 轮损失，A 轮诉之上海海事法院。

案例思考题

(1) 提单具有哪些法律作用？
(2) 甲公司向 A 轮出具的保函效力如何？

（3）甲公司是否应赔偿 A 轮的损失？

【实践技能训练】

济南 A 公司与泰国 M 贸易公司成交袋装化肥一批，该批货物采用 L/C 支付方式，在青岛港由中远长江 1 号船承运，采用杂货班轮运输。A 公司委托青岛 DF 货代公司代为办理出口全套业务，货物存放于青岛港 G 仓库。

合同的主要条款如下。

买方：泰国 M 公司（M Corportion，Thailand）

卖方：济南 A 公司（A Corporation，Jinan，China）

商品名称：化肥 Chemical Fertilizer

商品编码：3105. 2000

数量：100 袋，每袋 25 公斤

体积：每袋 80cm×40cm×20cm

支付方式：L/C at sight

标记唛码：N/M

价格条款：每吨 USD200. 00 #CIF#Bangkok

包装：塑料袋装

装运港：青岛港

目的港：曼谷港

装运期：2008 年 9 月 30 日之前

收货人：To The Order of Shipper（凭托运人指示）

分批装运和转船：不允许

保险条款：加保平安险+战争险，加一成投保，经查平安险的保险费率为 0.6%，战争险的保险费率为 0.4%。

请根据上述条件，并结合本章所学内容，完成如下练习。

（1）请核算该批货物的运费和保险费（经查船公司运价表中该批货物的基本运费是每运费吨 20 美元，计费标准是"M/W"，船公司加收 15% 的燃油附加费）。

（2）描述该票货物的海运业务流程，并画出海运业务流程图。

（3）填写"托运单"、"装货单"、"收货单"。

第七章　国际货物租船运输

■ **知识目标**

1. 了解租船货运的几种主要经营方式、主要的租船合同范本。
2. 理解各种租船方式的特点及区别。
3. 熟悉租船合同的磋商程序、程租船合同的主要内容。
4. 掌握航次租船的业务流程。

■ **能力目标**

　　能够运用所学的租船货运相关知识，组织和管理租船运输业务，尤其是程租船运输业务。

第一节　租船货运业务概述

一、租船货物运输的概念与特点

（一）租船运输的概念

　　租船货物运输（Carriage of Goods by Chartering）是相对于班轮运输的另一种海上货物运输经营方式。从事租船货运的船舶既没有固定的班期，也没有固定的航线和挂靠港，而是按照货源的具体情况和货主对货物运输的实际要求，安排航行计划并组织运输的船舶营运方式。因此，租船运输也被称为不定期船运输（Tramp Shipping）。

（二）租船运输的特点

　　租船运输中，船舶的营运是根据船舶出租人与承租人双方签订的租船合同（Charter Party）来进行的，一般进行的是特定货物的运输。船舶出租人提供的是货物运输服务，而承租人则是按约定的租金或运价支付运费。因此，与班轮运输相比，租船运输具有以下特点。

　　1. 按照船舶所有人与承租人双方签订的租船合同安排船舶航线，组织运输。没有相对于定期班轮运输的船期表和航线。

· 119 ·

2. 适合于大宗散货运输，货物的特点是批量大、附加值低、包装相对简单。因此，租船运输的运价（或租金率）相对于班轮运输而言较低。

3. 舱位的租赁一般以提供整船或部分舱位为主，主要是根据租约来定。另外，承租人一般可以将舱位或整船再租与第三人。

4. 船舶营运中的风险以及有关费用的负担责任由租约约定。租金水平也随之相应变化。

5. 租船运输中提单的性质完全不同于班轮运输，它不是一个独立的文件，对于承租人和船舶所有人而言，仅相当于货物收据。这种提单要受租船契约的约束，银行不乐意接受这种提单，除非信用证另有规定。当承租人将提单转让与第三人时，提单起着权利凭证的作用；而在第三人与船舶所有人之间，提单则是货物运输合同的证明。

6. 承租人与船舶所有人之间的权利和义务是通过租船合同来确定的。

7. 租船运输中，船舶港口使费、装卸费及船期延误，按租船合同规定由船舶所有人和承租人分担、划分及计算，而班轮运输中船舶的一切正常营运支出均由船方负担。

二、租船货运经营方式

目前，航运业主要的租船运输经营方式有航次租船、定期租船、光船租船、包运租船以及航次期租等形式，其中最基本的租船运输的经营方式是具有运输承揽性质的航次租船。

（一）航次租船

1. 航次租船的概念

航次租船（Voyage Charter；Trip Charter），又称"航程租船"或"程租船"，简称"程租"，是指由船舶所有人向承租人提供船舶在指定港口之间进行一个航次或几个航次的指定货物运输的租船运输方式。国际现货市场上成交的绝大多数货物（主要有液体散货和干散货两大类）通常都是通过航次租船方式运输的。

2. 航次租船的形式

航次租船中，根据承租人对货物运输的需要，而采取不同的航次数来约定航次租船合同。航次租船方式可分为以下三种。

（1）单航次租船（Single Trip Charter）是指船舶所有人与承租人双方约定，由船舶所有人提供船舶而完成一个单程航次货物运输的租船方式。船舶所有人负责将指定的货物从启运港口运往目的港，货物运抵目的港卸船后，船舶所有人的运输合同义务即告完成。

（2）往返航次租船（Return Trip Charter）是指船舶所有人与承租人双方约定，由船舶所有人提供船舶完成一个往返航次的租船方式。但是，返航航次的出发港及到达港并不一定与往航航次的相同。即同一船舶在完成一个单航次后，会根据货物运输需要在原卸货港或其附近港口装货，返回原装货港或其附近港口。卸货后，往返航次租船结束，船舶所有人的合同义务即告完成。

（3）连续航次租船（Consecutive Voyage Charter）是指船舶所有人与承租人约定，由船舶所有人提供船舶连续完成几个单航次或几个往返航次的租船运输方式。被租船舶连续完成两个以上的单航次，或两个以上往返航次运输后，航次租船合同结束，船舶所有人的合同义务完成。连续航次租船合同可按单航次签订租船合同，也可以按往返航次签订租船合同。在只签订一个包括单航次或往返航次租船合同的情况下，合同中适用于第一个航次的各项条件和条款同样适用于以后的各航次。但是，须在合同中注明船舶第一航次的受载日期和后续的航次数，也可以为后续航次规定受载日期等。在连续单航次租船中，在不影响航次任务完成和下一航次受载期的情况下，船舶可以承揽其他货载，但应在租船合同中约定。

3. 航次租船的特点

（1）船舶所有人负责船舶的营运调度，以及船员的配备和管理。

（2）船舶所有人负责船舶营运所支付的费用。这些费用包括：①船舶资本费用，主要包括船舶成本、船舶资本借贷偿还、资本金利息；②固定营运费用，主要包括船员工资和伙食费、船舶物料费用、船舶保养费用、船舶保险费用、润滑油及企业事务费用等；③可变营运费用，主要包括燃料费、港口使费、引水费、合同规定的装卸费、其他费用等。

（3）船舶所有人出租整船或部分舱位，并按实际装船的货物数量或整船舱位包干计收运费。

（4）运费率也称"租金率"，通常由双方商定。

4. 航次租船的业务流程

航次租船租期的长短取决于完成一个航次或几个航次所花费的时间，严格来讲，从被租船舶开往装货港起至在目的港卸货完毕的这段时间。航次租船并不规定完成一个航次或几个航次所需的时间，但船舶所有人对完成一个航次所需的时间极为关心。在这段时间内，船舶所有人与承租人之间按航次的不同阶段分别承担着不同的风险。一般国际上将其分为以下四个阶段。

（1）预备航次。预备航次阶段是指船舶开往装货港的航行阶段。在船舶抵达装货港前，船舶在其所有人的控制之下，船舶所发生的风险和费用由船舶所有人承担。

（2）装货。装货阶段是指船舶抵达、停靠装货港后，待泊和装货的整个阶段。这一时间段上的风险主要是船舶延误所造成的损失。如果船舶延误是由船舶所有人造成的，则由其承担相应的延误损失风险；如果是由承租人所造成的，则应有承租人承担延误风险，承担的形式通常以支付"滞期费"来补偿。所以，在租船合同中，除了对船舶概况、船舶位置、装卸港口、受载期和解除合同日、货物、运费及其支付方法、装卸费分担、船舶所有人责任等做出约定外，还需规定相应的滞期费分担、船舶装卸速度（或装、卸货物所需的时间）和装卸时间的计算办法，以及滞期费和速遣费的标准和计算方法。

（3）航行。航行阶段是指船舶装货离港后，抵达卸货港前的整个阶段。在这段时间内，船舶和货物均处在船舶所有人的控制之下，因此所发生的一切风险和费用通常由船舶所有人承担。

（4）卸货。卸货阶段是指船舶抵达、停靠卸货港后，待泊和卸货的整个阶段。对这一时间段上所发生风险的处理方法同装货阶段。

（二）定期租船

1. 定期租船的概念

定期租船（Time Charter；Period Charter），又称"期租船"，简称"期租"，是指由船舶所有人将特定的船舶，按照租船合同的约定，在约定的期间内租给承租人使用的一种租船方式。这种租船方式以约定的使用期限为船舶租期，而不以完成航次数多少来计算。在租期内，承租人利用租赁的船舶既可以进行不定期货物运输，也可以投入班轮运输，还可以在租期内将船舶转租，以取得运费收入或谋取租金差额。租期的长短完全由船舶所有人和承租人根据实际需要约定，少则几个月，多则几年或更长的时间。

定期租船的承租人既有大型企业或实力较强的贸易机构，利用租赁船舶进行自有的货物运输，也有一些航运公司利用租赁船舶从事货物运输，以弥补自身船队的运力不足。

2. 定期租船的特点

定期租船实质上是一种租赁船舶财产用于货物运输的租船形式，其主要特点表现为以下几个方面。

（1）船舶所有人负责配备船员，并负担其工资和伙食。

（2）承租人拥有包括船长在内的船员指挥权，否则有权要求船舶所有人予以撤换。

（3）承租人负责船舶的营运调度，并负责船舶营运中的可变费用，包括燃料费、港口使用费、引水费、货物装卸费、运河通行费、租船合同规定的其他费用等。

（4）船舶所有人负担船舶营运的固定费用，包括船舶资本的有关费用、船用物料费、润滑油费、船舶保险费、船舶维修保养费等。

（5）船舶租赁以整船出租，租金按船舶的载重吨、租期以及商定的租金率计收。

（6）期租情况下，租船价格在租期内一般比较稳定，货载的运输不受或较少受运输市场价格波动的影响。船舶所有人为避免租期内因部分费用上涨而使其盈利减少或发生亏损，而在较长期的定期租船合同中加入"自动递增条款"，从而可以在规定的费用上涨时，按合同约定的相应比例提高租金。

定期租船方式下，被租船完全处于承租人的使用和控制下。所以，除因船舶不能处于适航状态外，其他情况所造成的营运风险均由承租人承担。

（三）光船租船

1. 光船租船的概念

光船租船（Bareboat Charter；Demise Charter）又称船壳租船，简称"光租"。光船租船实质上是一种财产租赁，船舶所有人不具有承揽运输的责任。在租期内，船舶所有人只提供一艘空船给承租人使用，船舶的配备船员、营运管理、供应以及一切固定或变动的营运费用都由承租人负担。船舶所有人在租期内除了收取租金外，对船舶和其经营不再承担任何责任和费用。

光租船舶的船舶所有人往往是运力过剩或缺乏船舶管理经验的一些经营人。光船租船时，还会使用"购买选择权租赁条件"。此时，承租人在租赁合同规定的租期届满时，享有购买该船舶的选择权。附带有这种条件的光船租船合同中，通常对租期届满时的船舶价格事先确定，并规定这一船价在租期内平均分摊，与按期支付的租金一并缴纳。这是一种分期购买船舶的方法，这对于那些缺乏足够资金一次性购买船舶的承租人来说，是一种获得运力的机会。

2. 光船租船的特点

（1）船舶所有人提供一艘适航空船，不负责船舶的运输。

（2）承租人配备全部船员，并负有指挥责任。

（3）承租人以承运人身份负责船舶的经营及营运调度工作，并承担在租期内的时间损失，包括船期延误、修理等。

（4）承租人负担除船舶的资本费用外的全部固定及变动成本。

（5）整船出租，租金按船舶的载重吨、租期及商定的租金率计算。

（6）船舶的占有权从船舶交予承租人使用时起，转移至承租人。

（四）包运租船

1. 包运租船的概念

包运租船（Contract of Affreightment，COA）是指船舶所有人向承租人提供一定吨位的运力，在确定的港口之间，按事先约定的时间、航次周期和每航次较为均等的运量，完成合同规定的全部货运量的租船方式。以包运租船方式所签订的租船合同称为"包运租船合同",或称"运量合同"。

包运租船实质上具有"连续航次租船"的基本特征。包运租船运输时,船舶每个航次的货物运输除受包运合同的限制,还受其中明确规定的每航次租船合同的限制。

对于船舶所有人而言,包运租船时货运量大,较长时间内有较充足的货源,基本保障了稳定的运费收益。同时,船舶所有人可根据自有的船舶运力灵活地安排船舶,在保证按合同规定完成货物运输的前提下,可以通过对船舶的适当调度,利用航次间的多余时间装运其他货物,提高运力利用率。对于承租人而言,包运租船可以保证在较长时间内满足货物的运输需求,而且可在较大程度上摆脱租船市场行情的变动所带来的影响,确保运力将货物运往最终市场。

2. 包运租船方式的特点

(1)包运租船合同中不特定某一船舶及其国籍,仅规定租用船舶的船级、船龄和其技术规范等。船舶所有人只需根据这些要求提供能够完成合同规定的每航次货运量的运力,在调度和安排船舶方面比较方便。

(2)租期的长短取决于运输货物的总运量及船舶的航次周期所需的时间。

(3)承租人通常是货物贸易量较大的工矿企业、贸易机构、生产加工集团或大型国际石油公司。运输的货物主要是运量较大的干散货或液体散装货物。

(4)航次中所产生的航行时间延误风险由船舶所有人承担,而对于船舶在港内装、卸货物期间所产生的延误,与航次租船相同,一般是通过合同中的"滞期条款"来处理。

(5)运费按船舶实际装运货物的数量及约定的运费率计收,通常采用航次结算。

(6)航次费用的负担责任划分一般与航次租船方式相同。

(五)航次期租

航次期租(Trip Time Charter;Time Charter on Trip Base)的特点是没有明确的租期期限,而只确定了特定的航次。它以完成航次运输为目的,按实际租用天数和约定的日租金率计算租金,费用和风险则按期租方式处理。航次期租使船舶所有人减少了由各种原因所造成的航次时间延长所带来的船期损失。

因为航次期租是建立在定期租船和航次租船两种租船方式基础上的一种边缘型的租船方式,对于航次期租的处理方法,在法律上往往是依据具体航次时间持续的长短来确定其性质的。整个航次持续时间较长的通常被认为具有较多的定期租船的性质,多按定期租船的办法予以处理;租期较短的往往被认为更多地具有航次租船的性质,尽管船舶出租人收取的不是运费而是租金,也往往会考虑航次租船的一些要求。当然,一般还是认为这种租船方式仍以期租为基础，融合了航次租船的性质。

（六）各种租船方式的比较

上述五种租船方式的区别主要体现为船舶所有人和承租人对船舶的支配权、占有权的不同，从而也表现在营运过程中所承担的责任及风险不同。从船舶所有人对船舶的支配、占有程度来看，五种租船方式的排序为：包运租船、航次租船、航次期租、定期租船、光船租船。

承租人在以航次租船、定期租船和光船租船中的任何一种方式租用船舶后，除租船合同明确规定不允许承租人转租船舶给第三者外，承租人有权将租用船舶再次租出，即所谓的转租，船舶所有人一般无权限制转租。

从承租人处再次租赁船舶的第三者称为再承租人。承租人与再承租人以签订租船合同的方式转租船舶，该合同被称为再租船合同。在发生赔偿时，再承租人可根据再租船合同向承租人索赔。

第二节 租船合同磋商程序

船舶所有人是租船市场上的船舶供给方，而承租人则是船舶的需求方。借助于当今的通信技术条件，绝大多数船舶所有人和承租人通过电话、电传、电子邮件、传真等通信手段洽谈展开租船业务。从发出询盘到签订租船合同的租船业务全过程称为"租船程序"。这一程序是租船业务的重要环节，主要包括询盘、发盘、还盘和受盘四个阶段。

一、租船询盘

询盘（Inquiry）是指租船人根据自己对货物运输的需要或对船舶的特殊要求，用传真或电传通过租船经纪人或船舶所有人将基本租船要求和货物信息传送到租船市场上，以寻找合适的船舶。

租船询盘的目的和作用是让对方知道发盘人的意向和需求的概况。承租人发出询盘的目的是以适当的洽租条件，直接或通过租船经纪人寻求合适的船舶来运输货物；船舶所有人发出询盘的目的是承揽货物运输业务。询盘的内容一般应简单扼要地让对方知道一些主要的项目。

1. 承租人询盘的主要内容项目一般包括以下几点：

（1）承租人的名称及营业地点；

（2）货物种类、名称、数量、包装形式；

（3）装卸港口或地点、装卸费用条件；

（4）受载期及解约日；

（5）租船方式和期限；

（6）船舶类型、载重吨、船龄、船级；

（7）交船和还船地点、航行范围；

（8）希望采用的租船合同范本等。

2. 船舶所有人询盘的主要内容一般包括以下几点：

（1）出租船舶的类型、船名、船籍、吨位、航行范围；

（2）船舶在各种包装状态下的积载容积；

（3）受载日期、船舶供租方式、供租期限；

（4）适载货物等。

二、租船发盘

发盘（Offer）又称报价，承租人或船舶所有人围绕询盘中的内容，就租船涉及到的主要条件答复询盘方即为"发盘"。向对方发盘也就意味着对询盘内容存在兴趣，所以在发盘时，应考虑对方接受发盘内容的可能性。

发盘的内容包括了租船业务的主要条件，也构成了租船合同的基础内容。这些主要内容包括以下几点：

（1）对船舶技术规范和船舶状况的要求；

（2）租船洽谈的方式及期限；

（3）受载期及解约日；

（4）滞期和速遣条件；

（5）运费、租金及支付条件；

（6）货物种类、数量、要求的包装形式；

（7）装卸港口及航线；

（8）交还船地点、航行范围；

（9）采用的租船合同范本以及要增添或删减的条款。

租船实践中，一方会事先拟好一个租船合同样本，等正式发盘时使用。在租船合同样本中，特定的可变项目，如船东名称、船名、货物名称、数量、装卸港口、受载期和运价等，均留待洽租时具体商定。每次洽租时，先列出上述主要租船条件，在对主要条件达成协议后，再对次要条件进行商议。

三、租船还盘

还盘（Counter Offer）是指接受发盘的一方对发盘中的一些条件提出修改，或提出自己的新条件，并向发盘人提出的过程。还盘的目的在于要求对方更改对自己不利的，或合同执行上不可行的洽租条件。这时，要仔细审查对方发盘的内容，决定是否可以接受。还盘中没有涉及到的对方发盘中的条件都被认为是可以接受的条件。

在租船过程中，并非要对所有的发盘予以还盘。如果对方的发盘完全不能接受或者可以接受的条件很少，另一方也可以采用新的发盘形式要求对方还盘。这表明接受最初发盘的一方不予接受对方的绝大多数条件，但仍有继续洽谈的意愿。

四、租船受盘

受盘（Acceptance）即明确接受或确认对方所报的各项租船条件。最后一次还实盘的全部内容被双方接受，就是租船业务成交的标志，各种洽租条件对双方都具有法律约束力。

有效的受盘必须在发盘或还盘规定的时限内，且不能有保留条件，若时限已过，则欲接受的一方必须要求另一方再次确认才能生效。当发盘方放弃"保留条件"而要求对方受盘时，受盘方应确认收到的是一项不附带任何保留条件的实盘。在发盘方要求对方先予以受盘，之后再取消保留条件的情况下，受盘方为保护自己的利益，必须规定发盘方在接受受盘后取消保留条件的时间限制，如果发盘方没有在该时间限制内正式放弃保留条件，受盘方的受盘仍不具备任何约束力。

五、签约

正式的租船合同是在合同主要条款被双方接受后开始成立的。受盘后，双方共同承诺的实盘中的条款已产生约束双方的效力。在条件允许的情况下，双方应签署一份"确认备忘书"（Fixture Note）作为简式的租船合同。

"确认备忘书"没有固定统一的格式，一般包括下列内容：

（1）确认备忘书签订日期；

（2）船名，或可替代船舶；

（3）签约双方的名称和地址；

（4）货物名称和数量；

（5）装卸港名称及受载期；

（6）装卸费用负担责任；

（7）运费或租金率、支付方法；

（8）有关费用的分担（港口使用费、税收等）；

（9）所采用标准租船合同的名称；

（10）其他约定的特殊事项；

（11）双方当事人或其代表的签字。

租船合同可由承租人或船舶所有人自己签订，也可授权租船代理人签。租船代理人签约时要说明由谁授权代表当事人（承租人或船舶所有人）签约以及代理人的身份。若代理人不表明自己的身份，在发生法律问题时，则可能被认为是当事人。租船合同通常制作正本两份，签署后由船舶所有人和承租人双方各持一份。

第三节　租船合同

一、标准租船合同格式概述

（一）租船合同范本的概念

租船合同的签订是一项非常细致和严密的工作，若没有统一的格式条款而逐项商定，则需花费较长的时间。为了简化签订租船合同的手续、节约签订租船合同所需费用，同时为了在合同中列入对自己有利的一些条款，维护自己的利益，国际上的一些航运垄断集团、大型船舶公司、货主垄断组织，根据各自的特点，并结合货物种类、航线等，预先编制了供承租人和船舶所有人双方选用的租船合同范本，其中列出了合同的主要条款作为洽谈合同的基础。

租船合同范本的大多数是由船舶所有人或代表船舶所有人利益的航运集团单方面拟定的，与承租人的利益会有一些冲突。因此，承租人与船舶所有人之间要对租船合同范本的条款进行删减、修改和补充。为了便于进行此项工作，每一租船合同范本都为其规定了代码，并为每一条款规定了代号，且在每一行文字前给出了行次编号。使用这些代码和编号即可方便地进行合同条款的商定。

租船合同范本的种类很多，对于航次、定期或光船租船等各种方式均有适用范本。这些范本根据是否得到公认和是否得到广泛采用而分为标准租船合同格式（Standard C/P form）、非标准租船合同格式（Non-standard C/P form）和厂商租船合同范本（Private C/P form）。标准租船合同通常是指由英国航运工会、波罗的海国际航运公会、纽约土产交易所等机构所制订或认可，并被公认和广泛采用的合同格式。非标准租船合同通常是指不属于标准租船合同范围，但其格式有一定的规律，并常被采用的合同格式。厂商租船合同则是一些大宗货主为租赁船舶而制定的特殊合同格式。

目前国际航运市场中，被采用的比较有影响的标准租船合同格式主要有航次租船合同的标准格式、定期租船合同的标准形式和光船租船合同的标准格式。

（二）主要的租船合同范本

1. 航次租船合同格式

（1）统一杂货租船合同（Uniform General Charter），简称为"金康"（GENCON），是波罗的海国际航运公会的前身"波罗的海白海航运公会"于 1922 年制定的，由英国航运公会采用，是 20 世纪 20 年代为适应当时国际贸易急速发展、货物种类大量增加的需要而制定的，它不分货种和航线、适用范围比较广泛。1994 年最近一次修订时，在合同条款上作了较大的修订，将原来的 17 项条款增列为 19 项。

（2）北美谷物航次租船合同（North American Grain Charter Party），简称为"NOR-GRAIN"，由北美粮食出口协会、波罗的海国际航运公会、英联合王国航运委员会、英国船舶经纪人和代理人全国联盟制定，专用于从美国和加拿大出口谷物的海上运输航次租船，而且内容新颖、全面。

（3）其他航次租船合同，包括澳大利亚谷物租船合同（Australia Grain Charter Party，AUSTWHEAT）、威尔士煤炭租船合同（Chamber of Shipping Walsh Coal Charter Party）、油船航次租船合同 1976（INTERTANKVOY，1976）等。

2. 定期租船合同范本

（1）纽约土产交易所定期租船合同，简称"土产格式（NYPE），是纽约土产交易所指定的定期租船合同标准格式。该格式最初是由美国纽约土产交易所于 1913 年制定，并先后进行了多次修订。"土产格式"是目前使用最为广泛的定期租船标准合同。

（2）波尔的姆统一定期租船合同，简称"波尔的姆"（BALTIME），是由波罗的海国际航运协会于 1909 年制定的，并先后进行了多次修改。

（3）中租期租船合同。中租期租船合同（SINOTIME 1980）是由中国租船公司于 1980 年制定、专门用于中国租船公司从国外期租船使用的定期租船合同标准格式。

3. 光船租船合同范本

目前，国际租船实务中关于光船租船的合同范本只有一种，即波罗的海国际航运协会指定的标准光船租船合同，简称"BARECON"。该范本于 2001 年修订为"BARECON 2001"。

二、航次租船合同的主要条款

航运业租船运输的五种经营方式中最基本的是具有运输承揽性质的航次租船，所以本书只选取航次租船合同来介绍其主要条款。

航次租船合同的内容因具体的货类、航线、贸易条件等而不同，所使用的标准租船合同格式的条款也不同，可以依据具体情况和对双方有利的原则，对标准合同格式中的若干条款进行删减或增加，对于没有明确规定的事项可以依照法律或商业习惯处理。

《中华人民共和国海商法》第 93 条规定："航次租船合同的内容，主要包括船舶所有人和承租人的名称、船名、船籍、载货重量、容积、货名、装货港和目的港、受载期限、运费、滞期费、速遣费以及其他有关事项。"

航次租船合同一般订有下列条款：

（1）船舶说明条款（Description of Vessel Clause）；

（2）预备航次条款（Preliminary Voyage Clause）；

（3）船舶所有人责任与免责条款（Owner's Liabilities and Exceptions Clause）；

（4）运费支付条款（Payment of Freight Clause）；

（5）装卸条款（Loading and Discharging Clause）；

（6）滞期费与速遣费条款（Demurrage and Dispatch Money Clause）；

（7）合同解除条款（Cancelling Clause）；

（8）留置权条款（Lien Clause）；

（9）绕航条款（Deviation Clause）；

（10）承租人条款责任终止条款（Sesser Clause）；

（11）互有责任碰撞条款（Both to Blame Collision Clause）；

（12）新杰森条款（New Jason Clause）；

（13）共同海损条款（General Average Clause）；

（14）提单条款（Bill of Lading Clause）；

（15）罢工与战争条款（Strike and War Clause）；

（16）冰冻条款（Ice Clause）；

（17）仲裁条款（Arbitration Clause）；

（18）佣金条款等（Commission Clause ere.）；

（19）法律适用条款（Law Clause）。

这里就上述条款以 1994 年金康（GENCON）合同格式为例，并结合《中华人民共和国海商法》，介绍航次租船合同的主要内容。

（一）合同当事人

即履行租船合同约定事项并承担责任的人，一般是作为承租人的货主和船舶出租人的船东。租船合同须详细列明当事人的名称、住址或主要营业所地址、通信号码等，且不论是否通过经纪人或代理人签署合同。但需注意，签署合同的人必须是具有合法身份和法人资格的人，或经合法授权的人。经纪人或代理人，若未能表明或未用适当的词句表明自己是以代理人的身份签署合同，或者表明自己是以代理人的身份，且合同另一方明知他是合同一方委托的代理人，若未列明委托人的名称与地址等，那么经纪人或代理人都有可能被认为是合同的当事人，并对合同的履行承担责任。

（二）与船舶相关的事项

1. 船名

船名（Name of Vessel）须在合同中指定。船舶所有人只能派遣合同中被指定船舶，非经承租人同意无权更换已指定船舶。但为确保提供船舶，合同中规定指定船的同时可规定替代船。因某些原因，签约时无法在合同中确定船名，经双方同意采用"船舶待指定"（Vessel to Named）的做法，船舶所有人在履行航次租船货运合同前的适当时间，须将已确定的具体船名通知承租人。但派遣船舶的条件、性质和技术规范等，应在合同中规定。待指定船舶一旦被指定，就成为指定船，根据指定船的要求实施对船舶所有人和承租人的约束。

2. 船籍

船籍（Nationality of Vessel）是合同中重要的内容之一。国际贸易运输中，船舶船籍和悬挂船旗不同，可能影响到法律适用、货物保险、港口收费等。出租人在合同履约期间若擅自变更船舶国籍或变换船旗，即构成违约，承租人有权解约和提出因此遭受损失的索赔。

3. 船级

船级（Classification of Vessel）是船舶技术与性能状况的反映。合同要求的船级在于保证船舶的适航性和适货性，若违反有关约定，租船合同就有可能被当事一方解除。

4. 船舶载重吨和船舶容积

船舶载重吨（Deadweight Tonnage of Vessel）和船舶容积（Capacity of Vessel）与船舶大小、装载货物的数量有着密切的关系，也与港口费用、运河通行费等有关。合同通常会载明船舶实际能装载货物的数字。

（三）船舶位置

船舶位置（Vessel Present Positon）是指签约时船舶所有人在合同中提供船舶所处位置或状况的说明。船舶所处位置和状况，关系到船舶能否按合同规定的期限到达装货港，关系到承租人备货和货物出运安排。在合同中正确地记载船舶的位置和状况是船舶出租人的一项义务。

（四）货物

1. 货物的种类

货物是指在租船合同中约定的货物。合同可以规定某一种货物，也可以约定几种货物或某一类货物，供承租人根据贸易要求进行选择。船长有权拒绝受载不符合合同约定的货物，并要求承租人赔偿损失。承租人要按合同约定时间在装货港备妥货物，否则承担违约责任。

2. 货物的数量

合同对于货物数量有具体约定。船舶出租人通常要求承租人提供满舱满载（Full and Complete）货物。如果货物是重货，则要求承租人提供的货物数量应达到船舶的载重能力，即船舶吃水达到允许的最大限度；如果货物是轻泡货，则要求承运人提供的货物应达到满舱。

（五）装卸港口

1. 装卸港口或地点的规定方法

在航次租船运输中，装卸港口通常由承租人指定或选择。目前，国际上约定装卸港的方法有以下几种。

（1）明确指定具体的装货港和卸货港。这种方法只在合同中记载装货港和卸货港港口名称，而没有确定该港的具体泊位。装卸作业的具体泊位按该港的习惯决定。

（2）规定某个特定的装卸泊位或地点。这种方法是在租船合同中除指定港名外，还要指明港内的装卸泊位或地点，如注明某港某泊位。

（3）由承租人选择装货港和卸货港。这种方法通常在合同中注明两个或两个以上装货港，或卸货港名，或某个区域，并规定承租人在其范围内选择其中的一个或两个。

如果合同规定装货港或卸货港是两个或两个以上的港口，则合同应明确挂靠的顺序，否则，船长则按地理位置的顺序（In Geographical Rotation）安排船舶挂靠作业。

如果合同规定几个港口供卸货选择，承租人负有宣布卸货港的责任，并在合同规定的时间内或船舶驶经某地点时向船舶出租人发出宣港通知。

2. 安全港口和安全泊位

有关装卸港的规定，一般包括安全港口或安全泊位条款。合同规定承租人指定的港口或泊位必须是安全的。所谓"安全"，是指某一港口或泊位能使船舶在抵达、进港、在港停泊和离港的整个期间，在未出现某些非常事件的情况下，不会处于即使运用了良好的航海技术和船艺仍不能避免的危险中。实务中，"安全港"及"安全泊位"常会引发争议。从国际上看，所谓"安全"通常是指该港口在"物理上"和"政治上"都是安全的，即在自然条件、港口设施、航海、装卸货物、政治等方面须是安全的。

3. 附近港口条款

关于装卸港，合同中还有"附近港条款"。航次租船合同指定的港口或由承租人按规定"宣港"的港口称为"契约港口"（Contract Port），船舶出租人有义务在约定时间将船舶驶往"契约港口"。但是，如果船舶在接近或抵达该港口之前，因战争等原因使港口被封锁、封闭或因航道堵塞而阻碍或延误船舶的正常航行，船舶所有人有权根据合同中的"附近港条款"（The Near Port Clause），将船舶驶往"附近港口或地点"装卸货物。

（六）受载期和解约日

受载期（Laydays）是指所租船舶到达指定装货港或地点并已做好装货准备，随时接受货物装船的期限。合同受载期可以具体定在某一天，但习惯上规定为一段期限，如10～15天，以适应海上船舶航行和货运活动实际情况与要求。

解约日（Cancelling Date）是指指定船舶未能在受载期限抵达指定装货港或地点，按合同规定承租人行使解除与出租人合同关系的日期。解约日通常定在受载期限的最后一天。如果船舶在合同规定的受载期限与解约日之间到达装货港或地点，并做好装货准备，承租人对于出租人船舶未能在受载期限抵达装货港的这种违约行为可请求损害赔偿，但一般不予解除合同。若合同未对解约日进行规定，实务中通常以受载期的最后一天作为解约日。

如果船舶未能在规定的受载期和解约日到达装货港，那么货物因此需要仓储、驳运等为准备装货而发生的费用，以及因货物不能及时出运而影响市场销售、违反买卖合同而产生贸易责任的赔偿损失，应由违反租船合同约定的出租人承担，承租人可根据出租人违约的严重程度决定是否行使解除合同和/或索赔的权利。但由于气象、不可抗力或合同中明确规定的原因致使船舶不能在解约日前抵达装货港时，承租人即使解除合同，也不能向船舶出租人提出赔偿损失的要求。

如果船舶在规定的受载期限之前到达装货港，承租人在即刻安排货物出厂、进仓、装船等方面可能会发生困难。因此，航次租船合同在约定受载期的同时，一般还制定"不得提前条款"，即"受载期不得早于某年某月某日"，或者"即使出租人或船长要求，装船也不得早于某年某月某日开始"。就是说，船舶提前到达装货港，承租人不承担提前装货义务。

（七）运费条款

1. 运费的计收方法

运费一般以承运货物的重量吨或容积吨为基础进行计收。有些重量和容积不易准确测定的货物或货价较低的货物，也可按包干运费（Lump Sum Freight）计收整船、整舱或整批货物的运费。按货物重量计收运费，合同应明确是按货物装入量还是卸出量计收。

2. 运费的支付

按支付时间划分，运费的支付方法有预付和到付两种。

对于预付运费，实务中通常要求承租人在签发提单时或装完货物即行支付，也有的是在装妥货物后预付总运费的90%，其余用作调整速遣费或垫付款；到付运费，一般在卸货前或办理提货手续时要求收货人连同其他相关费用一起付清。但也有规定，到付运费条件下出租人可以要求承租人先预付部分费用，如总运费的1/3，用以支付港口、燃料费、船员费等经常性开支。

关于运费，合同一般还约定，不论船舶或货物在运输过程中是否发生损坏、灭失等，都不予减付或退还。有的合同载明，由于某些原因，如冰冻、罢工等不属于船舶出租人责任的，货物不能在原定卸货港交付而须驶往附近安全港卸货时，出租人仍有权获得原约定的相同运费。当约定支付包干运费时，不管承租人实际提供的货物是否满船或满舱，都须按原约定支付足额运费。承租人支付包干运费，有权享用全部约定舱位或装载约定数量的货物；否则，承租人有权在约定的包干运费中扣除相应的不足部分运费。

（八）装卸费用

装卸费用是指将货物从岸边（或驳船）装入船舱内和将货物从船舱内卸至岸边（或驳船）的费用。航次租船情况下，货物装卸责任及费用由当事人之间洽定。常见的约定方法有以下几种。

1. 班轮条款

班轮条款（Liner Terms）又称为"泊位条款"（Berth Terms）。根据这一条款，承租人在装货港负责将货物送至船舶吊钩下，船方负责把货物装进船舱并整理好；卸货时，船方负责把货物卸到船边，由承租人或收货人在船舶吊钩下提取货物。

2. 舱内收货条款

即"Free in（FI）条款"，或船舶出租人不负担装货费条款。根据这一条款，在装货港由承租人负责安排装货作业并负担装货费用。如果船舶出租人仅就装货费不负责，对其他费用，如卸货港的卸货费用等予以负责，则可用"FILO（Free In，Liner Out 条款"，这是 FI 条款的变形。

3. 舱内交货条款

即"Free Out（FO）条款"，或船舶出租人不负担卸货费条款。根据这一条款，在卸货港由承租人负担卸货费。如果船舶出租人仅不负责卸货费，其他费用仍承担，则可用"LIFO（Liner In，Free Out）"，这是 FO 条款的变形。

4. 舱内收交货条款

即"Free In and Out（FIO）条款"，或称船舶出租人不负担装卸费条款。根据这一条款，在装、卸两港由承租人安排装卸作业并负担装卸费用。

5. 舱内收交货和理舱、平舱条款

即"Free In and Out，Stowed and Trimmed（FIOST）条款"。该条款与班轮条款相反，船舶出租人不负担有关装卸的所有费用，装卸费、平舱费和理舱费全部由承租人负担。

（九）装卸时间

装卸时间（Laytime）是指合同双方当事人约定的，出租人使船舶处于和有效进行装卸货物、无须在运费之外支付附加费的时间。航次租船合同下，承租人有义务在规定的装卸时间内完成货物装卸事宜。

1. 装卸时间的规定方法

在装卸时间的确定和表示方面，常见的方法有：合同规定具体的装卸日数；约定平均每天的装卸效率、计算装卸日数；不规定具体的装卸时间，使用某些术语约定和计算装卸时间，如按装卸港口习惯尽快装卸（Customry Quick Despatch）。

2. 对装卸时间中"日"的理解

在租船合同中，针对装卸时间往往用天数来表示，随着各种各样租船合同的订立，对于天数的表述也多种多样。航次租船合同中需要一个具有一定含义的"日"的概念来表示和计算装卸时间。

（1）日（Day）：指从午夜零点至午夜 24 点连续 24 小时的时间，不足一天按比例计算。

（2）连续日（Running Day）：指一天紧接着一天的日数。随着英美判例法的不断发展，确认了"连续日"的含义与"日"完全相同，即不论因为天气原因还是因为节假日不能装卸货物，装卸时间都连续计算，不做任何扣减。

（3）工作日（Working Day）：指按照港口当地习惯，进行正常装卸作业的日子。休息日和节假日不属于工作日，应排除在装卸时间之外。

（4）晴天工作日（Weather Working Day，WWD）：是在"工作日"含义的基础上将影响船舶装卸的不良天气排除在外的表示方法。

关于晴天工作日有不同的表述，如"24 小时晴天工作日"和"连续 24 小时晴天工作日"。

对于"24 小时晴天工作日（working days of 24 hours）"，根据英国判例法，不管港口规定的工作时间是多少个小时，以累计 24 小时为一个晴天工作日。例如，港口当地实行 8 小时工作制，则三个工作日才可算作一个 24 小时晴天工作日。

对于"连续 24 小时晴天工作日（weather working days of 24 consecutive hours）"，指

不论港口规定的正常工作时间是几个小时，均按 24 小时计算，对任何时间发生的坏天气，不论是否发生在作业时间，均要进行实扣实消。这种方法适用于昼夜作业的港口，我国一般采用这种办法。而在"24 小时晴天工作日"中，如果坏天气不是发生在工作时间，那么不得进行扣减，只有发生在工作时间，才能按照工作时间与 24 小时的比例进行扣减。

为了明确星期天、节假日排除在晴天工作日之外，避免争执，租船实务中通常又在晴天工作日之后加上不同的描述：如晴天工作日，周日和节假日除外（WWD Sunday and Holiday excepted）；晴天工作日，周日和节假日除外，除非已使用（WWD Sunday and Holiday excepted，unless used）；晴天工作日，周日和节假日除外，即使已使用（WWD Sunday and Holiday excepted，even if used）。

3. 装卸时间起算、中断与终止

（1）装卸时间的起算。装卸时间起算，通常为承租人或其代理人收到来自船长或出租人的代理人递交的"装卸准备就绪通知书"（Notice of Readiness，N/R）后，经过一定时间开始起算，具体视合同约定。

装卸时间起算并非以船舶实际开始装卸货物时间为准，即一旦进入合同规定的起算时间，尽管船舶这时仍然处于等泊状态，装卸时间依然开始起算，且等泊时间也应计入装卸时间。船舶进入合同规定的装卸时间，时间损失的风险责任即转移到承租人一边。

船长或出租人递交 N/R，必须满足两个条件：船舶到达合同指定的装卸地点和船舶在各方面已做好装卸货物的准备。

所谓"装卸地点"，通常是指在合同约定的安全港口或安全泊位。所谓"到达（Arrived）"，在港口租船合同中，是指船舶一经到达合同约定的港口，不论是否已靠泊，均视为船舶已经到达合同约定的地点。

所谓"各个方面已做好准备"，是指船舶已按所在港法规的要求办理和通过边检、港监、卫检、海关等进港查验手续；根据货运的要求，船舶货舱已经清洁、干燥、无异味、无虫鼠害，并检验合格、取得证书；船舶装卸机械、各个货舱以及与货运有关的设施、设备已处于随时供用状态；船上人员工作安排已经到位，具备装卸货物的条件。

（2）装卸时间的中断。在普通法下，是没有中断装卸时间的规定的。但在英、美、法等国家中有默认的原因可以中断装卸时间，即船舶出租人的过失或错误导致承租人不能继续进行装卸作业，这段时间是可以从允许的装卸时间中予以扣减的。一般情况下，要中断装卸时间的计算，除了船舶出租人的错误外，必须在租船合同中有专门的约定，中断都是按照租船合同中规定的事项进行的。

（3）装卸时间的终止。装卸时间是在装卸作业完成的那一刻结束的。

（十）装卸时间的使用与计算方式

装卸时间的使用与计算方式会直接影响滞期和速遣时间的计算及其结果。实务中，合同双方洽商应采用的方式主要有以下几种。

1. 按装卸港分别使用与计算（Separate Calculation）

在这种方式下，需按事先商定的装卸时间天数，并根据实际使用装卸天数，分别比较后算出装货港和卸货港的滞期或速遣时间。若合同装货港超过一个，则可以按各港分别计算实际装货时间并加总得出总装货时间天数，与合同装货时间天数比较后算出滞期或速遣时间。卸货港与装货港的计算方法相同。

2. 共用装卸时间（Laytime All Purposes）

在这种方式下，合同中商定一个装卸港进行货物装卸的总的时间天数或合计时间，然后，计算装货港与卸货港实际使用时间，相加后得出实际总装卸时间，与合同总装卸时间相比较。只要实际使用的总装卸时间未超过合同规定的总装卸时间，只会产生速遣时间而不会产生滞期时间；反之，如果实际使用的总装卸时间超过合同规定的总装卸时间，则只会产生滞期时间而不会产生速遣时间。

如果在装货港已将合同规定的总装卸时间用完，则在装货港已经进入滞期，按照"一旦滞期，永远滞期"的原则，当船舶到达卸货港后立即连续计算滞期时间，承租人将丧失享受在卸货港包括"通知时间"在内的除外时间不计入装卸时间的权利。

3. 装卸时间抵算（Reversible Laytime）

又称"装卸时间调剂使用"。在这种方式下，合同中分别规定装货港和卸货港的装卸时间（天数），承租人在装货港完成装货后计算实际装货时间（天数），与合同要求装货时间（天数）比较，并把结果（滞期时间和速遣时间）计入卸货时间（这时卸货港可用时间可能减少或增加）。当船舶在卸货港完成卸货后，将实际卸货时间与卸货港可用时间（这时卸货港可用时间是合同卸货时间加上装货港的速遣时间或减去装货港的滞期时间）进行比较，以最终算出该航次租船是滞期或速遣的结果。

如果装货港的实际使用时间超过了包括允许卸货时间在内的装卸货全部允许使用时间，即在装货港已经进入滞期，则船舶抵达卸货港时，并不立即连续计算滞期时间，而是在递交"准备就绪通知书"后，经过一段通知时间才开始计算滞期时间。即在这种情况下，承租人仍享有将正常的通知时间排除于装卸时间之外的权利。

4. 装卸时间平均计算（To Average Laytime）

又称"装卸时间均算"，指分别计算装货时间和卸货时间，用一个作业节省的时间抵消另一个作业中超用的时间。它与"装卸时间抵算"不同，并不以装货港节省时间和滞期时间来调整原规定的卸货港的可用时间，而是单独根据卸货港实际所用的时间，计算出卸货港产生的滞期时间或速遣时间，再以装货港的速遣时间或滞期时间来抵补卸货港的滞期时间或速遣时间。这一方法旨在以装货港的速遣时间来抵补卸货港的滞期时间，或以卸货港的速遣时间来抵补装货港的滞期时间，从而减少通常须以速遣费加倍费率支付速遣费的情况。

（十一）滞期与速遣

1. 滞期和滞期费

滞期是指非船方责任、承租人未在合同约定时间内完成装货或卸货而需要额外增加的时间。船舶滞留在港造成合同另一方的出租人权益受损，承租人依据合同规定须作出相应赔偿所支付的款项，称为滞期费（Demurrage）。滞期费等于滞期时间和合同约定的滞期费率的乘积。

2. 速遣和速遣费

速遣（Dispatch）是指实际货物装卸完成提前于合同约定装卸时间，所提前的时间称速遣时间（Dispatch time）。船舶提前完成货物装卸，船东可节省装卸时间和增加船期机会收入，因此，船东一般会向承租人支付一笔相应的费用，即速遣费（Dispatch money）。实践中，该速遣费可被认为是出租人的船东对承租人的一种奖励或运费回扣（Rebate of Freight）。根据国际航运惯例，速遣费率通常是滞期费率的一半，除非合同另有明确规定。

在计算速遣时间时，容易发生争议的问题是节省的时间中是否扣除星期日、节假日以及因不良天气停止工作的时间。为了防止争议，租船合同中通常需要明确表明速遣时间的计算。即"节省全部时间（All Time Saved）"和"节省全部工作时间（All Working Time Saved）"。如合同中无明确规定，则通常按照"节省全部工作时间"计算。

（十二）出租人的责任与免责

在租船合同中，出租人的责任与免责根据租约自愿的原则，由合同双方洽商确定。一些格式合同对船东的责任约束一般比较宽松。如"金康"格式合同指出，船舶出租人仅对出租人或其经理本人的行为或不履行职责使货物灭失、损坏或延误交付负责。另外，包括船长、船员以及其他雇佣人员在内的作业和管理货物过程中出现过失使货物灭失、损坏和延误交付不负责任。因此，采用类似"金康"格式合同时，承租人应注意这类条款，并可将类似除外责任或免责条款删去，另加双方能接受的条款，或附加项条款，以规定出租人的责任和免责事项。

（十三）关于代理人

主要约定代理人的委托和代办船舶在港业务事宜。当事人争取和指定船舶代理人，目的是维护自己的利益。"金康"合同规定："任何情况下，由船舶所有人指定自己在装货港和卸货港的代理人。"但承租人也常要求由其指定代理人安排船舶港口业务，并以此从船舶出租人处争取一些运费回扣。

（十四）关于佣金

当租船经纪人介入租船合同业务时，按常规由船舶出租人支付佣金给经纪人，并在合同中予以规定。佣金一般按运费的百分比计付。在连续航次租船情况下，佣金通常在收取运费后支付。有的合同规定，不论合同是否履行，也不论船舶是否灭失，均需支付佣金。"金康"合同规定："未履行"合同时，为补偿通信费用和所做的工作，当事责任方须向经纪人按估算运费总额支付佣金的1/3。

（十五）船舶绕航条款

船舶绕航条款（Deviation Clause）又称"自由条款"（Liberty Clause），或"自由绕航条款"（Liberty to Deviate Clause）。格式合同一般规定："船舶可自由地出于任何目的并以任何顺序挂靠任何港口……"从字面上看这一规定，船舶可随意驶离合同规定的或通常习惯的航线。但是，从客观实际和维护当事人合法利益的角度出发，司法实践中各国法院对此作限制性解释，认为船舶只能挂靠合同规定的或通常挂靠的港口，并且一般以地理顺序挂靠，船舶根据此条款所作的绕航，不能与合同的目的地相抵触。运输合同若没作特别规定，则应走通常的航线。

（十六）货物留置权

货物留置权（Lien）是指当出租人不能从承租人处获得运费、空舱费、滞期费、共同海损分担额和货物相关的运输费用时，按合同规定所采取的扣留货物乃至将货物拍卖的权利。租船合同通常要求承租人对发生于装货港和卸货港的出租人的货物留置请求承担责任。

（十七）承租人免责条款

承租人免责条款（Exception Clause）是指货物装船并支付预付运费、亏舱费和装货港的船舶滞期费后，承租人可免除进一步履行租船合同的责任。承租人免责条款主要针对出租人在目的港有关货物的留置权。因在 CIF 或 CFR 等价格条件下承租人无法控制船舶挂靠卸货港和作业情况，以及收货人和提单持有人等的行为。

（十八）共同海损

关于共同海损（General Average），租船合同一般规定用《1974 年约克－安特卫普规则》进行处理。在我国，中国国际贸易促进委员会制定了共同海损理算规则，即"北京理算规则"作为当事人洽谈租船合同时处理共同海损的参照文本。

（十九）罢工条款

罢工条款（Strike Clause）是船舶出租人为了在港口发生罢工或停工时免于对造成后果承担责任，而在租船合同中列明的条款。该条款对罢工期间的装卸时间和滞期费的计算、解除合同的选择权问题，以及因罢工和停工而使装货或卸货受阻时对已装或未装的部分货物的处理等，作出明确的规定。

（二十）战争风险条款

订立战争风险条款（War Risks Clause）的目的是明确发生战争时，如何处理合同当事人之间的关系，规定船舶装货前、装货中和装货后遭遇战争风险时，出租人可以采取的措施与行为等。

（二十一）冰冻条款

冰冻条款（Ice Clause）是指当船舶在港口因港口冰冻而使货物装卸受阻时，就合同履行将受到的影响而作出的相应规定。内容要点是：装货港冰冻时，租船合同无效，对已装船的部分货物，船舶出租人应负责转运至目的地；卸货港冰冻时，承租人可以选择支付滞期费，使船舶等待至港口解冻后进港卸货，或指令到其他安全的代替港口卸货。

【复习思考题】

1. 租船运输有何特点？

2. 租船运输有哪几种类型？各有什么特点？

3. 程租船与期租船的主要区别是什么？

4. 租船合同磋商的程序是什么？

5. 航次租船合同有哪些主要内容？

6. 关于装卸时间中"日"的概念，有哪些规定方法？

7. 装卸时间的使用和计算，主要有哪些方式？

8. 什么是滞期费、速遣费？

【计算题】

A 外贸公司出口大米 16 000 公吨，租用一艘程租船装运，租船合同的有关装运条件如下。

（1）每个 24 小时晴天工作日装运定额为 800 公吨，星期日和节假日除外，如果使用了，按半数时间计入。

（2）星期日和节假日前一日 18 时以后至星期日和节假日后一日的 8 时以前为假日时间。

（3）滞期费和速遣费每天（24 小时）均为 USD1 000。

（4）凡上午接受船长递交的"准备就绪通知书"（Notice of Readiness），装卸时间从当日 14 时起算；凡下午接受通知书，装卸时间从次日 8 时起算。

（5）如有速遣费发生，按"节省全部工作时间"算。

装货记录如下：

日期	星期	说明	备注
4.27	三	上午 8 时接受船长递交的通知书	
4.28	四	0～24 时	下雨停工 2 小时
4.29	五	0～24 时	
4.30	六	0～24 时	18 时以后下雨停工 2 小时
5.1	日	0～24 时	节假日
5.2	一	0～24 时	节假日
5.3	二	0～24 时	节假日
5.4	三	0～24 时	8 时以前下雨停工 4 小时
5.5	四	0～14 时	

问题：根据以上条件计算滞期费或速遣费。

【案例】

2010 年 7 月，广西某出口公司从广西一家水泥厂购得 5 500 吨水泥，卖给缅甸的一家公司，条件为 CIF 仰光。签约后，出口公司委托自己的货运代理与船公司签订了一份航次租船合同。船舶按时到达装货港，但信用证未按时开到出口公司，致使卖方不能按时装船，船舶在港滞留 40 多天。出口公司支付滞期费和运费合计 243 000 美元。不久，信用证开到，出口公司审证无误，在三天内便装船完毕。但货物装船后，货运代理公司和船公司在提单签发的问题上发生了争议。按照租船合同规定，装船后，在五个银行工作日内，租船人将运费电汇到船公司的账户，同时在提单上注明"运费预付"字样。装船完毕后，出口方的货代根据信用证的要求，请船公司签发"运费预付"的提单，遭到拒绝。船公司要求租船方付清运费后才同意签发这种提单。因此，货运代理公司与船公司在提单签发的问题上发生了争执。

案例思考题

试评析这一案例。

 【实践技能训练】

济南 A 公司从澳大利亚进口 100 万吨铁矿石，起运港为澳大利亚黑德兰港（Hedland），目的港为中国青岛港。A 公司计划租用一艘程租船装运。请完成该批货物的租船运输初步业务：

（1）从租船市场上确定合适的船东、船舶；

（2）组成谈判组，拟定合同的主要条款，并提交一份中文的租船合同。

第八章　国际货物航空运输

第一节　国际航空货物运输基础知识

一、国际航空运输的营运方式

国际航空货物运输是随着国际贸易和民用航空运输的发展而发展起来的。国际航空飞机的营运方式必须与国际贸易对国际航空运输的要求相适应。因此，为了适应不同贸易合同下的货物运输需要，也为了合理地利用飞机的运输能力并获得良好的营运经济效益，目前国际航空飞机的营运方式可分为两大类，即定期航班运输（班机运输）和不定期航班运输（租机运输）。

（一）定期航班运输

1. 概念

定期航班运输又称班机运输（Scheduled Flights Transport），是指航空公司将飞机按事先制定的航班时刻表，在特定航线的各既定起落站之间，经常性地为非特定的众多货主提供规则的、反复的运输服务，并按运价本或协议运价的规定计收运费的一种营运方式。用于班机运输的飞机主要是客货混载机，在搭载旅客的同时又运送小批量货物；但一些规模较大的航空公司在一些货源比较充足的航线上也使用全货机开辟定期货运航班。

班机固定航线和停靠港，定期开航，定点到达，因此国家之间的货物流通采用班机方式可以使收发货人确切掌握货物起运和到达时间，保证货物安全、准时的成交。特别是对运送国际市场上的急需商品、行李、鲜活物、贵重物、电子器件等，优势显著。

由于班机大多使用客货混用机，而大多以客为主，舱位有限，尤其在旅游旺季，航空公司往往首先满足旅客的要求，有限的舱位更显得不足，不能满足大批量货物及时出运，只能是分期分批运输，使得班机在货物运输方面存在着很大的局限性。

2. 分类

在定期航班运输方式下，除了普通的零散件班机运输和直接运输外，根据舱/板/箱销售方式和货源及组织形式的不同，还有以下具体的业务种类。

（1）包舱/板/箱运输（Hold/Pallet/Container Chartering）。包舱、包集装箱（板）是定期航空货物运输的一种销售方式。在这种方式下，托运人根据所运输的货物在一定时间内需要单独占用飞机部分或全部货舱、集装箱、集装板，而承运人需要采取专门措施予以保证。

（2）航空快递（Air Courier）。航空快递不同于一般的航空邮寄和航空货运，它由专门经营快递业务的公司与航空公司合作，派专人以最快的速度在货主、机场、用户之间进行传递。例如，快递公司接到发货人委托后，以最快的速度将货物送往机场赶装最快航班，随即用电传将航班号、货名、收货人及其地址通知国外代理商接货。航班抵达后，国外代理提取货物后急送收货人。这种方式又称"桌到桌"（Desk to Desk）运输。

（3）集中托运（Consolidation）。由于航空运价随着货物计费重量的增加而逐级递减，货物重量越重，航空货运代理人或集运商（Consolidator）就可以从航空公司获取越优惠的运价。因此，集中发运大批量货物的运营模式成为众多集运商追求的目标，因为这样就能从航空公司获取比其他竞争对手较低的运价。航空货运市场目前还是一个价格敏感度较高的市场，较低的价格意味着拥有较强的竞争优势，市场销售将会非常得力，会吸引更多的托运人发货，这样一来运送货物的总量会进一步增大，就能从航空公司争取到更加优惠的运价。

（二）不定期航班运输

1. 概念

不定期航班运输（Non-scheduled Transport），主要是不定期的包机运输（Transport by Chartering），是相对于班机运输而言的另一种飞机营运方式，由于这种营运方式须在市场上寻求机会，没有固定的航线和挂靠港，也没有事先制定的航班时刻表和费率，当事人须在市场上通过洽谈运输条件、订立飞机租用合同来安排运输。

《中国民航法》（以下简称《民航法》）第 98 条规定："公共航空运输企业从事不定期运输，应当经国务院民用航空主管部门批准，并不得影响航班运输的正常经营。"

包机运输是指由租机人租用整架飞机或若干租机人联合包租一架飞机进行货物运输。包机如往返使用，则价格较班机低，如单程使用则价格较班机高。包机适合专运高价值货物。

2. 分类

根据包机人包用飞机舱位的多少，包机可分为整架包机和部分包机两种。

（1）整架包机。整架包机即包租整架飞机，是指航空公司按照与租机人事先约定的条件与费率，将整架飞机出租给包机人，从一个或几个航空站装运货物到指定目的地的货物运输。这种方式适合运输大批量货物，运费比较低。但整架包机的租机人要在货物装运前一个月与航空公司联系，以便航空公司安排飞机运载和向起落机场及有关政府部门申请办理入境、过境及有关手续。

（2）部分包机。部分包机有两种方式，一种是由几家航空货运公司或发货人联合包租整架飞机，另一种是由包机公司把整架飞机的舱位分租给几家航空货运公司。部分包机适用于不足整机但货量也较大（一般为一吨以上）的货物运送。

二、国际航空货物运输的特点

国际航空货物运输虽然起步较晚，但发展极为迅速，这与它所具备的许多特点分不开。航空运输与其他运输方式相比，具有其独特的优点。

（一）运送速度快

现代喷气运输机时速一般都在 1 450 km 左右，协和式飞机时速可达 2 173 km。航空线路不受地面条件限制，一般可在两点间直线飞行，航程比地面短得多，而且运程越远，快速的特点就越显著。在"时间就是效益"的现代社会，节省时间就可以获得极大的企业效益和社会效益。

（二）安全准确

航空运输管理制度比较完善，航空法规的建设几乎与航空技术的发展同步进行。所以，航空货物运输的破损率低，被盗窃机会少，可保证运输质量，如使用空运集装箱，则更为安全。飞机航行有一定班期，世界各航空公司都十分重视正点率，把它视为影响企业发展的重要因素之一，可以保证货物按时到达。

（三）手续简便

航空运输为了体现其快捷、便利的特点，为托运人提供了简便的托运手续，也可以由货运代理人上门取货，并为其办理一切运输手续。通过货运代理人送货上门，实现"门到门"的运输服务，极大地方便了托运人和收货人。

（四）节省包装、保险、利息和储存等费用

由于航空运输速度快，商品在途时间短、周期快，存货可相对减少，资金可迅速收回，从而大大节省贷款利息费用。航空货物运输中货损、货差较少，货物包装可以相对简化，从而可降低包装费用和保险费用。

（五）运价较高、载量有限、易受天气影响

与其他运输方式（特别是海运）相比，航空运输的不利之处也是明显的。由于技术要求高、运输成本大等原因，运价相对较高。例如从中国到美国西海岸，空运运价至少是海运运价的 10 倍以上；由于受飞机本身载重、容积的限制，其货运量相对海运来说要少得多，如目前最常见的大型货机 B747 - 200F 型可载货 90 吨，相比海运船舶几万吨、十几万吨的载重量要小得多；航空运输遇到大雨、大风、雾等恶劣天气，航班就不能得到有效保证，可能导致货物的延误及损失。

但是由于航空运输的优点突出，可弥补运费高的缺陷，加之保管制度完善，货损货差少，适于价值较高、运量较小的货物运输。

三、国际航空运输组织

（一）国际航空运输协会

国际航空运输协会（International Air Transportation Association，IATA），简称"国际航协"，是各国航空运输企业之间的联合组织，会员必须是拥有国际民用航空组织的成员国颁发的定期航班运输许可证的航空公司。

国际航协的前身是六家航空公司参加的国际航空交通协会（International Air Traffic Association），负责处理航空公司之间的业务以及航空公司与其他方面的关系问题，现由近 300 多家航空公司组成，占据了现有国际班机运输 95% 的市场份额。1944 年，当各国政府筹建国际民航组织时，航空公司也开始建立它们的新组织——国际航空运输协会，同年 4 月在哈瓦那审议了该协会的章程，58 家航空公司签署了文件，1945 年 12 月 18 日，加拿大议会通过特别法令，给予其法人地位。国际航协的目标是调解有关商业飞行上的一些法律问题，简化和加速国际航线的客货运输，确保国际航空运输的安全和促进世界范围内航空运输事业的发展。

（二）国际民用航空组织

国际民用航空组织（International Civil Aviation Organization，ICAO）是各国政府之间组成的国际航空运输机构。1944 年 12 月 7 日，近 50 个国家的代表在美国芝加哥举行会议，签署了《国际民用航空公约》，并达成一项临时协议，设想先成立临时国际民用航空组织，作为1947年正式成立的有权威的国际民用航空机构的先驱。1947年5月13日，国际民用航空组织正式成为联合国的一个专门机构，现有161个成员国，总部设在加拿大的蒙特利尔，最高权力机关至少三年举行一次全体成员大会，常设机构是理事会。理事会由大会选出的33名会员国代表组成，我国1974年正式加入该组织，也是理事国之一。该组织下设航行、航空运输、联合供应空中航行设施、财务和关于非法干扰国际民用航空及其设施委员会，另有常设的法律委员会协调工作。理事会有权就条约和公约的解释问题，请求设在海牙的国际法院发表咨询意见，凡成员国卷入争端而不能协商解决时，可要求理事会作出裁决。ICAO是负责国际航空运输的技术、航行及法规方面的机构。它所通过的文件具有法律效力，各成员国必须严格遵守。

四、国际空运航线

（一）世界重要航空线

1. 西欧—北美的北大西洋航空线

该航线主要往返于西欧的巴黎、伦敦、法兰克福与北美的纽约、芝加哥、蒙特利尔等机场。

2. 西欧—中东—远东航空线

该航线连接西欧各主要机场至远东的香港、北京、东京等各机场。途经的重要航空站有雅典、开罗、德黑兰、卡拉奇、新德里、曼谷和新加坡等。

3. 远东—北美的北太平洋航线

这是远东的北京、香港、东京等主要国际机场经北太平洋上空至北美西海岸的温哥华、西雅图、旧金山和洛杉矶等国际机场，再连接北美大西洋岸的航空中心的航线。太平洋上的檀香山、阿拉斯加的安克雷奇国际机场是该航线的重要中间加油站。

此外，还有北美—南美、西欧—南美、西欧—非洲、西欧—东南亚—澳新、远东—澳新、北美—澳新等重要的国际航线。

（二）我国国际航线

目前，我国已有多条国际航线，从北京、上海、广州、昆明、大连、厦门等国际机场启程，可飞往亚洲、非洲、欧洲、大洋洲、北美洲等国家的城市。其中主要的国际航线有：北京—东京、北京—首尔、北京—上海—大阪、北京—上海—旧金山—纽约、北京—上海—旧金山—洛杉矶、北京—沙迦—法兰克福、北京—沙迦—苏黎世—伦敦、北京—沙迦—巴黎、北京—卡拉奇—贝尔格莱德—布加勒斯特、北京—卡拉奇—亚的斯亚贝巴、北京—卡拉奇—科威特、北京—广州—马尼拉、北京—广州—悉尼、北京—广州

—曼谷、北京—莫斯科、北京—平壤、上海—东京、上海—大阪、上海—长崎、昆明—仰光、广州—曼谷、厦门—马尼拉等。

第二节　国际航空货物运输业务流程

国际航空货物运输业务流程，是指为了满足货物运输消费者的需求而进行的从托运人发货到收件人收货的整个过程的物流、信息流的实现和控制管理的过程。国际航空货物运输的业务流程主要包括两大环节：国际货物运输的出口业务流程和进口业务流程。

一、航空货物出口运输代理业务程序

国际航空货物运输的出口业务流程，是指从托运人发货到承运人把货物装上飞机的物流、信息流的实现和控制管理的全过程。国际航空货物运输出口业务流程的环节主要包括两大部分：航空货物出口运输代理业务程序和航空公司出港货物的操作程序。代理人主要从事航空货物出口运输代理业务。

航空货物出口运输代理业务程序包含以下几个环节：市场销售→委托运输→审核单证→预配舱→预订舱→接单→接货→制单→标签→配舱→订舱→出口报关→出仓单→提板箱→装板箱→签单→交接发运→航班跟踪→信息服务→费用结算。

（一）市场销售

作为航空货物运输销售代理人，其销售的产品是航空公司的舱位，只有飞机舱位配载了货物，航空货运才真正具有实质性的内容，因此承揽货物处于整个航空货物出口运输代理业务程序的核心地位，这项工作的成效直接影响代理公司的发展，是航空货运代理中一项至关重要的工作。一个业务开展得较强、较好的货运代理公司，一般都有相当数量的销售人员或销售网点从事市场销售工作。

（二）委托运输

根据《华沙公约》规定，货运单应由托运人填写，也可由承运人或其代理人代为填写。实际上，目前货运单均由承运人或其代理人代为填制。为此，作为填开货运单的依据——托运书，应由托运人自己填写，而且托运人必须在上面签字或盖章。

托运书（Shipper's Letter of Instruction，SLI）是托运人用于委托承运人或其代理填制航空货运单的一种表单，表单上列有填制货运单所需的各项内容，并应印有授权于承运人或其代理人代其在货运单上签字的文字说明。

（三）审核单证

单证应包括：发票、装箱单、托运书、报关单、外汇核销单、许可证、商检证、进料/来料加工核销本、索赔/返修协议、到付保函、关封等。

（四）预配舱

代理人汇总所接受的委托和客户的预报，并输入电脑，计算出各航线的件数、重量、体积，按照客户的要求和货物重、泡情况，根据各航空公司不同机型对不同板箱的重量和高度的要求制定预配舱方案，并对每票货配上运单号。

（五）预订舱

代理人根据所制定的预配舱方案，按航班、日期打印出总运单号、件数、重量、体积，向航空公司预订舱。这一环节之所以被称为预订舱，是因为此时货物可能还没有入仓库，预报和实际的件数、重量、体积等都会有差别，这些留待配舱时再作调整。

（六）接受单证

接受托运人或其代理人送交的已经审核确认的托运书及报关单证和收货凭证。将电脑中的收货记录与收货凭证核对。制作操作交接单，填上所收到的各种报关单证份数，给每份交接单配一份总运单或分运单。将制作好的交接单、配好的总运单或分运单、报关单证移交制单。如此时货未到或未全到，可以按照托运书上的数据填入交接单并注明，待货物到齐后再进行修改。

（七）接受货物

接受货物是指航空货运代理公司把即将发运的货物从发货人手中接过来并运送到自己的仓库。

接收货物一般与接单同时进行。对于通过空运或铁路从内地运往出境地的出口货物，货运代理按照发货人提供的运单号、航班号、接货地点及接货日期，代其提取货物。如货物已在始发地办理了出口海关手续，发货人应同时提供始发地海关的关封。接货时应对货物进行过磅和丈量，并根据发票、装箱单或送货单清点货物，核对货物的数量、品名、合同号或唛头等是否与货运单上所列一致。

（八）填制货运单

填制航空货运单，包括总运单和分运单。填制航空货运单是空运出口业务中最重要的环节，货运单填写的准确与否直接关系到货物能否及时、准确地运达目的地。航空货运单是发货人收结汇的主要有价证券。因此，运单的填写必须详细、准确，严格符合"单货一致、单单一致"的要求。填制航空货运单的主要依据是发货人提供的国际货物托运书。

（九）标记和标签

1. 标记

在货物外包装上由托运人书写的有关事项和记号，包括托运人、收货人的姓名、地址、联系电话、传真；合同号；操作（运输）注意事项，例如，不要暴晒、防潮、小心轻放、单件超过150kg的货物等。

2. 标签

标签按作用可分为识别标签、特种货物标签、操作标签；按类别可分为航空公司标签和分标签两种。

航空公司标签是对其所承运货物的标识，标签上的三位阿拉伯数字代表所承运航空公司的代号，后八位数字是总运单号码；分标签是代理公司对出具分标签货物的标识，凡出具分运单的货物都要制作分标签，填制分运单号和货物到达城市或机场的三字代码。

一件货物贴一张航空公司标签，有分运单的货物，每件再贴一张分标签。

（十）配舱

配舱时，需运出的货物都已入库。这时需要核对货物的实际件数、重量、体积与托运书上预报数量的差别。对预订舱位、板箱有效利用、合理搭配，按照各航班机型、板箱型号、高度、数量进行配载。同时，对于货物晚到、未到情况以及未能顺利通关放行的货物做出调整处理，为制作仓单作准备。实际上，该过程一直延续到单、货交接给航空公司后才完毕。

（十一）订舱

订舱就是将所接收空运货物向航空公司申请并预订舱位。

货物订舱需根据发货人的要求和货物标识的特点而定。一般来说，大宗货物、紧急物资、鲜货易腐物品、危险品、贵重物品等，必须预订舱位。非紧急的零散货物，可以不预订舱位。

航空公司根据实际情况安排航班和舱位。订舱后，航空公司签发订舱确认书（舱单），同时给予装货集装器领取凭证，以表示舱位订妥。

（十二）出口报关

出口报关是指发货人或其代理人在货物发运前，向出境地海关办理货物出口手续的过程。

（十三）出仓单

配舱方案制定后就可着手编制出仓单。出仓单应有承运航班的日期、装载板箱形式及数量、货物进仓顺序编号、总运单号、件数、重量、体积、目的地三字代码和备注。出仓单交给出口仓库，用于出库计划，出库时点数并向装板箱交接。

（十四）提板、箱

根据订舱计划向航空公司申领板、箱并办理相应的手续。提板、箱时，应领取相应的塑料薄膜和网。对所使用的板、箱要登记、销号。除特殊情况外，航空货运均是以"集装箱"、"集装板"形式装运。

航空货运代理公司将体积为 2 立方米以下的货物作为小货交于航空公司拼装，大于 2 立方米的大宗货物或集中托运的货物，一般均由货运代理自己装板装箱。

（十五）签单

货运单在盖好海关放行章后还需到航空公司签单，主要是审核运价使用是否正确以及货物的性质是否适合空运，例如危险品等是否已办理了相应的证明和手续。航空公司的地面代理人规定，只有签单确认后才允许将单、货交给航空公司。

（十六）交接发运

交接是向航空公司交单交货，由航空公司安排航空运输。交单就是将随机单据和应有承运人留存的单据交给航空公司。随机单据包括第二联航空运单正本、发票、装箱单、产地证明、品质鉴定书等。交货即把与单据相符的货物交给航空公司。

航空公司审单验货后，在"货物交接清单"上签字验收，将货物存入出口仓库，单据交吨控部门，以备配舱。

（十七）航班跟踪

单、货交接给航空公司后，航空公司会因种种原因，例如航班取消、延误、溢载、故障、改机型、错运、倒垛或装板不符规定等，未能按预定时间运出，所以货运代理公司从单、货交给航空公司后就需对航班、货物进行跟踪。

（十八）信息服务

航空货运代理公司需在多个方面为客户做好信息服务。例如，订舱信息、审单及报关信息、仓库收货信息、交运称重信息，一程及二程航班信息、集中托运信息、单证信息等。

（十九）费用结算

费用结算主要涉及同发货人、承运人和国外代理人三方面的结算。

二、航空货物进口运输代理业务程序

航空货物进口运输代理业务流程，是指代理公司对于货物从入境到提取或转运整个流程的各个环节所需办理的手续及准备相关单证的全过程。

航空货物进口运输代理业务程序包含以下几个环节：代理预报→交接单、货→理货与仓储→理单与到货通知→制单与报关→收费与发货→送货与转运。

（一）代理预报

在国外发货之前，由国外代理公司将运单、航班、件数、重量、品名、实际收货人及其地址、联系电话等内容通过传真或 E-mail 发给目的地代理公司，这一过程被称为预报。到货预报的目的是使代理公司做好接货前的所有准备工作。

（二）交接单、货

航空货物入境时，与货物相关的单据（运单、发票、装箱单等）也随机到达，运输工具及货物处于海关监管之下。货物卸下后，将货物存入航空公司或机场的监管仓库，进行进口货物舱单录入，将舱单上总运单号、收货人、始发站、目的站、件数、重量、货物品名、航班号等信息通过电脑传输给海关留存，供报关用。

同时根据运单上的收货人及地址寄发取单、提货通知。若运单上收货人或通知人为某航空货运代理公司，则把运输单据及与之相关的货物交给航空货运代理公司。

航空公司的地面代理人向货运代理公司交接的有：国际货物交接清单；总运单、随机文件；货物。

交接时要做到：单、单核对，即交接清单与总运单核对；单、货核对，即交接清单与货物核对。

（三）理货与仓储

代理公司自航空公司接货后，即短途驳运进自己的监管仓库，组织理货及仓储。

1. 理货内容

（1）逐一核对每票件数，再次检查货物破损情况，遇有异常，且确属接货时未发现的问题，可向航空公司提出交涉。

（2）按大货、小货；重货、轻货；单票货、混载货；危险品、贵重品；冷冻、冷藏品分别堆存、进仓。堆存时要注意货物箭头朝向、总运单、分运单标志朝向，注意重不压轻、大不压小。

（3）登记每票货储存区号，并输入电脑。

2. 仓储注意事项

鉴于航空进口货物的贵重性、特殊性，其仓储要求较高，需注意以下几点：防雨淋；防受潮；防重压；防温升变质；防危险品危及人员及其他货品的安全；为防贵重品被盗，贵重品应设专库，由双人制约保管，防止被盗事故发生。

（四）理单与到货通知

1. 理单

理单包括以下三个方面的事项。

（1）集中托运，总运单项下拆单。将集中托运进口的每票总运单项下的分运单分理出来，审核与到货情况是否一致，并制成清单输入电脑；还要将集中托运总运单项下的发运清单输入海关电脑，以便实施按分运单分别报关、报验、提货。

（2）分类理单、编号

根据航班号、进口代理人、货主、口岸、运费到/预付等不同的方法对分运单进行分类。分类理单的同时，需将各票总运单、分运单编上航空货运代理公司自己设定的编号，以便内部操作及客户查询。

（3）编配各类单证

货运代理将总运单、分运单、随机单证、国外代理先期寄达的单证、国内货主预先交达的各类单证进行编配。凡单证齐全、符合报关条件的即转入制单、报关程序；否则，与货主联系，催齐单证，使之符合报关条件。

2. 到货通知

货物到达目的港后，货运代理人应从航空运输的时效出发，为减少货主的仓储费、避免滞报金，尽早、尽快、尽妥地通知货主到货情况，提请货主配齐有关单证，尽快报关。

（五）制单与报关

除部分进口货存放于民航监管仓库外，大部分进口货物存放于各货运代理公司自有的监管仓库。由于货主的需求不一，货物进口后的制单、报关、运输等事项，可由货运代理公司代为办理，也可由货主自行办理。

（六）收费与发货

1. 发货

办完报关、报验等进口手续后，货主须凭盖有海关放行章、报验章（进口药品须有药品检验合格章等）的进口提货单到所属监管仓库付费提货。仓库发货时，须检验提货单据上各类报关、报验章是否齐全，并登记提货人的单位、姓名、身份证号以确保发货安全。保管员发货时，须再次检查货物外包装情况，遇有破损、短缺，应向货主做出交代。

2. 收费

货运代理公司仓库在发放货物前，一般先将费用收妥。收费内容有：到付运费及垫付佣金；单证、报关费；仓储费（含冷藏、冷冻、危险品、贵重品特殊仓储费）；装卸、铲车费；航空公司到港仓储费；海关预录入、检验检疫报验等代收代付费用；关税及垫付佣金。

（七）送货与转运

出于多种因素（如考虑到便利、节省费用或运力所限等），许多货主或国外发货人要求将进口到达货由货运代理人报关、垫税，提货后运输到直接收货人手中。货运代理公司在代理客户制单、报关、垫税、提货、运输的"一揽子"服务中，由于工作熟练、衔接紧密、服务到位而受到货主的欢迎。

第三节　国际航空运输运费

货物的航空运费是指将一票货物自始发地机场运输到目的地机场所应收取的航空运输费用。货物的航空运费主要由两个因素组成，即货物适用的运价与货物的计费重量。

由于航空运输货物的种类繁多，货物运输的起讫地点所在航空区域不同，每种货物所适用的运价也不同。同时，由于飞机载运能力受飞机最大起飞全重和货舱本身体积的限制，因此，货物的计价重量需要同时考虑其体积重量和实际重量两个因素。

又因为航空货物运价的"递远递减"原则，而产生了一系列重量等级运价，重量等级运价的起码重量也影响着货物运费的计算。由此可见，货物航空运费的计算受多种因素的影响。

一、航空货物运费中的计费重量

计费重量（Charge Weight）是指用以计算货物航空运费的重量。货物的计费重量或者是货物的实际毛重，或者是货物的体积重量，或者是较高重量分界点的重量。

（一）实际毛重

包括货物包装在内的货物重量，称为货物的实际毛重（Actual Gross Weight），以0.1kg为计算单位。一般情况下，对于高密度货物，应考虑其货物实际毛重可能会成为计费重量。

（二）体积重量

按照国际航协规则，将货物的体积按一定比例折合成的重量，称为体积重量（Volume Weight），以0.1kg为计算单位。一般对于低密度货物，即轻泡货物，应考虑其体积重量可能成为计费重量。

不论货物的形状是否为规则的长方体或正方体，计算货物的体积时，均应按最长、最宽、最高的三边的厘米长度计算。体积重量的折算按如下公式进行：

$$体积重量（kg）＝货物体积÷6\ 000cm^3/kg$$

（三）计费重量

一般地，采用货物的实际毛重与货物的体积重量两者比较取高者；但当货物按较高重量分界点的较低运价计算的航空运费较低时，则将此较高重量分界点的货物起始重量作为货物的计费重量（Chargeable Weight）。

国际航协规定，国际货物的计费重量以0.5kg为最小单位，重量尾数不足0.5kg的，按0.5kg计算；0.5kg以上不足1kg的，按1kg计算。例如：

103.001kg→103.5kg；

103.501kg→104.0kg。

当使用同一份运单收运两件或两件以上可以采用同样种类运价计算运费的货物时，其计费重量的规定为：计费重量为货物总的实际毛重与总的体积重量两者较高者。同上所述，较高重量分界点重量也可能成为货物的计费重量。

【例8-1】某批航空运输货物共两箱，包装尺寸分别为：$100×80×80cm^3$，$90×82×70\ cm^3$；该货物的毛重为167kg。试计算该批货物的计费重量。

解：（1）该批货物的总体积 $＝100×80×80＋90×82×70＝1\ 156\ 600cm^3$

（2）体积重量 $＝1\ 156\ 600cm^3÷6\ 000cm^3/kg＝192.77kg$

（3）计费重量取实际毛重和体积重量较高者，因此，

计费重量 $＝193kg$

二、航空货物运费中的运价

（一）运价的概念

运价（Rate），又称费率，指承运人对所运输的每一重量单位货物（公斤或磅）所收取的自始发地机场至目的地机场的航空费用。

货物的航空运价一般以运输始发地的本国货币公布，有的国家以美元代替本国货币公布，这些国家视美元为当地货币。

（二）航空货物运价体系

目前国际货物运价按制定的途径划分，主要分为协议运价和国际航协运价。

1. 协议运价

指航空公司与托运人签订协议，托运人保证每年向航空公司交运一定数量的货物，航空公司则向托运人提供一定数量的运价折扣。目前航空公司使用的运价大多是协议运价。

2. 国际航协运价

指 IATA 在 TACT 运价资料上公布的运价。按照 IATA 货物运价公布的形式，国际货物运价分为公布直达运价和非公布直达运价（详见表 8-1）。国际航协运价是国际航协通过运价手册向全世界公布的，其主要目的是协调各国的货物运价，但从实际操作来看，各国从竞争角度考虑，很少有航空公司完全遵照国际航协运价，大多进行了一定的折扣。

表 8-1　IATA 运价体系

IATA 运价	公布直达运价（published through rates）	普通货物运价（general cargo rate）
		指定商品运价（specific commodity rate）
		等级货物运价（commodity classification rate）
		集装货物运价（unit load device rate）
	非公布直达运价（UN-published through rates）	比例运价（construction rate）
		分段相加运价（combination of rates and charges）

（1）普通货物运价

普通货物运价（General Cargo Rate）是指除了等级货物运价和指定商品运价以外的适合于普通货物运输的运价，也称为一般货物运价。

普通货物运价的代号为：

N—标准普通货物运价（Normal Rate，45kg 以下普通货物运价）；

Q—45kg 以上普通货物运价（Quantity Rate）。

普通货物以 45kg 为划分点，45kg 以上较 45kg 以下的运价低。普通货物运价还公布有 "Q45"、"Q100"、"Q300" 等不同重量等级分界点的运价。"Q45" 表示 45kg 以上（包括 45kg）普通货物运价，以此类推。

（2）特种货物运价

特种货物运价（Special Cargo Rate，SCR）又称指定商品运价（Specific Commdity Rate），通常是承运人根据在一定航线上经常性运输某一类货物的托运人的请求，或为促进某地区间某一货物的运输，经 IATA 同意所提供的优惠运价。特种货物运价一般低于普通货物运价，其运价代号为 "C"。

在航空运输中使用特种货物运价时，所运输的货物应满足如下三个条件。

① 运输始发地至目的地之间有公布的特定货物运价，目前北京至美国、加拿大和日本的货物有特种商品运价；

② 托运人所交运的货物，其品名与有关特种货物运价的货物品名相吻合；

③ 货物的计费重量满足特种货物运价使用的最低重量要求。

（3）等级货物运价

等级货物运价（Class Cargo Rate，CCR）是指适用于规定的地区或地区之间的少数货物的运价。等级货物运价是在一般货物运价的基础上增加或减少一定百分比而构成，起码重量规定为5kg。

适用等级货物运价的货物有两类：一是在普通货物运价基础上增加百分比的货物，如活体动物、贵重物品、尸体等；二是在普通货物运价基础上降低百分比的货物，如出土文物、行李、出版物等。

R—表示低于普通货物运价的等级货物运价，即折扣货物运价（Reduction）；

S—表示高于普通货物运价的等级货物运价（Surcharge）。

（4）集中托运货物的运价

集中托运货物又称混运货物（Mixed Consignment），指使用同一份货运单运输的货物中，包含有不同运价、不同运输条件的货物。

集中托运货物不得包括以下物品：贵重货物、活体动物、尸体、骨灰、外交信袋、作为货物运送的行李、机动车辆等。

集中托运货物运价的选用，可依据以下规则。

① 申报整批货物的总重量（或体积）：将集中托运货物视为一种货物，将其总重量确定为一个计费重量。运价采用适用的普通货物运价；

② 分别申报每一种货物的件数、重量、体积及货物品名：按不同种类货物适用的运价与其相对应的计费重量分别计算运费。

（5）最低运费

最低运费（Minimum Charge）是指一票货物自始发地机场至目的地机场航空运费的最低限额。

货物按其适用的航空运价与其计费重量计算所得的航空运费，应与货物最低运费相比，取高者。

三、航空运费的计算

航空运费（Weight Charge）指航空公司将一票货物自始发地机场运至目的地机场所应收取的航空运输费用。该费用根据每票货物所适用的运价和计费重量计算而得。

每票货物是指使用同一份航空货运单的货物。

由于货物的运价是指货物运输起讫地点间的航空运价，航空运费就是指运输始发地机场至目的地机场间的航空费用，不包括其他费用。

（一）航空货物运费的计算步骤

① 计算体积（Volume）和体积重量（Volume weight）；

② 计算实际毛量（Gross weight）；

③ 确定计费重量（Chargeable weight），注意考虑如果货物按较高重量分界点的较低运价计算的航空运费较低时，则以较高重量分界点作为计费重量；

④ 确定适用运价（Applicable rate）；

⑤ 计算总运费（Weight charge）。

（二）航空运费的计算

1. 普通货物运价下运费的计算

【例8-2】航线（Routing）：Beijing, CHINA（BJS）to Tokyo, JAPAN（TYO）

　　　　　货物名称（Commodity）：Sample

　　　　　毛重（Gross Weight）：25.2kg

　　　　　体积（Dimensions）：82cm×48cm×32cm

计算该票货物的航空运费。

公布运价如下：

BEIJING	CN			BJS
Y. RENMINGBI	CNY			kg
TOKYO	JP	M		230.00
		N		37.51
		45		28.13

解：

体积（Volume）：	$82cm×48cm×32cm=125\ 952cm^3$
体积重量（Volume Weight）：	$125\ 952cm^3÷6\ 000cm^3/kg=20.99kg=21.0kg$
毛重（Gross Weight）：	25.5kg
计费重量（Chargeable Weight）：	25.5kg
适用运价（Applicable Rate）：	GCR N37.51 CNY/kg
运费（Weight Charge）：	$25.5×37.51=CNY956.51$

航空货运单运费计算栏填制如下：

No. of Pcs RCP	Gross Weight	Kg lb		Rate Class	Chargeable Weight	Rate/ Charge	Total	Nature&Quantity of Goods (Incl Dimensions or Volume)
				Commodity Item No				
1	25.2	K	N		25.5	37.51	956.51	SAMPLE DIMS：82cm×48cm×32cm

【例8-3】航线（Routing）：Beijing, CHINA（BJS）to Amsterdam, HOLLAND（AMS）

货物名称（Commodity）：PARTS

毛重（Gross Weight）：38.6kg

体积（Dimensions）：101cm×58cm×32cm

计算该票货物的航空运费。

公布运价如下：

BEIJING	CN		BJS
Y. RENMINGBI	CNY		kg
AMSTERDAM	NL	M	320.00
		N	50.22
		45	41.53
		300	37.52

解：（1）按实际重量计算

体积（Volume）：　　　　　　101cm×58cm×32cm＝187 456cm^3

体积重量（Volume Weight）：187 456cm^3÷6 000cm^3/kg＝31.24kg＝31.5kg

毛重（Gross Weight）：　　　39.0kg

计费重量（Chargeable Weight）：39.0kg

适用运价（Applicable Rate）：GCR N50.22 CNY/kg

运费（Weight Charge）：　　39.0×50.22＝CNY1 958.58

（2）采用较高重量分界点的较低运价计算

计费重量（Chargeable Weight）：45.0kg

适用运价（Applicable Rate）：GCR Q41.53 CNY/kg

运费（Weight Charge）：　　45.0×41.53＝CNY1 868.85

（1）与（2）比较，取运费低者。

运费（Weight Charge）：　　　　　CNY1 868.85

航空货运单运费计算栏填制如下：

No. of Pcs RCP	Gross Weight	Kg/lb	Rate Class Commodity Item No		Chargeable Weight	Rate/ Charge	Total	Nature&Quantity of Goods （Incl Dimensions or Volume）
1	38.6	K	Q		45.0	41.53	1 868.85	PARTS 101cm×58cm×32cm

【例8-4】航线（Routing）：Shanghai，CHINA（SHA）to Paris，FRANCE（PAR）

　　　　货物名称（Commodity）：TOY

　　　　毛重（Gross Weight）：5.6kg

　　　　体积（Dimensions）：40cm×28cm×22cm

计算该票货物的航空运费。

公布运价如下：

SHANGHAI	CN		SHA
Y. RENMINGBI	CNY		kg
PARIS	FR	M	320.00
		N	50.37
		45	41.43
		300	37.90
		500	33.42
		1 000	30.71

解：

体积（Volume）：　　　　　　　40cm×28cm×22cm＝24 640cm^3

体积重量（Volume Weight）：　24 640cm^3÷6 000cm^3/kg＝4.11kg＝4.5kg

毛重（Gross Weight）：　　　　5.6kg

计费重量（Chargeable Weight）：6.0kg

适用运价（Applicable Rate）：　GCR N50.37 CNY/kg

运费（Weight Charge）：　　　　6.0×50.37＝CNY302.22

起码运费（Minimum Charge）：　320.00CNY

此票货物的航空运费应为 320.00CNY。

航空货运单运费计算栏填制如下:

No. of Pcs RCP	Gross Weight	Kg/lb	Rate Class	Commodity Item No	Chargeable Weight	Rate/ Charge	Total	Nature&Quantity of Goods (Incl Dimensions or Volume)
1	5.6	K	M		6.0	320.00	320.00	TOY 40cm×28cm×22cm

【例8-5】 航线 (Routing): Beijing, CHINA (BJS) to Osaks, JAPAN (OSA)

　　　　货物名称 (Commodity): FRESH APPLES

　　　　毛重 (Gross Weight): EACH 65.2kg, TOTAL 5 PIECES

　　　　体积 (Dimensions): 102cm×44cm×25cm×5

计算该票货物的航空运费。

公布运价如下:

BEIJING Y. RENMINGBI	CN CNY		BJS kg
OSAKA	JP	M	230.00
		N	37.51
		45	28.13
	0008	300	18.80
	0300	500	20.61
	1093	100	18.43
	2195	500	18.80

　　解: (1) 查找 TACT RATES BOOKS (The Air Cargo Tariff Rates Book) 的品名,品名编号 "0008" 所对应的货物名称为 "FRUIT, VEGETABLES-FRESH",现在承运的货物是 "FRESH APPLES",符合指定商品代码。

　　(2) 货主交运的货物重量符合 "0008" 指定商品运价使用时的最低重量要求。

　　(3) 运费计算:

　　体积 (Volume): 　　　　102cm×44cm×25cm×5 = 561 000cm³

　　体积重量 (Volume Weight): 　　561 000cm³ ÷ 6 000cm³/kg = 93.5kg

毛重（Gross Weight）：　　　　62. 5 × 5 = 326. 0kg

计费重量（Chargeable Weight）：326. 0kg

适用运价（Applicable Rate）：　SCR 0008/Q300 18. 80CNY/kg

运费（Weight Charge）：　　　　326. 0 × 18. 80 = CNY6 128. 80

航空货运单运费计算栏填制如下：

No. of Pcs RCP	Gross Weight	Kg/lb		Rate Class Commodity Item No	Chargeable Weight	Rate/ Charge	Total	Nature&Quantity of Goods (Incl Dimensions or Volume)
5	326. 0	K	C	0008	326. 0	18. 8	6128.80	FRESH APPLES 102cm × 44cm × 252cm × 5

【例8-6】航线（Routing）：Beijing, CHINA（BJS）to Nagoya, JAPAN（NGO）

　　　　　货物名称（Commodity）：FRESH ORANGES

　　　　　毛重（Gross Weight）：EACH 47. 8kg, TOTAL 6 PIECES

　　　　　体积（Dimensions）：128cm × 42cm × 36cm × 6

计算该票货物的航空运费。

公布运价如下：

BEIJING	CN		BJS
Y. RENMINGBI	CNY		kg
NAGOYA	JP	M	230. 00
		N	37. 51
		45	28. 13
	0008	300	18. 80
	0300	500	20. 61
	1093	100	18. 43
	2195	500	18. 80

解：（1）按普通货物运价计算：

体积（Volume）：　　　　　　　128cm × 42cm × 36cm × 6 = 1 161 216cm^3

体积重量（Volume Weight）：　1 161 216cm^3 ÷ 6 000cm^3/kg = 193. 536kg = 194. 0kg

毛重（Gross Weight）：　　　　47. 8 × 6 = 286. 8kg

计费重量（Chargeable Weight）： 287.00kg

分析：由于计费重量没有满足指定商品代码"0008"的最低重量要求300kg，因此只能先用普通货来算。

适用运价（Applicable Rate）：   GCR/Q45 28.13CNY/kg

运费（Weight Charge）：   287.0×28.13＝CNY8 073.13

（2）按指定商品运价计算：

实际毛重（Actual Gross Weight）：286.8kg

计费重量（Chargeable Weight）：300.0kg

适用运价（Applicable Rate）：SCR 0008/Q300 18.80CNY/kg

运费（Weight Charge）：   300.0×18.80＝CNY5 640.00

对比（1）与（2），取运费较低者。

运费（Weight Charge）：   CNY5 640.00

航空货运单运费计算栏填制如下：

No. of Pcs RCP	Gross Weight	Kg/lb	Rate Class Commodity Item No		Chargeable Weight	Rate/ Charge	Total	Nature&Quantity of Goods (Incl Dimensions or Volume)
6	286.8	K	C	0008	300.0	18.8	5640.00	FRESH ORANCE 128cm×42cm×36cm×6

【例8-7】航线（Routing）：Beijing，CHINA（BJS）to Nagoya，JAPAN（NGO）

　　　　　货物名称（Commodity）：FRESH ORANGES

　　　　　毛重（Gross Weight）：EACH 47.8kg，TOTAL 6 PIECES

　　　　　体积（Dimensions）：128cm×42cm×36cm×4

计算该票货物的航空运费。

公布运价如下：

BEIJING	CN			BJS
Y. RENMINGBI	CNY			kg
NAGOYA	JP	M		230.00
		N		37.51
		45		28.13
	0008	300		18.80
	0300	500		20.61
	1093	100		18.43
	2195	500		18.80

解：（1）按普通货物运价计算：

体积（Volume）：　　　　　　　　$128cm \times 42cm \times 36cm \times 4 = 774\ 144cm^3$

体积重量（Volume Weight）：　　$774\ 144cm^3 \div 6\ 000cm^3/kg = 129.024kg = 129.5kg$

毛重（Gross Weight）：　　　　　$47.8 \times 4 = 191.2kg$

计费重量（Chargeable Weight）：191.5kg

分析：由于计费重量没有满足指定商品代码"0008"的最低重量要求300kg，因此只能先用普通货来算。

适用运价（Applicable Rate）：　GCR /Q45 28.13CNY/kg

运费（Weight Charge）：　　　　$191.5 \times 28.13 = CNY5\ 386.9$

（2）按指定商品运价计算：

实际毛重（Actual Gross Weight）：191.2kg

计费重量（Chargeable Weight）：300.0kg

适用运价（Applicable Rate）：　SCR 0008/Q300 18.80CNY/kg

运费（Weight Charge）：　　　　$300.0 \times 18.80 = CNY5\ 640.00$

对比（1）与（2），取运费较低者。

运费（Weight Charge）：　　　　CNY5 386.9

航空货运单运费计算栏填制如下：

No. of Pcs RCP	Gross Weight	Kg/lb		Rate Class	Chargeable Weight	Rate/ Charge	Total	Nature&Quantity of Goods (Incl Dimensions or Volume)
				Commodity Item No				
4	191.2	K	Q	0008	191.5	28.13	5 386.9	FRESH ORANCE 128cm×42cm×36cm×4

【例8-8】航线（Routing）：Stuttgart, GERMANY（SRT）-Barcelona, SPAIN（BCN）

货物名称（Commodity）：LIVE DOG

毛重（Gross Weight）：40kg（DOG + KENNEL）

体积（Dimensions）：90cm×50cm×68cm×1

支付方式（Payment）：全部预付（PrePaid, PP）

注：Stuttgart, Germany 与 Barcelona, Spain 属于 IATA 2 区，其间运输一般活体动物，运价为：175% N。

公布运价如下：

Date type	note	item	min weight	local currency
STUTTGART EURO	DE EUR		STR kg	
BARCELONA	ES	M	76.69	
		N	5.47	
		100	4.45	
		300	3.86	
		500	3.73	

解：体积（Volume）：　　　　90cm×50cm×68cm＝306 000cm³

体积重量（Volume Weight）：　306 000cm³÷6 000cm³/kg＝51.0kg

毛重（Gross Weight）：　　　40.0kg

计费重量（Chargeable Weight）：51.0kg

适用运价（Applicable Rate）：　175% N＝175%×5.47＝9.572 5EUR＝9.57EUR

（欧元取舍单位为 0.01）

运费（Weight Charge）：　　51.0×9.57＝488.07EUR

航空货运单运费计算栏填制如下：

No. of Pcs RCP	Gross Weight	Kg/lb		Rate Class Commodity Item No	Chargeable Weight	Rate/ Charge	Total	Nature&Quantity of Goods (Incl Dimensions or Volume)
1	40	K	S	N175	51	9.57	488.07	DOC 90cm×50cm×68cm×1 LIVE ANIMAL

注：（1）运价类别栏：填入活体动物运价代号"S"。

（2）商品编号栏："N175"表示使用了175%的N级运价。

（3）运价/运费栏：填写计算出的运价"9.57"。

【例8-9】航线（Routing）：Beijing, CHINA（BJS）to London, United Kingdom（LON）

货物名称（Commodity）：BOOKS

毛重（Gross Weight）：980.0kg

体积（Dimensions）：20 Pieces 70cm×50cm×40cm EACH

计算该票货物的航空运费。

注：Beijing, China 与 London, the UK 之间运输书报、杂志，其运价为：50% of the Normal GCR。

公布运价如下：

BEIJING Y. RENMINGBI	CN CNY		BJS kg
LONDON	GB	M	320.00
		N	63.19
		45	45.22
		100	41.22
		500	33.42
		1 000	30.71

解：（1）体积（Volume）：$\qquad$ 70cm×50cm×40cm×20＝2 800 000cm^3

体积重量（Volume Weight）：$\qquad$ 2 800 000cm^3÷6 000cm^3/kg＝466.67kg＝467.0kg

毛重（Gross Weight）：$\qquad$ 980.0kg

计费重量（Chargeable Weight）：$\qquad$ 980.0kg

适用运价（Applicable Rate）：$\qquad$ R50% of the Normal GCR

$$50\% \quad \times \quad 63.19\mathrm{CNY/kg} \quad = \quad 31.595\mathrm{CNY/kg} \quad =$$
$$31.60\mathrm{CNY/kg}$$

运费（Weight Charge）：　　980.0×31.60 = CNY30 968.00

（2）由于计费重量已经接近下一个较高重量点1 000kg，因此用较高重量点的较低运价：

计费重量（Chargeable Weight）：1 000.0kg

适用运价（Applicable Rate）：GCR/Q1000 CNY30.71/kg

运费（Weight Charge）：1 000.0×30.71 = CNY30 710.00

比较（1）和（2），取运费较低者。

此票货物的航空运费应为 CNY30 710.00。

航空货运单运费计算栏填制如下：

No. of Pcs RCP	Gross Weight	Kg/lb	Rate Class	Commodity Item No	Chargeable Weight	Rate/ Charge	Total	Nature&Quantity of Goods (Incl Dimensions or Volume)
20	980	K	Q		1 000	30.71	30 710	BOOKS 70cm×50cm×40cm×20

2. 集中托运货物运价下运费的计算

【例8-10】航线（Routing）：Beijing, CHINA（BJS）to OSAKA, JAPAN（OSA）

货物名称（Commodity）：Books and Handicraft and Apple（FRESH）

毛重（Gross Weight）：100.0kg and 42.0kg and 80.0kg

体积（Dimensions）：4 Pieces 70cm×47cm×35cm, 1Piece 100cm×60cm×42cm, 2 Pieces 90cm×70cm×32cm

计算该票货物的航空运费。

公布运价如下：

BEIJING	CN		BJS
Y. RENMINGBI	CNY		kg
OSAKA	JP	M	230. 00
		N	37. 51
		45	28. 13
	0008	300	18. 80
	0300	500	20. 61
	1093	100	18. 43
	2195	500	18. 80

解：（1）总体申报

体积（Volume）： $70 \times 47 \times 35 \times 4 + 100 \times 60 \times 42 + 90 \times 70 \times 32 = 1\,115\,800 \text{cm}^3$

体积重量（Volume Weight）： $1\,115\,800 \text{cm}^3 \div 6\,000 \text{cm}^3/\text{kg} = 185.96 \text{kg} = 186.0 \text{kg}$

毛重（Gross Weight）： $100.0 + 42.0 + 80.0 = 222.0 \text{kg}$

计费重量（Chargeable Weight）：220.0kg

适用运价（Applicable Rate）： GCR Q 28. 13CNY/kg

运费（Weight Charge）： $222.0 \times 28.13 = \text{CNY6}\,244.86$

（2）分别申报

① 书（Books）

体积（Volume）： $70 \text{cm} \times 47 \text{cm} \times 35 \text{cm} \times 4 = 460\,000 \text{cm}^3$

体积重量（Volume Weight）： $460\,000 \text{cm}^3 \div 6\,000 \text{cm}^3/\text{kg} = 76.77 \text{kg} = 77.0 \text{kg}$

毛重（Gross Weight）： 100.0kg

计费重量（Chargeable Weight）：100.0kg

适用运价（Applicable Rate）： R 50% of Normal GCR

50% $\times$ CNY37. 51/kg = CNY18. 755/kg = CNY18. 76/kg

运费（Weight Charge）： $100.0 \times 18.76 = \text{CNY1}\,876.00$

② 手工艺品（Handicraft）

体积（Volume）： $100 \text{cm} \times 60 \text{cm} \times 42 \text{cm} = 252\,000 \text{cm}^3$

体积重量（Volume Weight）： $252\,000 \text{cm}^3 \div 6\,000 \text{cm}^3/\text{kg} = 42.0 \text{kg}$

毛重（Gross Weight）： 42.0kg

计费重量（Chargeable Weight）：42.0kg

适用运价（Applicable Rate）： GCR N CNY37. 51/kg

运费（Weight Charge）：   42.0 × 37.51 = CNY1 575.42

按较高重量点的较低运价：   45.0 × 28.13 = CNY1 265.85

比较后，取运费较低者：手工艺品的运费为 CNY1 265.85

③ 苹果（新鲜）APPLE（FRESH）

体积（Volume）： $90cm × 70cm × 32cm × 2 = 403\ 200cm^3$

体积重量（Volume Weight）： $403\ 200cm^3 ÷ 6\ 000cm^3/kg = 67.2kg = 67.5kg$

毛重（Gross Weight）：   80.0kg

计费重量（Chargeable Weight）：80.0kg

适用运价（Applicable Rate）：   GCR Q CNY28.13/kg

运费（Weight Charge）：   80.0 × 28.13 = CNY2 250.40

按特种货物运价计算运费：

适用运价（Applicable Rate）：   SCR 0008/Q300 CNY18.80/kg

运费（Weight Charge）：   300.0 × 18.80 = CNY5 640.00

比较后，取运费较低者：苹果（新鲜），Apple（FRESH）的运费为 CNY 2 250.40。

三种货物的运费相加：

CNY1 876.00 + CNY1 265.85 + CNY2 250.40 = CNY5 392.25

（3）总体申报的运费为 CNY6 344.86，分别申报的运费为 CNY5 392.25，取低者。因此，该票货物的运费为 CNY5 392.25。

航空货运单运费计算栏填制如下：

No. of Pcs RCP	Gross Weight	Kg/lb	Rate Class	Commodity Item No	Chargeable Weight	Rate/ Charge	Total	Nature&Quantity of Goods (Incl Dimensions or Volume)
4	100		R	N50	100.0		1 876.00	BOOKS
1	42	K	Q		45.0	18.76	1 265.00	HANDICRAFT
2	80		Q		80.0	28.13	2 250.00	APPLE（FRESH）
7	222					28.13	5 392.25	

（三）航空运费计算中，运价的使用顺序

1. 如果有协议运价，则优先选用协议运价。

2. 在相同航程、相同承运人的条件下，公布直达运价应按下列顺序使用。

（1）优先使用特种货物运价。如果特种货物运价条件不满足，则可以使用等级货物运价和普通货物运价。

（2）其次使用等级货物运价。等级货物运价优先于普通货物运价：如果货物可以按特种货物运价计费，但因其重量没有满足特种货物运价的最低重量要求，则使用特种货物运价计费可以与采用普通货物运价计费结果相比较，取低者。如果该特种货物又属于附加的等级货物，则只允许采用附加的等级货物运价和指定商品运价的计费结果相比较，取低者，不能与普通货物运价比较；如果该特种货物属于附减的等级货物，如书报杂志类，其特种货物运费可以与普通货物运价计算的运费相比较，取低者。

（四）航空运价、运费的货币进整

货物航空运价及运费的货币进整，因货币的币种不同而不同。TACT 将各国货币进整单位的规则公布在 TACT Rules 中。

运费进整时，需将航空运价或运费计算到进整单位的下一位，然后按半数进位法进位，计算所得的航空运价或运费，达到进位单位一半则入，否则舍去。

人民币（CNY）的进位规定为：最低航空运费进位单位为"5"，除此之外的运价及航空运费等的进位单位均为"0.01"。

采用进整单位的规定，主要用于填制航空货运单。销售航空货运单时，所使用的运输始发地货币，按照进整单位的规定计算航空运价及运费。

四、航空运输货物的声明价值

根据《华沙公约》的规定，由于承运人的失职而造成货物损坏、丢失或延误等，承运人应承担责任，其最高赔偿限额为每千克（毛重）20 美元或 7.675 英镑或等值的当地货币。

如果货物的实际价值每千克超过上述限额，若发货人要求在发生货损货差时得到全额赔偿，则发货人在托运货物时应向承运人或其代理人声明货物的价值，但应另付一笔"声明价值附加费"。如果发货人不办理声明价值，则应在运单的有关栏内填写"N. V. D（No Value Declared）"字样，这种情况下，承运人的最高赔偿额为毛重每千克不超过 20 美元。

托运人在办理声明价值时，须按整批货物办理，不得办理部分声明价值或在整批货物中办理两种不同的声明价值。

声明价值附加费的计算方法如下：

声明价值附加费 =（整批货物的声明价值 −20 美元/千克 × 货物的毛重）× 声明价值附加费率。声明价值附加费率通常为 0.5%

【例8-11】北京（BJS）至纽约（NYC）银器一件，货物毛重 25kg，托运人的声明价值为人民币 20 000 元。计算该批货物的声明价值附加费。（假设美元兑换人民币的汇

率为：100 美元 = 690 元人民币）

解：声明价值附加费 = （20 000 元 − 20 美元/kg × 6.90 × 25kg） × 0.5%

$$= 82.75（元）$$

第四节 航空货运单

一、航空货运单的概念

航空货运单（Airway Bill，AWB）是由托运人或者以托运人的名义填制的，是托运人和承运人之间在承运人的航线上运输货物所订立的运输合同的证明。

航空货运单由承运人制定，托运人在托运货物时要按照承运人的要求进行填制。

货运单既可用于单一种类的货物运输，也可用于不同种类货物的集合运输，既可用于单程货物运输，也可用于联程货物运输。

二、航空货运单的构成

目前国际上使用的航空货运单少的有 9 联，多的有 14 联。我国国际航空货运单一般由 3 联正本、6 联副本和 3 联额外副本共 12 联组成。

航空货运单各联的分发如表 8-2 所示：

表 8-2　航空货运单各联的分发

序号	名称及分发对象	颜色
A	Original 3（正本 3，给托运人）	浅蓝色
B	Copy 9（副本 9，给代理人）	白色
C	Original 1（正本 1，交出票航空公司）	浅绿色
D	Original 2（正本 2，给收货人）	粉红色
E	Copy 4（副本 4，提取货物收据）	浅黄色
F	Copy 5（副本 5，给目的地机场）	白色
G	Copy 6（副本 6，给第三承运人）	白色
H	Copy 7（副本 7，给第二承运人）	白色
I	Copy 8（副本 8，给第一承运人）	白色
G	Extra copy（额外副本，供承运人使用）	白色
K	Extra copy（额外副本，供承运人使用）	白色
L	Extra copy（额外副本，供承运人使用）	白色

正本单证具有同等的法律效力，副本单证仅是为了运输使用方便。其中，正本3的托运人联，在货运单签发之后，此联交给托运人作为托运货物及预付运费的收据。同时，也是托运人与承运人之间签订的有法律效力的运输文件。

三、航空货运单的种类

（一）根据是否有承运人标志来划分

根据是否印有承运人标志来划分，航空货运单分为航空公司货运单和中性货运单。

1. 航空公司货运单

航空公司货运单指印有出票航空公司（Issuing Carrier）标志（航徽、代码等）的航空运单。

2. 中性货运单

中性货运单（Neutral Air Waybill）指无承运人任何标志、供代理人使用的航空运单。

（二）根据航空货运单的签发人不同

根据航空货运单的签发人不同，航空货运单分为航空主运单和航空分运单。

1. 航空分运单

集运商在进行集中托运货物时，首先从各个托运人处收取货物，在收取货物时需要给托运人一个凭证，这个凭证就是分运单（House Air Waybill，HAWB）。它表明托运人把货物交给了集运商，集运商收到了托运人的货物，所以分运单就是集运商与发货人交接货物的凭证。集运商可自己颁布分运单，而不受航空公司的限制，但通常的格式还是按照航空公司主运单来制作。在分运单中，托运人栏和收货人栏都是真正的托运人和收货人。

2. 航空主运单

集运商在收取货物之后进行集中托运，需要把来自不同托运人的货物集中到一起，交给航空公司，集运商和航空公司之间就需要一个凭证，这个凭证就是主运单（Master Air Waybill，MAWB）。航空主运单对于集运商和航空公司都非常重要，它记载了货物最主要的信息，以保证货物运送的安全性和准确性。主运单表明集运商是航空公司的销售代理人，表示取得授权的代理人在市场上可以销售航空公司的舱位。通常航空公司根据集运商的实际情况和结算周期，分时间间隔发放给集运商一定数量的货运单，通常集运商销售完一定数量的运单后，与航空公司进行结算。因此，主运单是集运商与承运人交接货物的凭证，同时又是承运人运输货物的正式文件。在主运单中，托运人栏和收货人栏都是集运商。在我国，只有航空公司才能颁布主运单，任何集运商不得自己印制、颁布主运单。

四、航空货运单的填开责任和货运单号码

(一) 航空货运单的填开责任

根据《华沙公约》、《海牙议定书》和承运人运输条件的条款规定，承运人的承运条件是为托运人准备航空货运单。

托运人有责任填制航空货运单。托运人应自行填制航空货运单，也可以要求承运人或承运人授权的代理人代为填制。托运人对货运单所填各项内容的正确性、完备性负责。由于货运单所填内容不准确、不完全，致使承运人或其他人遭受损失，托运人负有责任。托运人在航空货运单上的签字，证明其接受航空货运单正本背面的运输条件和条款。

《中华人民共和国民用航空法》规定，托运人应当填写航空货运单正本（一式三份），连同货物交给承运人。航空货运单第一份注明"交承运人"，由托运人签字、盖章；第二份注明"交收货人"，由托运人和承运人签字、盖章；第三份由承运人在接受货物后签字、盖章，交给托运人。承运人根据托运人的请求填写航空货运单的，在没有相反证据的情况下，应当视为代托运人填写。

托运人未能出示航空货运单，航空货运单不符合规定或者航空货运单遗失，不影响运输合同的存在或者有效性。

一张货运单只能用于一个托运人在同一时间、同一地点托运的由承运人承运的、运往同一目的站同一收货人的一件或多件货物。

(二) 航空货运单号码

航空货运单号码是货运单不可缺少的重要组成部分，每本货运单都有一个号码，它直接确定航空货运单所有人——出票航空公司，它是托运人、发货人或其代理人向承运人询问货物运输情况的重要依据，也是承运人在各个环节组织运输时必不可少的依据。

航空货运单号一般由 11 位数字组成，前三位是航空公司代号，如中国国际航空公司的代号是"999"，南方航空公司的代号是"784"，后面 7 位数是顺序号，最后一位是检查号。

五、航空货运单的性质和用途

(一) 航空货运单的性质

航空货运单是航空货物运输合同订立以及承运人接受货物的初步证据。航空货运单上关于货物的重量、尺寸、包装和包装件数的说明具有初步证据的效力。除经过承运人和托运人当面查对并在航空货运单上注明经过查对或者书写关于货物的外表情况的说明

外，航空货运单上关于货物的数量、体积和情况的说明不能构成不利于承运人的证据。

航空货运单的右上端印有"不可转让（Not negotiable）"字样，其意义是指航空货运单仅作为货物航空运输的凭证，所有权属于出票航空公司，与可以转让的海运提单恰恰相反。因此，任何 IATA 成员都不允许印制可以转让的航空货运单，货运单上的"不可转让"字样不可被删去或篡改。

（二）航空货运单的用途

航空货运单是航空货物运输合同当事人所使用的最重要的货运文件，其作用如下。

1. 运输合同的证明

航空货运单是承运人与托运人之间缔结的运输合同的证明。航空运单一经签发，便成为承托双方运输合同的书面证据，货运单上的记载事项及背面条款构成了双方航空货物运输合同的重要组成部分。

2. 货物收据

航空货运单是承运人收运货物的证明文件。当发货人将其货物发运后，承运人或其代理人将一份航空运单正本交给发货人，作为已接受其货物的证明，也就是一份货物收据。

3. 运费账单

航空货运单是运费结算凭证及运费收据。航空运单上分别记载着属于收货人应负担的费用和属于代理人、承运人的费用，因此可以作为运费账单和发票，承运人可将一份运单正本作为记账凭证。

4. 报关单据

航空货运单是国际进出口货物办理清关的证明文件。当航空货物运达目的地后应向当地海关报关，在报关所需各种单证中，航空运单通常是海关放行查验时的基本单据。

5. 保险证书

若承运人承办保险或者发货人要求承运人代办保险，则航空货运单即可作为保险证书。载有保险条款的航空运单又称为红色航空运单。

6. 承运人内部业务的依据

航空货运单是承运人在货物运输组织的全过程中运输货物的依据。航空运单是承运人在办理该运单项下货物的发货、转运、交付的依据，承运人根据运单上所记载的相关内容办理相关事项。

六、航空货运单的有效期

航空货运单自填制完毕、托运人或其代理人和承运人双方签字后开始生效。货物运到目的地，收货人提取货物并在货运单交付联（或提货通知单）上签收认可后，货运单作为运输凭证，其有效期即告终止。但作为运输合同的法律依据，航空货运单的有效期应至自民用航空器到达目的地点、应当到达目的地点或者运输终止之日起两年内有效。

【复习思考题】

1. 航空运输有哪些优缺点？

2. 世界重要的航空线有哪些？

3. 国际航空运输有哪些主要方式？

4. 什么是航空快递业务？

5. 我国国际航空货运单一式几联？其中包括几张正本？

6. 航空货运单的性质和作用是什么？

7. IATA 公布直达运价有哪几类？

8. 简述航空货物进口运输代理业务程序。

9. 简述航空货物出口运输代理业务程序。

【计算题】

1. 航线（Routing）：Shenzhen China（SZX）to OSAKA JAPAN（OSA）

货物名称（Commodity）：　　　　stationery

毛重（Gross Weight）：　　　　5.3kg

体积（Dimensions）：　　　　41cm×33cm×20cm

航空公司公布的运价表如下：

SHENZHEN	CN		SZX
Y. RENMINBI	CNY		KGS
OSAKA	JP	M	320.00
		N	52.81
		Q45	44.46
		Q100	40.93

请计算该批货物的运费，并填制航空运单的运费计算栏。

No. of Pcs RCP	Gross Weight	kg lb	Rate Class Commodity Item No	Chargeable Weight	Rate/ Charge	Total	Nature&Quantity of Goods (Incl Dimensions or Volume)

2. 某货运代理公司揽货后发现有四笔精密仪器都需要从北京空运到香港。它们的重量分别是 10kg、20kg、35kg、40kg。北京空运香港，一般货物的起码运费为 65 港元，45kg 以下每 kg 运费为 3 港元，45kg 以上每 kg 运费为 2.5 港元。

请计算这四笔货物分别托运和集中托运时的运费各是多少？

 【案例】

航空运输丧失货权受损案

2002 年 6 月，我国 F 出口公司与印度 Y 进口商达成一笔总金额为 6 万多美元的羊绒纱出口合同，合同中规定的贸易条件为 "CFR NEW DELHI BY AIR"。支付方式为 100% 不可撤销即期信用证，装运期为当年 8 月间自上海空运至新德里。合同订立后，进口方按时通过印度一家商业银行开来信用证，通知行和议付行均为我国某银行，信用证中的价格术语为 "CNF NEW DELHI"，出口方当时对此并未太在意。他们收到信用证后，按规定发运了货物，将信用证要求的各种单据备妥交单，并办理了议付手续。然而，国内议付行在将有关单据寄到印度开证行不久即收到开证行的拒付通知书，拒绝理由为单证不符：商业发票上的价格术语为 "CFR NEW DELHI" 与信用证中的 "CNF NEW DELHI" 不一致。得知这一消息后，出口方立即与进口方联系要求对方付款赎单；同时通过国内议付行向开证行发出电传，申明该不符点不成立，要求对方按照《UCP500》的规定及时履行偿付义务。但进口方和开证行对此都置之不理，在此情况下，出口方立即与货物承运人联系，其在新德里的货运代理告知该批货物早已被收货人提走。在如此被动的局面下，出口方最终不得不同意降价 20% 了结此案。

案例思考题

试评析本案例。对如何防范空运方式下的信用证风险提出相关措施。

【实践技能训练】

济南 J 货运代理公司（JINAN LOGISTICS CO. LTD）承揽济南 L 贸易公司（JINAN L TRADING CO. LTD）一票货物的空运出口业务。该票货物的具体情况如下。

托运人：济南 L 贸易公司，中国济南（JINAN L TRADING CO.，LTD，JINAN，CHINA）

收货人：日本三元株式会社（SUNRIN CO.，LTD，TOKYO，JAPAN）

目的地：日本成田机场（NRT）

货物名称：家居用品（HOUSEWARES），货物共计 10 件，每件毛重 25kg，每件体积：50cm×40cm×40cm。

如果您是 J 货运代理公司的员工，该如何完成这项业务？

第九章　国际货物陆路运输

第一节　国际铁路货物运输

一、国际铁路货物运输概述

（一）国际铁路货物运输的概念与作用

国际铁路货物运输是指起运地点、目的地点或约定的经停地点位于不同国家或地区的铁路货物运输。

目前，铁路运输所承担的进出口货物运输工作主要体现在以下三个方面。

1. 通过国际铁路货物联运方式承运中、近东和欧洲各国的进出口货物。目前，我国与朝鲜、蒙古、独联体国家的进出口货物，绝大多数仍然是通过铁路运输来完成的。近年来，随着新亚欧大陆桥运输线路的建成，铁路运输进出口货物的数量正逐步增加。

2. 承运我国内地与港澳地区之间的贸易物资和通过香港转运的进出口货物。港澳地区的铁路运输，既不同于国际联运，也不同于国内运输，而是比照国际货物运输采取特殊的方式进行。

3. 内陆与口岸间的铁路集疏运。铁路承担我国出口货物由内地向港口集中、进口货物从港口向内地疏运，以及省与省之间、省内各地区之间外贸物资的调拨。

（二）我国通往邻国及地区的铁路线及国境口岸

凡办理由一国铁路向另一国铁路移交或接受货物和机动车辆作业的车站，称为国境站。国境站是国家对外开放的口岸，是铁路办理对外运输工作的重要场所。

目前，与我国有铁路相连的国家主要有俄罗斯、朝鲜、蒙古、越南、哈萨克斯坦。我国内地与香港特别行政区也有铁路相连。表9-1所示为我国通往邻国的铁路干线、国境站站名以及邻接的轨距等。

表9-1 中国通往邻国的铁路干线、国境站站名、轨距

国界	中国铁路干线	中国国境站站名	邻国国境站站名	中国轨距（mm）	邻国轨距（mm）
中俄	滨洲线	满洲里	后贝加尔	1 435	1 520
	滨绥线	绥芬河	格罗迭科夫	1 435	1 520
	珲马线	珲春	卡梅绍娃亚	1 435	1 520
中哈	北疆线	阿拉山口	德鲁日巴	1 435	1 520
中蒙	集二线	二连浩特	扎门乌德	1 435	1 524
中朝	沈丹线	丹东	新义洲	1 435	1 435
	长图线	图们	南阳	1 435	1 435
	梅集线	集安	满浦	1 435	1 435
中越	湘桂线	凭祥	同登	1 435	1 435/1 000
	昆河线	山腰	老街	1 000	1 000

二、国际铁路货物联运

（一）国际铁路货物联运的概念和特点

1. 国际铁路货物联运的概念

国际铁路货物联运（简称"国际铁路联运"），是指在两个或两个以上国家铁路运送中，使用一份运送单据，并以连带责任办理货物的全程运送，在由一国铁路向另一国铁路移交货物时，无需发、收货人参加，这种运输方式称为国际铁路货物联运。

2. 国际铁路货物联运的特点

（1）是不同国家或地区之间的货物运输。国际铁路运送的货物都要涉及两个或两个以上国家，因此涉及多个国境站。

（2）对运输条件有统一要求。国际铁路联运要求每批货物的运输条件要符合有关国际联运的公约、规则的统一规定，如货物包装、转载、票据的编制、添附文件及车辆使用等。

（3）国际铁路联运的组织工作复杂。因为联运货物必须有两个或两个以上国家的铁路参加运送，在办理国际铁路联运时，其运输票据、货物、车辆及有关单证都必须符合相关国家的有关规定，并且要办好衔接工作。

（4）使用一份铁路联运票据完成货物的跨国运输。

（5）国境换装作业不需要货方参加。目前，俄罗斯和蒙古铁路的轨距为宽轨，而包括我国在内的其他国家的铁路大多为标准轨距，因此，在边境口岸需要进行货物换装业务。但是，这些作业都不需要货主参加，而由承办国际铁路联运的铁路方安排完成。

（二）国际铁路货物联运公约

目前，国际铁路货物运输公约主要有《国际铁路货物运输公约》和《国际铁路货物联运协定》。

1. 《国际铁路货物运输公约》

简称《国际货约》（CIM Convention），其前身是签订于 1890 年、实施于 1893 年 1 月 1 日的《伯尔尼公约》，经过多次修订后，1934 年在伯尔尼会议上正式更名为《国际货约》，并于 1938 年 10 月 1 日起实施，目前参加该公约的有包括欧洲、北非等在内的 30 多个国家。

2. 《国际铁路货物联运协定》

简称《国际货协》。该公约是在 1951 年由苏联、罗马尼亚、匈牙利、波兰等八个东欧国家签订的。中国、朝鲜、蒙古于 1953 年加入该协定。后来，越南和古巴也加入该协定。《国际货协》自签订至 1971 年先后经过多次修订和补充。目前参加该公约的有包括欧洲、亚洲等在内的 20 多个国家。

（三）国际铁路货物联运办理的类别

按照运输速度划分，国际铁路货物联运可分为慢运、快运和整车货物随旅客列车挂运三种；根据托运货物的数量、性质、体积和状态等划分，国际铁路联运办理种别分为：整车、零担和大吨位集装箱货物。《国际货协》作出如下规定。

1. 整车货物运输

整车货物运输指按一份运单托运的一批货物的重量、体积或形状需要单独一辆及其以上车辆装载的运输组织形式。整车货物运输具有费用较低、运输速度较快、运量较大的特点；适用于按其体积或种类需要单独车辆运送的货物。

2. 零担货物运输

零担货物运输是指一批托运的货物，其重量或体积不需单独一辆货车装载的运输组织形式。《国际货协》规定，一批货物重量小于 5 000kg，按其体积又不需要单独一辆货车运送的货物，即为零担货物。

3. 大吨位集装箱

大吨位集装箱指按一份运单托运的、用大吨集装箱运送的货物或空的大吨位集装箱。

（四）国际铁路货物联运运单

1. 国际铁路货物联运运单的性质与功能

国际铁路联运运单（International through Rail Waybill）包括《国际货约》运单和《国际货协》运单。根据《UCP600》，国际铁路联运运单仅具有运输合同证明和货物收据的功能，不具有物权凭证的功能，不具有流通性。因此，《国际货约》和《国际货协》均明确规定铁路联运运单的收货人一栏必须是记名的。

2.《国际货协》运单的构成与流转程序

《国际货协》运单由五联组成。表9-2 所示为《国际货协》运单的构成、各联的功能及流转程序。

表9-2　《国际货协》运单的构成、各联的功能及流转程序

联别与名称	主要用途	流转程序
（1）运单正本	运输合同凭证	发货人→发站→到站→收货人
（2）运行报单	各承运人间交接、划分责任等证明	发货人→发站→到站→到达铁路
（3）运单副本	承运人接收货物的证明，发货人凭此结汇等	发货人→发站→发货人
（4）货物交付单	承运人合同履行的证明	发货人→发站→到站→到达铁路
（5）货物到达通知单	收货人存查	发货人→发站→到站→收货人

3.《国际货协》运单的使用与缮制

我国是《国际货协》参加国，在办理国际铁路货物托运业务时，铁路部门要求使用中俄文对照的《国际货协》运单作为唯一法定的运单办理托运手续。

（1）《国际货协》采用的运单分为慢运和快运两种，两者不得互相代用。

（2）运单中记载的事项，应严格按照规定的各栏和各行范围填写。

（3）中越、中朝铁路间运送的货物，可仅使用本国文字填写，与其他《国际货协》参加国间运送时，则须附俄文译文。但我国经满洲里、绥芬河发到独联体国家的货物，可只用中文填写，不附俄文。

（五）国际铁路联运货物的托运和承运

货物的托运，是指发货人委托铁路部门以某种形式完成其货物运输的整个过程。发货人在托运货物时，应向车站提出货物运单，以此作为货物托运的书面申请。

1. 整车货物的托运和承运。

整车货物办理托运，车站应检查是否有批准的月度要车计划，检查货物运单上的各项内容是否正确。如确认可以承运，应予签证。运单上签证，表示货物应进入车站的日期或装车日期，表示铁路已受理托运。发货人应按签证指定日期将货物搬入车站或指定的货位。

铁路部门根据货物运单上的记载查对实货，认为符合规定，即接受发货人委托代为运输货物并担负保管责任的过程，即为承运。铁路发站承运货物，应当于整车货物装车完毕时，在货物运单上加盖承运日期戳。

2. 零担货物的托运和承运

发货人在办理零担货物的托运时，不需要编制月度要车计划，可凭运单直接向车站申请托运。车站受理托运后，发货人应按签证指定的日期将货物搬进货场，送到指定的货位上，经查验、过磅并无异议后，交由铁路保管。当车站将发货人托运的货物，连同货物运单一同接收完毕、在货物运单上加盖承运日期戳后，即表示货物已承运。铁路对承运后的零担货物担负保管、装车和发运的责任。

（六）铁路国境站的工作内容

铁路国境站的工作，除办理一般车站办理的运转、搬运、装卸及机车整备作业外，主要以办理相邻两国铁路间车（机车车辆）、货（国际联运货物）、票（国际联运运送票据）、证（随附单证）的交接作业为主。

1. 货物交接

单证手续齐备的列车经联检单位核准放行后，交付路在邻国国境站的工作人员会同接收路的工作人员共同进行票据和货物的交接。

（1）按交接方式不同，货物交接可分为凭铅封交接和按实物交接。

（2）按交接参与方不同，货物交接可分为铁路方负责交接和贸易双方负责交接。铁路方负责交接通常适用于普通货物及未作出特殊规定或无押运人员的特殊货物；贸易双方交接通常适用于鲜活商品、易腐、超重、超限、危险品等特殊货物。

2. 货物报关

托运人发运货物时，在发货当地报关的货物需将报关单、合同、箱单、发票、关封等单据与国际联运运单一同随车带到口岸。如果在发货地报关不便，可以将上述单证备齐在口岸报关。在口岸报关的，需将合同、箱单、发票、报关单、商检证等单据快递给货运公司在口岸的代理公司。

3. 货运事故的处理

联运进出口货物在国境站换装交接时，如发现货物短少、残损、污染、湿损、被盗等事故，国境站外运公司应会同铁路查明原因，分清责任，分别加以处理。

（七）国际铁路货物联运运费的计算

1. 国内段运输费用的计算

根据《国际货协》的规定，我国通过国际铁路联运的进出口货物，其国内段运输费用的核收应按照我国《铁路货物运价规则》进行计算。运费的计算方法如下：

（1）根据货物运价里程表计算出从发站至国境站（相反方向从国境站至到站）的运价里程。

（2）根据运单上填写的货物品名查找"铁路货物运输品名分类及代码表"、"铁路货物运输品名检查表"，确定适用的运价号。

（3）整车、零担货物按货物适用的运价号、集装箱货物根据箱型、冷藏车货物根据车种分别在"铁路货物运价率表"中查出适用的运价率（及发到基价和运行基价）。

（4）货物适用的发到基价加上运行基价与货物的运价里程相乘所得乘积之后，再与《铁路货物运价规则》确定的计费重量相乘，计算出货物的运费。

运费计算公式：

关于计费重量：整车货物以吨为单位，吨以下四舍五入；零担货物以 10 千克为单位，不足 10 千克进为 10 千克；集装箱货物以箱为单位。

2. 过境段运送费用的计算

国际铁路货物联运过境运费是按照《统一货价》的规定计算的。

（1）根据运单记载应通过的国境站，在《统一货价》过境里程表中分别找出货物所通过的各个国家的过境里程。

（2）根据货物品名，查阅《统一货价》过境里程表，确定所运货物适用的过境运价等级和计费重量标准（以吨数表示）。

（3）根据货物运价等级和各过境路的运送里程，在《统一货价》的运费计算表中找出符合该批货物的运价率。

（4）《统一货价》对过境货物运费的计算是以慢运整车货物的运费额为基础（即基本运费额）的，其他种别和运送方式的货物运费，则在基本运费额的基础上分别乘以不同的加成率。

（5）加成率的确定。根据《统一货价》的规定，快运货物运费按慢运货物运费加100%计算；随旅客列车挂运的整车货物运费，按慢运货物运费加200%计算；超限货物运费，在货物实际超限的铁路上按整车货物运费加100%计算；零担慢运货物运费，按运费率表的费率和货物实际重量所算出的运费额加50%计算。

国际运费的计算公式：

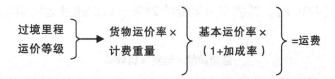

【例9-1】国内某站发送经满洲里口岸出口，过境俄罗斯到德国莱比锡站的一批真空管。已知货重4 445kg，按国际联运慢运零担办理。试计算过境段运费。

解：

（1）查《统一货价》货物品名分等表知，这批货物属于第46类10项，计费重量标准为6吨；再根据货物运价等级和过境里程，查货物运费计算表知，这批货物的过境段运价率为2 703分/100kg。

（2）计算过境段运费时，首先计算慢运零担的运费，即货物运价率×计费重量×加成率：

（4 445kg 进整为）4 500kg × 2 703 分/100kg = 121 635 分 = 1 216.35 瑞士法郎

1 216.35 瑞士法郎 × （1 + 50%）= 1 824.53 瑞士法郎

（3）按照《国际货协》的规定，如果零担货物运费超过按整车算出的运费，则核收较低的整车运费。所以，应再次计算货物的慢运整车运费。

确定整车货物的计费重量时，应按照货物的实际重量，但不得低于货物品名分等表中所标定的计费重量标准。该例中的计费重量标准为6吨（6 000kg），大于实际重量4 445kg，应以6吨作为计费重量，故有货物运价率×计费重量：

6 000kg × 2 703 分/100kg = 162 180 分 = 1 621.80 瑞士法郎

因为按慢运整车货物计算得出的运费低于按慢运零担货物计算得出的运费，故该批真空管过境俄罗斯的过境运费应按 1 621.80 瑞士法郎核收。

3. 逾期罚款的计算

铁路承运货物后，应在货物运到期限内将货物运至最终到站。如果货物实际运到天数超过了规定的运到期限天数，则该批货物运到逾期。按照《国际货协》规定，造成逾期的铁路应向收货人支付逾期罚款。

逾期罚款的计算方法如下：

首先，计算逾期百分率，并依据其确定罚款率。

$$逾期百分率 = \frac{实际运送天数 - 运到期限天数}{运到期限天数}$$

罚款率为一固定的百分比。按规定，货物运到逾期不超过运到期限的 1/10 时，罚款率为 6%；逾期超过运到期限的 1/10，但不超过 2/10 时，罚款率为运费的 12%；逾期超过运到期限的 2/10，但不超过 3/10 时，罚款率为运费的 18%；逾期超过运到期限的 3/10，但不超过 4/10 时，罚款率为运费的 24%；逾期超过运到期限的 4/10 时，罚款率为运费的 30%。

$$逾期罚款 = 运费 \times 罚款率$$

【例9-2】保加利亚瓦尔纳港口站于 2000 年 9 月 10 日以慢运整车承运一批机器 30 吨，经由鲁塞东/翁格内、后贝加尔/满洲里国境站，于 2000 年 11 月 18 日到达北京东。已知该批货物的运到期限为 62 天，逾期铁路的运费为 10 000 瑞士法郎。

问：该批货物是否运到逾期？逾期铁路应向收货人支付逾期罚款多少？

解：

（1）计算该批货物从 9 月 11 日至 11 月 18 日的实际运送期间为 69 天（从承运货物的次日零时起开始计算，不足一天按一天计算）。

（2）计算逾期百分率：

$$逾期百分率 = \frac{69 - 62}{62} = 0.113 = 1.13/10$$

（3）逾期罚款率是根据逾期百分率决定的，其逾期超过运到期限的 1/10，但不超过 2/10 时，逾期罚款率按运费的 12% 支付。

（4）逾期罚款 = 10 000 瑞士法郎 × 12% = 1 200 瑞士法郎

（八）国际铁路货物联运业务流程

国际铁路联运业务流程包括发送站的发送作业、发送路国境站作业、过境路作业、到达路国境站作业、到达路的到发作业等多个环节。图 9-1 显示了国际铁路联运出口业务流程。进口业务流程只是在流转方向上不同。

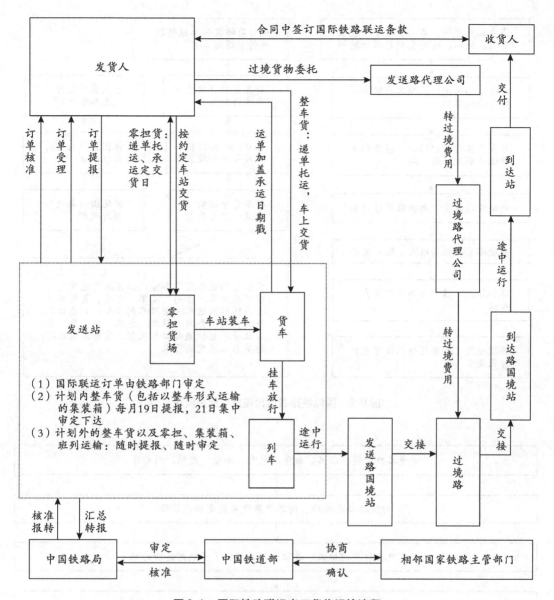

图9-1　国际铁路联运出口货物运输流程

实际业务中，发货人、收货人会委托国际货运代理人办理国际铁路联运的进出口手续。以出口为例，货运代理人需要经过接受委托→提报计划→制单（铁路联运运单）→配车→报检、报关→口岸交接（审核、换装、签署交接证件）→国外交货等业务环节。图9-2和图9-3分别显示了国际铁路联运进出口代理业务的流程。

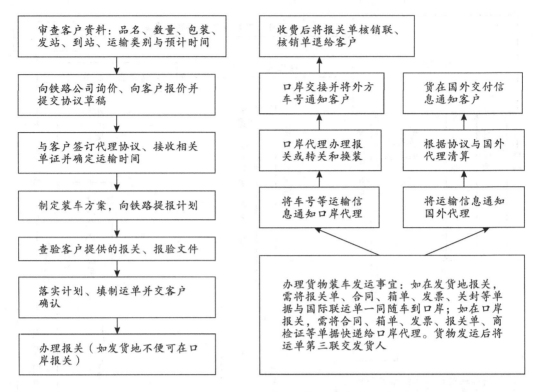

图9-2　国际铁路联运代理出口业务流程

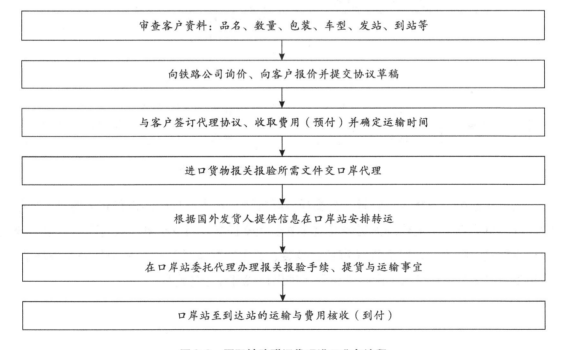

图9-3　国际铁路联运代理进口业务流程

三、中国内地对香港地区的铁路运输

内地与香港之间的铁路货运包括内地进港铁路货物运输、利用九龙回空车辆装运进口货物和集装箱直达运输三种方式。

（一）对香港地区铁路出口货物运输实务

对港铁路运输既不同于国内运输，也不同于国际联运，现阶段采取"租车方式、两票运输、三段计费、货物承运收据结汇"这种特殊的运输方式。

图9-4显示了中国内地对香港地区铁路出口货物的运输流程。

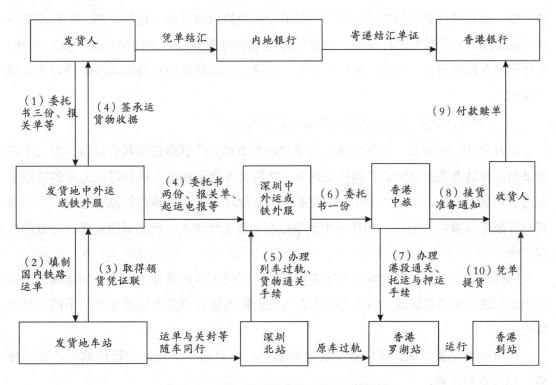

图9-4　内地对香港铁路出口货物运输流程

发送地以国内运输办理至深圳北站，铁路以租车方式将货车租给外贸单位，深圳外运公司或中国铁路对外服务总公司（简称"铁外服"）作为各外贸单位的代理人与铁路办理租车手续并支付租车费，然后过轨去香港。货车过轨后，香港中旅货运有限公司（简称"香港中旅"）则作为上述两家的代理人，在港段重新起票托运，由香港九广铁路公司将货物运至目的站。国内段运输是一次起票、两端收费，即发站至广州北站的运费由发站计收，广州北站至深圳北站的运费，在原有运费基础上增加50%，由深圳北站计收。对港运输是租车方式，另行制票运输。深圳口岸的租车费及口岸其他费用由发货

人的代理人先行垫付或由发货人直接支付。港段产生的运费及相关杂费由发货人的代理人先行垫付或由发货人直接支付。

中国内地对香港地区的铁路运输不是国际联运，国内使用的运单不是全程运送票据，不能作为结汇凭证，因而，目前采用中外运（集团）总公司或铁外服签发的货物承运收据作为结汇凭证。

（二）从香港地区进口铁路货物运输实务

从香港地区进口铁路货物运输与出口大同小异，也是采取"租车方式，两票运输"，即以罗湖桥为分界点，由港段和国内段两段组成。由于香港九广铁路公司没有装运货物的车皮，所有进口货物的装运均利用外贸单位租用的出口对港运输的车辆，因而在港段的车辆使用权属于外贸单位所有，由深圳外运或铁外服委托在香港的代理人支配使用。使用回空车辆装运进口货物，装卸环节少、快捷。正常贸易的铁路国内段运费可用人民币支付。

（三）中国内地与香港地区铁路集装箱运输实务

1994年12月15日，中铁集装箱运输中心与香港九广铁路公司联合经营，推出了首列郑州至香港九龙的集装箱直达快运列车，之后又开通了武汉、成都等至九龙的铁路集装箱直达快运列车。中铁集运作为该项业务的全程经营人和内地段铁路承运人，中国铁路对外服务（香港）有限公司作为中铁集运在香港的代理人，负责该项业务在香港的代理工作。

内地与香港九龙间的铁路集装箱货物运输既不同于国内铁路集装箱货物运输，也不同于国际铁路集装箱联运。内地与香港九龙间的铁路集装箱货物运输具有以下两个显著特点。

1. 在运输单据方面，用中铁集装箱运输中心印制的"中铁集装箱运输中心联运提单"取代货物运单；

2. 在运输组织方面，改变了普通货物的"租车方式、两票运输"方式，采取在指定办理站之间"一票直达"的方式。

（四）对香港地区铁路货物运输的主要单证

1. 供港货物委托书

供港货物委托书是供港铁路运输最基本也是必备的单证之一。它是发货人向深圳外运、中铁外服和香港中旅货运公司委托办理货物转运、报关、接货等工作的依据，也是向发货人核算运输费用的凭证。

委托书一式三份，深圳外运或中铁外服一份，转交中旅货运一份，运输结束后退托运人一份，可以发运前预寄或在发运时附在铁路运单上，由铁路带交深圳外运或中铁外服，或在发运后以快件方式递交。

2. 起运电传

各发货单位或发货人必须在货物装车后 24 小时内向深圳外运或中铁外服发送传真，通知货物已经起运。深圳口岸和驻港机构接到起运电传后可以及时做好接运准备，必要时还可以将起运电传作为补制有关单证的依据。

3. 承运货物收据

由于内地铁路部门与香港九龙铁路部门没有货运直接通车运输协议，各地铁路发往香港的货物，不能一票直达至香港，银行不同意用内地铁路运单作为对外结汇的凭证。鉴于此，为了满足各外贸公司结汇的需要，各地外运分公司或中铁外服分公司以运输承运人的身份向各外贸公司提供经深圳中转至香港的"承运货物收据"，作为向银行结汇的重要凭证和香港收货人提货的凭证。

4. 出口货物报关单

出口货物报关单是发货人向海关申报的依据，其寄发时间和方式同供港货物委托书。

除以上单证外，根据出口货物性质，有时还要提供商检证书、文物出口证明书、出口许可证、内地铁路运单等单证。

第二节　国际公路货物运输

一、国际公路货物运输概述

（一）国际公路货物运输的概念

国际公路货物运输是指起运地点、目的地点或约定的经停地点位于不同的国家或地区的公路货物运输。在我国，只要公路货物运输的起运地点、目的地点或约定的经停地点不在我国境内均构成国际公路货物运输。目前，世界各国的国际公路货物运输一般以汽车作为运输工具，因此，国际公路货物运输与国际汽车货物运输这两个概念往往是可以相互替代的。

（二）国际公路货物运输的特点

国际公路货物运输，除了具有适应性强、机动灵活、直达性能好、运输成本高、运行持续性较差、对环境污染影响较大等特点之外，还具有以下特点：

1. 可以广泛参与国际多式联运；

2. 是邻国间边境贸易货物运输的主要方式;

3. 按有关国家间的双边或多边公路货物运输协定或公约运作。

（三）国际公路货物运输的作用

目前，主要利用公路运输在中短程货物运输方式的优势，承担以下三个方面的进出口货物运输业务。

1. 公路过境运输

也称出入境汽车运输、口岸公路运输，指根据相关国家政府间的有关协定，经过批准，通过国家开放的边境口岸和公路进行出入国境的汽车运输。根据途经国家多少，公路过境运输可分为双边汽车运输和多边汽车运输。

2. 我国内地与港澳地区之间的公路运输

由于澳门、香港的特殊性，中国的澳门、香港地区与内地之间的公路运输，并不完全按照国内货物运输进行运作和管理，而是依照国际公路运输进行管理，但管理模式又不完全一样。

3. 内陆与口岸间的公路集疏运

公路承担我国出口货物由内地向港口/铁路/机场集中、进口货物从港口/铁路/机场向内地疏运，以及省与省之间、省内各地间外贸物资的调拨任务。

二、国际公路货物运输实务

（一）零担运输与整车运输

1. 零担运输与整车运输的概念

在公路运输中，如果托运人一次托运货物在3t以上（含3t），或虽不足3t，但其性质、体积、形状需要一辆3t及以上的汽车运输均为整车运输（truck load，TL）；反之，为零担运输（Less-than-truck carload，LTL）。

值得注意的是，一批货物是零担货还是整车货并不完全取决于货物数量、体积或形状的大小，还应考虑货物性质、货物价值、对运费的负担能力等因素。对于特种货物（包括集装箱货物），无论其数量、体积、形状如何，承运人通常均不按零担货承运。

2. 零担运输与整车运输的业务运作比较

无论是零担运输还是整车运输，其业务运作过程均由发送管理、在运管理、中转管理、交付管理四个方面构成，但它们之间仍有许多不同之处，具体参考表9-3。

表9-3　公路整车运输与零担运输业务运作对比表

对比项目	整车运输	零担运输
承运人责任期间	装车/卸车	货运站/货运站
是否进站存储	否	是
货源与组织特点	货物品种单一、数量大、货价低，装卸地点一般比较固定，运输组织相对单一	货源不确定、货物批量小、品种繁多、站点分散，质高价贵，运输组织相对复杂
营运方式	直达的不定期运输形式	定线、定班期发运
运输时间长短	相对较短	相对较长
运输合同形式	通常预先签订书面运输合同	通常以托运单或运单作为合同的证明
运输费用的构成与高低	单位运费率一般较低，仓储、装卸等费用分担需在合同中约定	单位运费率一般较高，运费中通常包括仓储、装卸等费用

（二）公路集装箱货物运输

1. 公路集装箱运输业务范围

目前，公路集装箱运输企业主要承担如下五个方面的经营业务。

（1）海上国际集装箱由港口向内陆腹地的延伸运输、中转运输以及在内陆中转站进行的集装箱交接、堆存、拆装、清洗、维修和集装箱货物的仓储、分发作业。

（2）国内铁路集装箱由车站至收、发货人仓库、车间、堆场间的门到门运输及代理货物的拆装箱作业。

（3）沿海、内河国内水运集装箱由港口向腹地的延伸运输、中转运输或至货主间的短途门到门运输。

（4）城市间干线公路直达的集装箱运输。

（5）内地与港澳间及其他边境口岸出入境的集装箱运输、接驳运输以及大陆桥运输。

2. 公路集装箱运输业务运作特点

由于集装箱运输的特殊性，公路集装箱运输与整车、零担货物运输相比，在业务运作上具有以下特点。

（1）受理的货物种类受限。从经济性或安全性上考虑，并非所有的货物都适合于集装箱运输。例如，对集装箱造成污染或损坏，或危及下一次装箱货物安全的货物，应禁止使用通用集装箱装运。

（2）定期经营方式。集装箱运输通常采取定期经营方式，因而其业务操作，尤其是货源组织等方面更为复杂。

（3）增加了集装箱业务内容。与传统运输相比，集装箱运输增加了空箱调运—装箱—拆箱—还箱等业务内容，因此，拆装箱业务和箱管业务成为集装箱运输业务的重要内容。

（4）增加了集装箱单证。为了适应集装箱运输的需要，除了对托运单证、交付单证、监管单证、运单等作出相应的修改外，还需要增加相关单证。例如，装箱单、装箱证明单、设备交接单等。

（5）运费计收方法特别。集装箱运输的运价具有费率较高、构成更为复杂等特点，而且对于整箱货还普遍实行包箱费率、最高运费等优惠措施。

（6）货物交接地点更多。集装箱货物的交接涉及三个地点：DOOR（货主工厂或仓库）、CFS（集装箱货运站）和 CY（集装箱堆场），因而会出现诸如 CY/CY、CFS/CFS、DOOR/DOOR 等不同的交接方式。承托运双方约定的交接方式不同，承运人的责任期间也会发生相应的变化。

（三）公路大件货物运输

1. 公路大件运输的概念和特点

现代意义上的公路大件运输，指使用非常规车辆运载超重、超长、超宽、超高等特殊规格大型物件的公路汽车运输。

公路大件运输具有运输对象和运输工具特殊、实行公路大件运输分类经营许可证制度和预先审批与通行证制度、运输的前期工作复杂、运输成本难以控制、对管理人员专业水平要求较高等特点。

2. 公路大件运输的运作程序

（1）托运人办理托运。大型物件的托运人必须向取得大件运输经营资格的承运人或其代理人办理托运，托运人在托运单（运单）上如实填写大件货物的名称、规格、件数、件重、起运日期、起运地和目的地、收发货人名称及详细地址，以及运输过程中的要求和注意事项。托运人还应向承运人提交货物说明书，必要时还应附上货物的外形尺寸和三面视图，注明货物重心位置及各部位的详细尺寸等。

（2）受理托运。大件运输的承运人根据托运人填写的运单和提供的有关资料，予以查对核实；承运大型物件的级别必须与批准经营的类别相符，否则，由此产生的运输事故由承运人承担全部责任。

（3）现场验货。承运人在接到托运人的申请，对托运货物有了初步了解后，还必须亲临现场核实货物的实际情况，作出现场理货报告，以便为确定大件货物的级别、运输形式、货物承载与装卸方式以及查验经由路线、制定运输方案提供依据。

（4）现场验道。除了现场验货外，承运人在起运前还应会同托运人勘察作业现场和运行路线，查验运输沿线的道路情况和气候情况，以便根据查验结果安排作业时间，编制运输方案和运行路线图。

（5）承运。完成上述工作后，如果承运人认为可行，应与托运人签订运输合同。

（6）制定运输方案。在充分研究、分析现场理货报告及验道报告的基础上，制定安全可靠、经济可行的运输方案。

（7）装载、运送、卸载与交付货物。大型物件运输的装卸作业，可由承运人负责，也可由托运人负责。在货物装卸过程中，由于操作不当或违反操作规程，造成车货损失或第三者损失的，由承担装卸的一方负责赔偿。在交付时，应要求收货人予以签收。

（四）公路货物过境运输

1. 我国公路口岸与主要对外通道

近年来，我国大陆周边地区通过公路口岸出入境的货物运输发展较快。开放的一、二类边境口岸和临时过货通道已有157个。

目前我国公路对外运输通道主要包括以下几个。

（1）对独联体公路运输口岸：包括新疆的吐尔戈特、霍尔果斯、巴克图、吉木乃、艾买力、塔克什肯，以及东北地区的长岭子（珲春）、东宁（岔口）、绥芬河、室韦（吉拉林）、黑山头、满洲里、漠河等。

（2）对朝鲜公路运输口岸：主要有丹东、珲春、三合、沙坨子等。

（3）对巴基斯坦公路运输口岸：主要有新疆的红其拉甫和喀什市等。

（4）对印度、尼泊尔、不丹的公路运输口岸：主要有西藏南部的亚东、帕里、樟木等。

（5）对越南公路运输口岸：主要有云南省的河口和金水河口岸等。

（6）对缅甸公路运输口岸：云南省德宏傣族景颇自治区的畹町口岸是我国对缅甸贸易的主要出口陆运口岸。

（7）对香港、澳门地区的公路运输口岸：对香港公路口岸有深圳市的文锦渡、沙头角及皇岗；对澳门公路运输口岸主要是珠海市南端的拱北。

2. 公路过境运输的运作特点

（1）实行经营许可证制度。从事国际公路运输经营的申请人应取得《公路运输经营许可证》，并且需要到外事、海关、检验检疫、边防检查等部门办理有关运输车辆、人员的出入境手续。

（2）实行行车许可证制度。许可证是一国允许另一国运输车辆进入本国的凭证，即给予国外车辆在本国公路上行驶的交通权，其目的在于控制外国承运者的车辆进入本国的频次。国家间通过签订运输协定，缔约双方约定每年交换一定数量的许可证，缔约一方的承运者持另一方颁发的许可证从事国际运输。行车许可证实行一车一证，并在有效期内使用。

（3）具有明显的地域性。目前，国际公路运输只在我国的内蒙古、吉林、黑龙江、辽宁、广东、广西、云南、西藏、新疆等边境省（区）存在，是我国边境省（区）对外贸易和人员往来的重要运输方式之一。

（4）必须按照规定的线路运行。由于国际公路货物运输只能经由有限数量的公路口岸进入或离开某一国家，因而国际运输中的线路选择比国内运输受到的限制更多。

（5）必须遵守有关的国际公约、货物途经国家的法律规定以及国际惯例。

（6）在运输业务方面的特点，包括以下几项：在货运单证方面，应当使用"国际公路货物运单"；在业务环节上，增加了货物与载运工具的通关环节，而且还要求从业人员熟悉国际贸易知识；在运输渠道上，由于国际公路运输的复杂性，因而存在着诸如报关、货运等众多的中间人为承托双方提供服务；在运价方面，国际公路货物运输的价格由经营者自行确定。

 【复习思考题】

1. 简述中俄、中哈、中朝、中蒙、中越间铁路干线及国境口岸。
2. 简述国际铁路货物联运的概念及特点。
3. 简述《国际货协》运单的构成及流转程序。
4. 简述国际铁路联运代理进出口业务流程。
5. 简述中国内地对香港地区铁路货物运输的特点及主要单证。
6. 简述国际公路货物运输的特点及作用。
7. 比较公路整车运输与零担运输的业务运作特点。
8. 简述公路大件运输的运作流程。

 【案例】

某公司从保加利亚进口了一批机器，该批货物按规定计算的运到期限为60天。保加利亚瓦尔纳港口站于2006年3月10日以慢运整车承运，于5月16日到达北京东站。铁路部门收取运费9 000欧元。

案例思考题

该批货物是否运到逾期？如果逾期，铁路部门应向收货人支付多少逾期罚款？

【实践技能训练】

1. 上网查阅并学习《国际铁路货物联运协定》、《国际铁路货物联运协定办事细则》以及我国《国际铁路货物联运办法》。

2. 山东 Y 汽车进出口公司是一家专门进行汽车整车及部件进出口的企业，其产品主要销往蒙古和俄罗斯。2009 年 12 月 15 日该公司委托青岛 S 货运代理有限公司代理出口一批汽车零件到俄罗斯伏尔加汽车公司，以铁路运输，共 6 个 1 尺集装箱，每箱货重 19 250kg，每箱箱重 1 800kg。货物唛头：OKPO No. 20080315YP。收货人信息如下：

Ofc Koertorker Metalugisches Kombinat

Chiengsrsk Kiengds 88

8798695 Nakitagask，Russia

Tel：+7-7378-663177

请根据上述信息，用流程图分析青岛 S 货运代理有限公司应如何开展该笔铁路出口的代理业务？

第十章　国际货物集装箱运输与国际多式联运

■ **知识目标**

　　1. 了解国际货物集装箱运输干线、国际多式联运线、集装箱运输的特点、集装箱运输的关系人。

　　2. 理解集装箱的装箱方式、集装箱的交接方式、集装箱海运运费的构成和计收、国际多式联运的组织形式、国际多式联运单证的性质。

　　3. 熟悉集拼业务、国际多式联运的条件、国际多式联运经营人的责任。

　　4. 掌握进出口货物集装箱运输流程、国际多式联运的一般业务流程、多式联运进出口单证的流转程序。

■ **能力目标**

　　1. 能够组织和管理集装箱货物运输，说明集装箱运输业务流程。

　　2. 能够组织和管理国际多式联运，说明多式联运的业务流程。

　　3. 能够填制和处理集装箱运输业务中使用的各种单证。

第一节　国际货物集装箱运输干线与国际多式联运线

　　国际货物集装箱运输干线与国际多式联运线也是国际物流流动的重要路径之一。

一、国际集装箱海运干线

　　目前，世界海运集装箱干线主要有：远东—北美航线；北美—欧洲、地中海航线；欧洲、地中海—远东航线；远东—澳大利亚航线；澳、新—北美航线；欧洲、地中海—西非、南非航线。

二、国际多式联运的路线

　　国际多式联运的路线有陆海联运线、陆空联运线、陆空陆联运线和海空联运线等。其中使用较多的主要是陆海联运线和陆空联运线。

目前，我国已开展的国际多式联运路线主要有：

中国内地—中国港口—日本港口—日本内地（包括相反方向）；

中国内地—中国港口—科威特—伊拉克；

中国内地—中国港口—美国港口—美国内地（包括相反方向）；

中国内地—肯尼亚港口—乌干达内地；

中国东北地区—图们—朝鲜清津港—日本港口（包括相反方向）；

中国港口—日本港口—澳洲港口—澳洲内地；

中国—俄罗斯西部边境—欧洲、中近东（包括相反方向）；

中国—印度加尔各答—尼泊尔；

中国—坦桑尼亚雷斯萨拉姆—赞比亚、布隆迪；

中国—南非德班港—津巴布韦；

中国—喀麦隆杜阿拉港—中非共和国、乍得；

中国—贝宁科托努港—尼日尔；

中国—多哥洛美—布基纳法索；

中国—象牙海岸阿比让港—布基纳法索；

中国—塞内加尔喀尔港—马里。

第二节　国际货物集装箱运输

目前，我国大陆沿海港口集装箱运输的发展大体形成了三个区域：以深圳为龙头的珠江三角洲地区；以上海为中心的长江三角洲地区；以青岛、天津、大连为代表的环渤海湾地区。

一、集装箱运输概述

集装箱是用钢、铝、胶合板、玻璃钢或这些材料混合制成的，具有坚固、密封和可以反复使用等优越性。集装箱运输自 1956 年开始在美国用于海上运输后，其应用领域不断扩大。

（一）集装箱运输的特点

集装箱运输是以集装箱作为运输单位进行货物运输的一种先进的现代化的运输方式。其具有以下特点。

1. 在全程运输中，可以将集装箱从一种运输工具上直接方便地换装到另一种运输工具上，无需接触或移动箱内所装货物。

2. 货物在发货人的工厂或仓库装箱后，可经由海陆空不同运输方式一直运至收货人的工厂或仓库，实现"门到门"运输，中途无需开箱倒载和检验。

3. 集装箱由专门的运输工具装运，装卸快、效率高、质量有保证。

4. 一般由一个承运人负责全程运输。

（二）集装箱运输的关系人

随着集装箱运输的发展、成熟，逐步形成了一套适应集装箱运输特点的运输体系。除货主及其代理人外，集装箱运输的关系人还包括以下几个方面。

1. 经营集装箱货物运输的实际承运人

集装箱运输的实际承运人包括经营集装箱运输的船公司、联营公司、公路集装箱运输公司、航空集装箱运输公司等。

2. 无船承运人

无船承运人在集装箱运输中，经营集装箱货运的揽货、装箱、拆箱、内陆运输及经营中转或内陆站业务，但不掌握运载工具的专业机构。其在承运人与托运人之间起着中间桥梁作用。

3. 集装箱租赁公司

这是随集装箱运输发展而兴起的一种新兴行业，它专门经营集装箱的出租业务。

4. 集装箱码头（堆场）经营人

它是具体办理集装箱在码头的装卸、交接、保管的部门，它受托运人或其代理人以及承运人或其代理人的委托，提供这种集装箱运输服务。

5. 集装箱货运站

集装箱货运站（Container Freight Station，CFS）是在内陆交通比较便利的大中城市设立的提供集装箱交接、中转或其他运输服务的专门场所。

链接

承运人的责任限制

责任限制是集装箱运输中发生货损、货差，承运人应承担的最高赔偿额。拼箱货的责任限制与传统运输相同。整箱货的赔偿参照目前国际上的一些判例：如果提单上没有列明箱内所装货物的件数，则每箱作为一个理赔计算单位；如提单上列明箱内载货件数，则仍按件数计算；如果货物的损坏和灭失不属海运过程，而是在内陆运输中发生的，则按陆上运输最高赔偿额办理；如果使用了托运人自有的不适航的集装箱，所引起的货损事故应由托运人负责，但如果其责任确属承运人应承担的，也应由承运人负担。

（三）集装箱的装箱方式

集装箱又称货柜，按用途分为：干货集装箱（Dry Container）、冷藏集装箱（Reefer Container）、挂衣集装箱（Dress Hanger Container）、开顶集装箱（Opentop Container）、框架集装箱（Flat Rack Container）、罐式集装箱（Tank Container）。按尺寸分，目前国际标准集装箱的宽度均为 8 英尺；高度有 8 英尺、8 英尺 6 英寸、9 英尺 6 英寸和小于 8 英尺四种；长度有 40 英尺、30 英尺、20 英尺和 10 英尺四种。此外，还有一些国家颁布的各自标准下所使用的集装箱。

外尺寸为 20 英尺×8 英尺×8 英尺 6 英寸的集装箱，简称 20 英尺货柜（TEU）；外尺寸为 40 英尺×8 英尺×8 英尺 6 英寸的集装箱，简称 40 英尺货柜（FEU）；

外尺寸为 40 英尺×8 英尺×9 英尺 6 英寸的集装箱，简称 40 英尺高柜（40HC）。其中 20 英尺货柜和 40 英尺货柜比较常用。

20 英尺货柜：内容积为 5.69 米×2.13 米×2.18 米，配货毛重一般为 17.5 公吨，有效容积为 25m³。

40 英尺货柜：内容积为 11.8 米×2.13 米×2.18 米，配货毛重一般为 22 公吨，有效容积为 55 m³。

40 英尺高柜：内容积为 11.8 米×2.13 米×2.72 米，配货毛重一般为 23 公吨，有效容积为 68 m³。

在集装箱的流转过程中，其流传形态分为两种：一种为整箱货，另一种为拼箱货。

1. 整箱货

整箱货（Full Container Cargo Load，FCL）是指发货人或其代理人把经报关、检验的货物自行装箱、铅封后，以箱为单位进行托运和交付。习惯上整箱货只有一个发货人和一个收货人。

2. 拼箱货

拼箱货（Less than Container Cargo Load，LCL，or Consolidated Cargo）是指承运人或货运代理人接受货主托运的数量不足整箱的小票货，根据货类性质和目的地进行分类整理，把去同一目的地的集中到一定数量，拼装入箱的货物。由于一个箱内有不同货主的货拼装在一起，所以叫拼箱。这种情况在货主托运的货物数量不足装满整箱时采用。习惯上拼箱货涉及多个发货人或多个收货人。拼箱货的分类、整理、集中、装箱（拆箱）、交货等工作均在承运人码头集装箱货运站（CFS）或内陆集装箱转运站进行。

（四）集装箱货物的交接方式

集装箱货物的交接有多种方式：可以传统的方式在船边进行交接，可以整箱货的方式在集装箱堆场（Container Yard，CY）进行交接，可以拼箱货的方式在集装箱货运站

（CFS）进行交接，也可以在多式联运方式下在货主的仓库或工厂进行交接。由于集装箱货物可以在四个地点进行交接，因此，理论上就应有 16 种交接方式。但是，目前在船边交接的情况已很少发生，而在货主的工厂或仓库交接又涉及多式联运。因此，在海上集装箱班轮运输实践中，班轮公司通常承运整箱货，并在集装箱堆场交接；而集拼经营人则承运拼箱货，并在集装箱货运站与货方交接货物。实际业务中，集装箱货物的交接方式主要有以下几种。

1. 门到门（Door to Door）

门到门是指集装箱运输经营人从发货人工厂或仓库接受货物、负责运至收货人工厂或仓库交付。货物的交接形态都是整箱接、整箱交。

2. 门到场（Door to CY）

门到场是指集装箱运输经营人从发货人工厂或仓库接受货物，并负责运至卸货港码头堆场或其内陆堆场，向收货人交付。这种货物的交接形态也是整箱接、整箱交。

3. 门到站（Door to CFS）

门到站是指集装箱运输经营人在发货人工厂或仓库接受货物，并负责运至卸货港码头的集装箱货运站或其在内陆地区的货运站，经拆箱后向收货人交付。这种货物的交接形态是整箱接、拆箱交。

4. 场到门（CY to Door）

场到门是指集装箱运输经营人在码头堆场或其内陆堆场接受发货人的货物（整箱货），并负责把货物运至收货人的工厂或仓库向收货人交付。这种货物的交接形态是整箱接、整箱交。

5. 场到场（CY to CY）

场到场是指集装箱运输经营人在装货港的码头堆场或其内陆堆场接受货物（整箱货），并负责运至卸货港码头堆场或其内陆堆场，在堆场向收货人交付（整箱货）。这种货物的交接形态是整箱接、整箱交。

6. 场到站（CY to CFS）

场到站是指集装箱运输经营人在装货港的码头堆场或其内陆堆场接受货物，并负责运至卸货港码头集装箱货运站或其内陆地区集装箱货运站，经拆箱后向收货人交付。这种货物的交接形态是整箱接、拆箱交。

7. 站到门（CFS to Door）

站到门是指集装箱运输经营人在装货港码头的集装箱货运站及其内陆的集装箱货运站接受货物、拼箱后，运至收货人的工厂或仓库交付。这种货物的交接形态是拼箱接、整箱交。

8. 站到场（CFS to CY）

站到场是指集装箱运输经营人在装货港码头或其内陆的集装箱货运站接受货物，经拼箱后，运至卸货港码头或其内陆地区的堆场交付。这种货物的交接形态是拼箱接、整箱交。

9. 站到站（CFS to CFS）

站到站是指集装箱运输经营人在装货港码头或其内陆的集装箱货运站接受货物，经拼箱后，运至卸货港码头或其内陆地区的集装箱货运站，拆箱后，向收货人交付。这种货物的交接形态是拼箱接、拆箱交。

二、进出口货物集装箱运输

集装箱运输是以集装箱为集合包装和运输单位，适合门到门交货的成组运输方式，是成组运输的高级形态。集装箱运输系统包括海运、陆运、空运、港口、货运站以及集装箱运输有关的海关、检验检疫机构、船舶代理公司、货运代理公司等单位和部门等。集装箱货运的一般流程如图 10-1 所示。

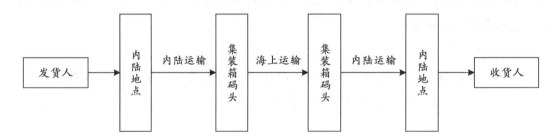

图 10-1　集装箱货运的一般流程

（一）出口货物集装箱运输

出口货物集装箱运输流程如图 10-2 所示。

从货运代理的角度，出口货物集装箱运输的流程可简化为如下步骤：揽货接单、签订代理协议→接受委托、索取出口单证→订舱配载→提取空箱→货物报检、报关、保险→整/拼箱操作→制作提单→集港交货→港口装船→换取提单→装船通知→费用结算→单证整卷归档。从操作内容看，涉及货物和单证等；从关联部门看，涉及客户、船公司、集装箱码头、检验检疫部门和海关等。下面对一些主要环节进行阐述。

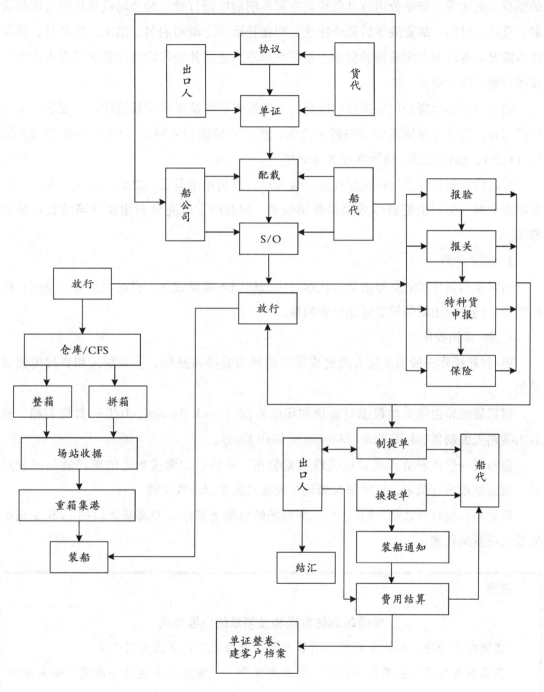

图 10-2 出口货物集装箱运输流程

1. 订舱配载

订舱配载的程序是货运代理根据发货人的贸易合同或信用证条款或委托书的规定，在货物托运前的一定时间内填好集装箱托运单（Container Booking Note），注明要求配载的船只、航次等，向船公司或其代理人在截单期前申请订舱。船公司或其代理人审核货名、重量、尺码、卸货港等后可予接受，即在托运单上填写船名、航次、提单号，抽留其所需要的各联并在集装箱装货单上盖好签单章，连同其余各联退回货运代理人作为对该批货物订舱的确认。

船公司或其代理公司根据自己的运力、航线等具体情况考虑货运代理的要求，决定接受与否，若接受申请就着手编制定舱单，然后分送集装箱堆场（CY）和集装箱货运站（CFS），据以安排空箱及办理货运交接。

货运代理还应向船公司或船代递交装货单。集装箱准备妥当之后，要进行配载，制定积载方案，编制出配载单或集装箱明细单。配载时，应充分利用集装箱的载重量和容积。

2. 提取空箱

通常整箱货货运的空箱由货运代理到集装箱码头堆场领取，有的货主有自备箱；拼箱货货运的空箱由集装箱货运站负责领取。

3. 整/拼箱操作

整/拼箱操作一般由发货人指定或货代选择的装箱站操作，但发货人和货代可监督装箱。

拼箱货装箱由货运站根据订舱单和场站收据（Dock Receipt，D/R）负责装箱，然后由装箱人编制集装箱装箱单（Container Load Plan）。

整箱货一般由发货人或货运代理负责装箱，并将已加海关封志的整箱货运到货运站，货运站根据订舱单，核对集装箱场站收据及装箱单验收货物。

货运站在验收货物和/或箱子后，即在场站收据上签字，并将签署后的 D/R 交还给发货人或货运代理。

链接

集装箱场站收据和装箱单的主要作用

集装箱运输中，场站收据的作用等同于传统海运方式下的大副收据。

集装箱装箱单的主要作用如下：①作为发货人、集装箱货运站与集装箱码头堆场之间的货物交接单证；②作为向船方通知集装箱内所装货物的明细表；③是计算船舶吃水差、稳性的基本数据；④是在卸货地办理集装箱保税运输的单据之一；⑤当货物有货损时，是处理索赔事故的原始单据之一；⑥是卸货港（地）集装箱货运站安排拆箱、理货的单据之一。

4. 换取提单

普通船的货运提单，在货物实际装船完毕后，经船方在收货单上签署，表明货物已装船，发货人据经船方签署的收货单（大副收据）交船公司或其代理公司换取已装船提单。而集装箱运输下的提单则是以场站收据换取的，是一张收货待运提单。所以，大多数情况下，船公司根据发货人的要求，在提单上填注具体的装船日期和船名后，该收货待运提单即具有与已装船提单同样的性质和作用。

发货人或货运代理凭 D/R 向集装箱运输经营人或其代理人换取提单，然后去银行办理结汇。

5. 装船通知

集装箱装卸区根据装货情况制订装船计划，并将出运的箱子调整到集装箱码头前方堆场，待船靠岸后即可装船出运。货运代理要对大宗货物掌握装船进度，船开后向国外卸货港代理发送装船通知。

（二）进口货物集装箱运输

进口货物集装箱运输流程如图 10-3 所示。

从货运代理的角度，进口货物集装箱运输的流程可简化为如下步骤：办理订舱、洽船公司、国外港口接货→收集整理进口单证（包括商务单证和货运单证）→保险（接到装船信息后立即投保）→换单（船到卸货后凭正本提单和到货通知书向船代换取提货单和交货记录）→报检→报关→凭海关放行的提货单提取整箱→拼箱拆箱（凡拼箱货物填写拆箱申请单，货箱运至货运站拆箱）→提取拼箱货物（凭正本提单和到货通知书换取交货记录和提货单办理海关手续后在货运站提取货物）→索赔（货物灭失或损坏属于船公司责任的，向船公司或保险公司提出索赔；属于发货人责任的，向发货人提赔）单证整卷归档。

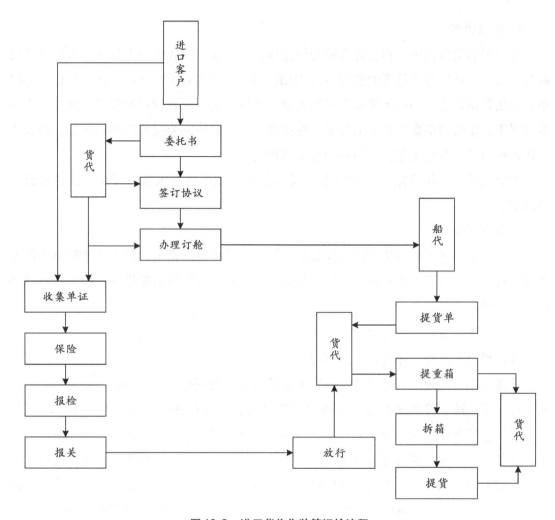

图 10-3　进口货物集装箱运输流程

（三）国际货运代理的集拼业务

有条件的国际货运代理公司一般承办集拼业务。集拼（Consolidation，简称 Consol，承办者称为 Consolidator）是指接受客户尺码或重量达不到整箱要求的小批量货物，把不同收货人、同一卸货港的货物集中起来，拼凑成一个 20 英尺或 40 英尺整箱。

1. 承办集拼业务的货运代理一般应具备的条件

集拼是对规模要求极高的业务，规模的取得部分是靠内部的集中，部分是靠同行的合作。承办集拼业务的货运代理一般应具备如下条件：

（1）具备集装箱货运站（CFS）装箱设施和装箱能力；

（2）与国外卸货港有拆箱分运能力的航运或货运代理企业建立有代理关系；

（3）经政府部门批准有权从事集拼业务并有权签发自己的仓至仓提单（House B/L）。

> **操作提示**
>
> 　　从事集拼业务的国际货运代理具有双重身份，对于货主而言，由于其签发了自己的提单（House B/L），要受该提单条款约束，故通常被货主视为承运人。然而，对于真正运输货物的集装箱班轮公司而言，国际货运代理又是货物托运人。

　　2. 集拼出口业务

　　集拼业务的操作比较复杂，先要区别货种，合理组合，待拼成一个 20 英尺或 40 英尺货柜时可以向船公司或其代理人订舱。

　　集拼的每票货物各缮制一套托运单（场站收据），附于一套汇总的托运单（场站收据）上，例如由五票货物拼成一个整箱，这五票货物须分别按其货名、数量、包装、重量、尺码等各自缮制托运单（场站收据），另外缮制一套总的托运单（场站收据），货名可做成"集拼货物"（Consolidated Cargo），数量是总的件数，重量、尺码都是五票货的汇总数，目的港是统一的，关单（提单）号也是统一编号，但五票分单的关单（提单）号则在这个统一编号之尾缀以 A、B、C、D、E 以便区分。货物出运后，船公司或其代理人按总单签一份海运提单（B/L），托运人是货代公司，收货人是货代公司在卸货港的代理人。然后，货代公司根据海运提单，按五票货的托运单内容签发五份海运代理人的仓至仓提单（House B/L），分发给各托运单位供银行结汇用。

　　另一方面，货代公司须将船公司或其代理人签发的海运提单正本连同自签的各 House B/L 副本快递给其卸货港代理人，卸货港代理人在船到时向船方提供海运提单正本，提取该集装箱到自己的货运站拆箱，通知 House B/L 中各个收货人持正本 House B/L 前来提货。

　　3. 集拼进口业务

　　装运港货运代理接受客户尺码或重量达不到整箱要求的小批量货物，把不同收货人、同一卸货港的货物集中起来，运到目的港后再拆箱分票提货。大致流程如下。

　　（1）装运港货运代理接受客户的小批量货物的订舱，并向客户收取拼箱海运费及装箱费。

　　（2）货运代理将收集到的零星货物进行分类和合理组合，把同一卸货港的小票货物集中起来，集拼成 20 英尺或 40 英尺的整箱。

　　（3）货运代理将集拼成的整箱向船公司或船代订舱、装运。

　　（4）船公司或船代向货代签发一份整箱海运提单，提单的托运人为装货港的货代公司，收货人为货代在卸货港的代理人，货代公司按整箱运价向船公司或船代支付海运费。货代公司根据海运提单，按五票货的托运单内容签发五份海运 House B/L，分发给各托运单位供银行结汇用。

（5）货代公司将船公司或船代签发的海运提单正本连同自签的各分 House B/L 副本快递给卸货港的代理人。海运提单也可作电放处理。

（6）卸货港的代理人在船到时向船方提供海运提单正本（或电放证明），提取该集装箱到自己的货运站拆箱。

（7）作为托运方的货代公司要求承运船公司或船方在卸货港的代理按货代签发的 House B/L 作提单分票处理，并通知各 House B/L 正本的收货人来换取船公司签发的提货单。

（8）收货人凭船公司签发的提货单报关。

（9）通关后，收货人或其代理凭海关放行的提货单去货运站提货，卸货港代理将提货单与 House B/L 副本核对无误后放货。

（10）卸货港代理向收货人或其代理收取 CFS 拆箱费及装车费等，并开具出门证给提货人。

（11）如果该货运站属海关监管仓库，则须经海关人员出具报关单复印件。

三、集装箱海运的运费

集装箱海运运价实质上也属于班轮运价的范畴。我国现行的集装箱海运运输的拼箱货运费的计收，与普通班轮运输的件杂货运费的计收方法基本相同。整箱货有最高运费和最低运费的计收规定。而且，集装箱货物最低运费的计收不是某一规定的金额，而是规定了一个最低运费吨，又称计费吨，这一概念与普通船运输下最低运费的规定是不同的。

（一）集装箱海运的运费构成

集装箱货物在进行门到门运输时，一般通过多种运输方式完成整个运输过程。该过程可分为出口国内陆运输、装货港运输、海上运输、卸货港运输、进口国内陆运输五个组成部分。其中，船公司通常负责出口国集装箱货运站或码头堆场至进口国码头堆场或集装箱货运站的运输。这一范围通常是集装箱运输下所包括的范围。这一点与普通船仅从事海上运输部分，并按海运运费计收有较大区别。由于船公司支付了集装箱货物在运输过程中的全部费用，所以，集装箱货物的运费构成包括海上运输费用、内陆运输费用、各种装卸费用、搬运费、手续费、服务费等。上述费用一般被定为一个计收标准，以确保船公司在整个运输过程中全部支出后，均能得到相应的补偿。集装箱海运运费构成可参考图 10-4。

内陆运输	港区运输	海上运输	港区运输	内陆运输
①	②	③	④	⑤

注：①发货地国家内陆运输费和有关费用；

②发货地国家港区（码头堆场）费用；

③海上运费；

④收货地国家港区（码头堆场）费用；

⑤发货地国家内陆运输费和有关费用。

图 10-4 集装箱海运运费构成

（二）集装箱海运运费的计收

从总的方面来说，集装箱海运的运费仍由海运运费加上各种与集装箱运输有关的费用组成。本节所阐述的海运运费，不涉及堆场服务费、拼箱服务费、集散运费、内陆运费等。

集装箱海运运费包括基本运费及各种附加费。其结构与传统件杂货班轮运费类似，但由于集装箱运输的特殊性，一般根据集装箱货物的交接方式分为整箱货（FCL）及拼箱货（LCL）两种，它们在运费计收方式上是不同的。

1. 整箱货运费的计收

整箱货一般按箱计收运费。包箱运价（Freight for All Kinds，FAK）是指集装箱运输的基本费率。它不分货类，不计货量，统一按货柜的大小，每一个货柜收若干运费。按箱计收运费的费率即包箱费率，它又分为商品包箱费率和均一包箱费率两种。

商品包箱费率是按不同商品和不同类型、尺寸的集装箱规定不同的包箱费率。按不同货物等级制定的包箱费率，其等级的划分与杂货班轮运输的货物等级分类基本相同，但集装箱货物大多数分为四个级别费率，如 1~7 级、8~10 级、11~15 级、16~20 级，还有的分为三个等级费率。

均一包箱费率是每个集装箱不细分箱内所装货物种类，不计货物重量或尺码（在限额之内），统一收取的运费。

对整箱货有最高运费和最低运费之分。例如，某箱最低运费吨为 $21.5m^3$，由货主装箱，实际装箱尺码吨为 $18m^3$，运费计算仍按 $21.5m^3$ 计收，其中包含 $3.5m^3$ 的亏箱运费。

2. 拼箱货运费的计收

拼箱货按所运货物的计费吨计收运费，这与传统的件杂货班轮计收方式颇为类似，只是费率水平不同。

拼箱货海运运费 = 基本运费 + 附加费 = 基本运价 × 计费吨 + 附加费

【例 10-1】 某公司进口某种商品 A，每箱装 60 只，每箱体积为 0.164 m³。试分别计算进口数量为 5 000 只和 9 120 只的海运费。

已知该种商品的海运运价为：每 20 英尺集装箱 USD1 350，每 40 英尺集装箱 USD 2 430，拼箱每立方米 USD65。

解：（1）计算产品的体积

5 000 只的体积 = 5 000 ÷ 60 × 0.164 = 13.667 m³

9 120 只的体积 = 9 120 ÷ 60 × 0.164 = 24.928 m³

（2）计算海运运费

20 英尺集装箱的有效容积为 25 m³，40 英尺集装箱的有效容积为 55 m³，因此 5 000 只的宜采用拼箱，9120 只的宜采用 20 英尺的集装箱。运费分别为：

5 000 只的海运费 = 13.667 × 65 = 888.36 美元

9 120 只的海运费 = 1 350 美元

第三节　国际货物多式联运

随着集装箱运输的发展，国际多式联运也迅速发展起来。所谓国际多式联运，按照《联合国国际货物多式联运公约》的定义，是指多式联运经营人按照多式联运合同，以至少两种不同的运输方式，将货物从一国境内接管货物的地点运至另一国境内指定交付货物地点的运输方式。

一、国际多式联运概述

国际多式联运能够把海、陆、空、公路、江河等多式、多段复杂的运输手续大大简化，具有简化货运手续、加快货运速度、降低运输成本、节省运杂费用以及实现合理运输的优越性和经济性。

（一）开展国际多式联运的条件

根据《联合国国际货物多式联运公约》对国际多式联运定义的描述，反映多式联运特征的是以下六个方面。

1. 要有一个多式联运合同，明确规定多式联运经营人（承运人）和托运人之间的权利、义务、责任、豁免的合同关系和多式联运的性质。

2. 必须使用一份全程多式联运单据（Multimodal Transport Documents, M. T. D.），即证明多式联运合同及证明多式联运经营人已接管货物并负责按照合同条款交付货物所签发的单据。

3. 必须是两种或两种以上不同运输方式的连贯运输。如海/海、铁/铁、空/空联运，虽为两程运输，但仍不属于多式联运，这是一般联运与多式联运的一个重要区别。同时，在单一运输方式下的短途汽车接送也不属于多式联运。

4. 必须是国际间的货物运输，这是区别于国内运输和是否符合国际法规的限制条件。

5. 必须有一个多式联运经营人对全程运输负总的责任。这是多式联运的一个重要特征。多式联运经营人负责寻找分承运人实现分段运输。

6. 必须对货主实现全程单一运费率。多式联运经营人在对货主负全程运输责任的基础上，制定一个货物发运地至目的地的全程单一费率并以包干形式一次性向货主收取。

（二）国际多式联运经营人

国际多式联运的经营人既不是发货人的代理或代表，也不是承运人的代理或代表，而是一个独立的法律实体。它具有双重身份，对货主来说它是承运人，对实际承运人（分承运人）来说，它又是托运人。它一方面与货主签订多式联运合同，另一方面又与实际承运人签订运输合同。它是总承运人，对全程运输负责，对货物的灭失、损坏、延迟交付等均承担责任。在国际上经营国际多式联运业务的多是规模较大、实力雄厚的国际货运公司。

1. 国际多式联运的经营方式

国际多式联运的经营方式主要有以下三种。

（1）多式联运经营人独立经营的方式。由多式联运经营人在运输线路的两端、转接点设立子公司或办事机构，办理运输、作业、转运、仓储等运输过程作业，整个运输过程在企业内部控制下完成。该种经营方式一般在固定的多式联运线路中使用，且多式联运经营人具有较强的实力。

（2）委托代理运作方式。由多式联运经营人将在各地的运输业务委托给当地的代理人办理的运作方式。由多式联运经营人独立负责，各地代理人只根据委托办理运输事务，不承担多式联运运输合同责任。在不固定线路的多式联运中只能采用该组织形式。

（3）合作联运方式。由多家企业联合，分别在不同国家内处理多式联运在各自境内的运作，共同合作完成联运过程。所有参与合作的企业作为一个整体承担多式联运经营人的责任，内部之间按照合作的协议分单责任和分配利益。

2. 国际多式联运经营人的责任

国际多式联运经营人的责任期间是从接受货物之时起到交付货物之时止，在此期间内，对货主负全程运输责任，但在责任范围和赔偿限额方面，根据目前国际上的做法，可以分为网状责任制、统一责任制和经修正的统一责任制。

（1）网状责任制。网状责任制是指多式联运经营人对全程运输负责。货物的灭失或损坏发生于多式联运的某一区段的，多式联运经营人的赔偿责任和责任限额适用调整该区段运输方式的有关法律规定。如果货物灭失、损坏发生的区段不能确定，多式联运经营人则按照海运或双方约定的某一标准来确定赔偿责任和责任限制。

（2）统一责任制。统一责任制是指多式联运经营人对货主赔偿时不考虑各区段运输方式的种类及其所适用的法律，而是对全程运输按一个统一的原则并一律按一个约定的责任进行赔偿。统一责任制是与多式联运的基本特征最为一致的责任形式，然而，由于适用于各区段的国际公约或法律所确定的区段承运人的责任不同，而且可能低于多式联运经营人根据统一责任制所承担的责任，因此，目前尚没有联运经营人愿意采用这种责任形式。

（3）经修正的统一责任制。这是介于统一责任制与网状责任制之间的责任制，也称混合责任制。它在责任基础方面与统一责任制相同，在赔偿限额方面则与网状责任制相同。即多式联运经营人对全程运输负责，各区段的实际承运人仅对自己完成区段的运输负责。无论货损发生在哪一区段，多式联运经营人和实际承运人都按公约规定的统一责任限额承担责任。但如果货物的灭失、损坏发生于多式联运的某一特定区域，而对这一区段适用的一项国际公约或强制性国家法律规定的赔偿责任限额高于多式联运公约规定的赔偿责任限额，则多式联运经营人对这种灭失、损坏的赔偿应按照适用的国际公约或强制性国际法律予以确定。目前，《联合国国际货物多式联运公约》基本上采取这种责任制形式。

二、国际多式联运的业务运作

（一）国际多式联运的一般业务流程

1. 接受托运申请，订立多式联运合同

多式联运经营人根据货主提出的托运申请和自己的运输线路等情况，决定是否接受该托运申请，如果能接受，则双方协定有关事项后，在交给发货人或其代理人的场站收据（空白）副本上签章，证明接受托运申请、多式联运合同已经订立并开始执行。

发货人或其代理人根据双方就货物的交接方式、时间、地点、付费方式等达成的协议填写场站收据，并把其送至多式联运经营人进行编号，多式联运经营人编号后留下货物托运联，将其他联交还给发货人或其代理人。

2. 空箱的发放、提取及运送

多式联运中使用的集装箱一般由多式联运经营人提供，这些集装箱的来源可能有三种情况：一种是多式联运经营人自己购置使用的集装箱；二是向借箱公司租用的集装箱；三是由全程运输中的某一分运人提供。

如果双方协议由发货人自行装箱，则多式联运经营人应签发提箱单或租箱公司或分运人签发提箱单交给发货人或其代理人，由他们在规定日期到指定的堆场提箱并自行将空箱拖运到货物装箱地点，准备装货。

3. 出口报关

若多式联运从港口开始，则在港口报关；若从内陆地区开始，则在附近内陆地海关办理报关。出口报关事宜一般由发货人或其代理人办理，也可委托多式联运经营人代为办理，报关时应提供场站收据、装箱单、出口许可证等有关单据和文件。

4. 货物装箱及接受货物

若是发货人自行装箱，发货人或其代理人提取空箱后在自己的工厂和仓库组织装箱，装箱工作一般要在报关后进行，并请海关派员到装箱地点监装和办理加封事宜，如需理货，还应请理货人员现场理货并与其共同制作装箱单。

如果是拼箱货物，发货人应负责将货物运至指定的集装箱货运站，由货运站按多式联运经营人的指示装箱。无论装箱工作由谁负责，装箱人均需制作装箱单，并办理海关监装与加封事宜。

对于由货主自行装箱的整箱货物，发货人应负责将货物运至双方协议规定的地点，多式联运经营人或其代表在指定地点接受货物。如果是拼箱货，则由多式联运经营人在指定的货运站接收货物，验收货物后，代表多式联运经营人接收货物的人应在场站收据正本上签章并将其交给发货人或其代理人。

5. 订舱及安排货物运送

多式联运经营人在合同订立后，应立即制订该合同涉及的集装箱货物的运输计划，该计划应包括货物运输路线、区段的划分、各区段实际承运人的选择及各区段间衔接地点的到达和起运时间等内容的确定。

这里所说的订舱泛指多式联运经营人要按照运输计划安排洽定各区段的运输工具，与选定的各实际承运人订立各区段的分运合同，这些合同的订立由多式联运经营人本人或委托的代理人办理，也可请前一区段的实际承运人向后一区段的实际承运人订舱。

6. 办理保险

在发货人方面，应投保货物运输保险，该保险由发货人自行办理，或由发货人承担费用而由多式联运经营人代为办理，货物运输保险可以是全程投保，也可以为分段投保。

在多式联运经营人方面，应投保货物责任险和集装箱保险，由多式联运经营人或其代理人向保险公司或以其他形式办理。

7. 签发多式联运提单，组织完成货物的全程运输

多式联运经营人收取货物后，应向发货人签发多式联运提单，并按双方议定的付费方式向发货人收取全部应付费用。

多式联运经营人有完成和组织完成全程运输的责任和义务。在接受货物后，要组织各区段实际承运人、各派出机构及代表人共同协调工作，完成全程中各区段之间的衔接工作，并做好运输过程中所涉及的各种服务性工作和运输单据、文件及有关信息等方面的组织和协调工作。

8. 运输过程中的海关业务

按惯例，国际多式联运的全程运输均应视为国际货物运输，因此，该环节工作主要包括货物及集装箱进口国的通关手续，进口国内陆段保税运输手续及结关等内容，如果陆上运输要通过其他国家海关和内陆运输线路时，还应包括这些海关的通关及保税运输手续。

这些涉及海关的手续一般由多式联运经营人的派出机构或代理人办理，也可由各区段的实际承运人作为多式联运经营人的代表代为办理，由此产生的全部费用，应由发货人或收货人负担。

如果货物在目的港交付，则结关应在港口所在地海关进行；如果在内陆地交货，则应在口岸办理保税运输手续，海关加封后方可运往内陆目的地，然后在内陆海关办理结关手续。

9. 货物交付

当货物运往目的地后，由目的地的代理通知收货人提货，收货人需凭多式联运提单提货，多式联运经营人或其代理人需按合同规定收取收货人应付的全部费用，收回提单并签发提货单，提货人凭提货单到指定堆场和地点提取货物。

如果是整箱提货，则收货人要负责至掏箱地点的运输，并在货物掏出后将集装箱运回指定的堆场，至此，运输合同终止。

10. 货运事故的处理

如果全程运输中发生了货物灭失、损坏和运输延误，无论能否确定损害发生的区段，发（收）货人均可向多式联运经营人提出索赔，多式联运经营人根据提单条款及双方协议确定责任并作出赔偿。如能确定事故发生的区段和实际责任者，可向其进一步索赔，如不能确定事故发生的区段，一般按在海运段发生处理。如果已对货物及责任投保，则存在要求保险公司赔偿和向责任人进一步追索的问题，如果受损人和责任人之间不能取得一致，则需要通过在诉讼时效内提起诉讼和仲裁来解决。

（二）国际多式联运的组织形式

由于国际多式联运具有其他运输组织形式不可比拟的优越性，因而这种国际运输新技术已在世界各主要国家和地区得到广泛的推广和应用。目前，有代表性的国际多式联运主要有远东/欧洲，远东/北美等海陆空联运，其组织形式包括以下几种。

1. 海陆联运

海陆联运是国际多式联运的主要组织形式，也是远东/欧洲多式联运的主要组织形式之一。目前组织和经营远/欧洲海陆联运业务的主要有班轮公会的三联集团、北荷、冠航和丹麦的马士基等国际航运公司，以及非班轮公会的中国远洋运输公司和德国那亚航运公司等。这种组织形式以航运公司为主体，签发联运提单，与航线两端的内陆运输部门开展联运业务，与大陆桥运输展开竞争。

2. 陆桥运输

在国际多式联运中，陆桥运输起着非常重要的作用。它是远东/欧洲国际多式联运的主要形式。所谓陆桥运输是指采用集装箱专用列车或卡车，把横贯大陆的铁路或公路作为中间"桥梁"，使大陆两端的集装箱海运航线与专用列车或卡车连接起来的一种连贯运输方式。严格地讲，陆桥运输也是一种海陆联运形式，只是因为其在国际多式联运中的独特地位，故在此将其单独作为一种运输组织形式。目前，远东/欧洲的陆桥运输线路有西伯利亚大陆桥和北美大陆桥。

（1）西伯利亚大陆桥（Siberian Landbridge）。西伯利亚大陆桥（SLB）是指使用国际标准集装箱，将货物由远东海运到俄罗斯东部港口，再经跨越欧亚大陆的西伯利亚铁路运至波罗的海沿岸，如爱沙尼亚的塔林或拉脱维亚的里加等港口，然后再采用铁路、公路或海运运到欧洲各地的国际多式联运的运输线路。西伯利亚大陆桥运输包括"海铁铁"、"海铁海"、"海铁公"和"海公空"四种运输方式。由俄罗斯的过境运输总公司（SOJUZTRANSIT）担当总经营人，它拥有签发货物过境许可证的权力，并签发统一的全程联运提单，承担全程运输责任。至于参加联运的各运输区段，则采用"互为托、承运"的接力方式完成全程联运任务。可以说，西伯利亚大陆桥是较为典型的一条过境多式联运线路。

（2）北美大陆桥（North American Landbridge）。北美大陆桥是指利用北美的大铁路从远东到欧洲的"海陆海"联运。该陆桥运输包括美国大陆桥运输和加拿大大陆桥运输。美国大陆桥有两条运输线路：一条是从西部太平洋沿岸至东部大西洋沿岸的铁路和公路运输线；另一条是从西部太平洋沿岸至东南部墨西哥湾沿岸的铁路和公路运输线。美国大陆桥于1971年年底由经营远东/欧洲航线的船公司和铁路承运人联合开办"海陆海"多式联运线，后来美国几家班轮公司也投入营运。目前，主要有四个集团经营远东经美国大陆桥至欧洲的国际多式联运业务。这些集团均以经营人的身份签发多式联运单证,对全程运输负责。加拿大大陆桥与美国大陆桥相似,由船公司把货物海运至温哥华,经铁路运到蒙特利尔或哈利法克斯,再与大西洋海运相接。

(3)其他陆桥运输形式

北美地区的陆桥运输不仅包括上述大陆桥运输,而且还包括小陆桥运输(Minibridge)和微桥运输(Microbridge)等运输组织形式。

小陆桥运输从运输组织方式上与大陆桥运输并无大的区别,只是其运送货物的目的地为沿海港口。目前,北美小陆桥运送的主要是日本经北美太平洋沿岸到大西洋沿岸和墨西哥湾地区港口的集装箱货物。

微桥运输与小陆桥运输基本相似,只是其交货地点在内陆地区。北美微桥运输是指经北美东、西海岸及墨西哥湾沿岸港口到美国、加拿大内陆地区的联运服务。

3. 海空联运

海空联运又被称为空桥运输(Airbridge Service)。在运输组织方式上,空桥运输与陆桥运输有所不同:陆桥运输在整个货运过程中使用的是同一个集装箱,不用换装,而空桥运输的货物通常要在航空港换入航空集装箱。不过两者的目标是一致的,即以低费率提供快捷、可靠的运输服务。

目前,国际海空联运线主要有以下几条。

(1)远东—欧洲:目前,远东与欧洲间的航线有以温哥华、西雅图、洛杉矶为中转地的,也有以香港、曼谷、海参崴为中转地的,此外还有以旧金山、新加坡为中转地的。

(2)远东—中南美:近年来,远东至中南美的海空联运发展较快,因为此处港口和内陆运输不稳定,所以对海空运输的需求很大。该联运线以迈阿密、洛杉矶、温哥华为中转地。

(3)远东—中近东、非洲、澳洲:这是以香港、曼谷为中转地至中近东、非洲的运输服务。在特殊情况下,还有经马赛至非洲、经曼谷至印度、经香港至澳洲等联运线,但这些线路货运量较小。

总的来讲,运输距离越远,采用海空联运的优越性就越大,因为同完全采用海运相比,其运输时间更短;同直接采用空运相比,其费率更低。因此,从远东出发将欧洲、中南美以及非洲作为海空联运的主要市场是合适的。

三、国际多式联运单证

（一）国际多式联运单证的概念与性质

《联合国国际货物多式联运公约》对多式联运单证的定义是：多式联运单证（Multimodal Transport Document，MTD），是证明多式联运合同以及证明多式联运经营人接管货物并负责按照合同条款交付货物的单证。

基于国际多式联运而签发的国际多式联运单证本质上借鉴和吸收了海运提单和运单各自独特的功能，集两者所长以适应国际货物多式联运的实际需要。

1. 可转让的多式联运单证

可转让的多式联运单证类似提单，即可转让的多式联运单证具有三种功能：多式联运合同的证明、货物收据与物权凭证功能。

2. 不可转让的多式联运单证

不可转让的多式联运单证类似于运单（如海运单、空运单），即不可转让的多式联运单证具有两种功能：多式联运合同的证明和货物收据。但它不具有物权凭证功能，如果多式联运单证以不可转让方式签发，多式联运经营人交付货物时，应凭单证上记名收货人的身份证明向其交付货物。

（二）国际多式联运进出口单证的流转程序

图 10-5、图 10-6 分别显示了国际集装箱多式联运出口单证和进口单证的流转情况，从中可以看出，国际多式联运单证系统由国际多式联运经营人与货主（托运人、收货人）之间流转的单证和国际多式联运经营人与各区段实际承运人流转的单证两部分组成。

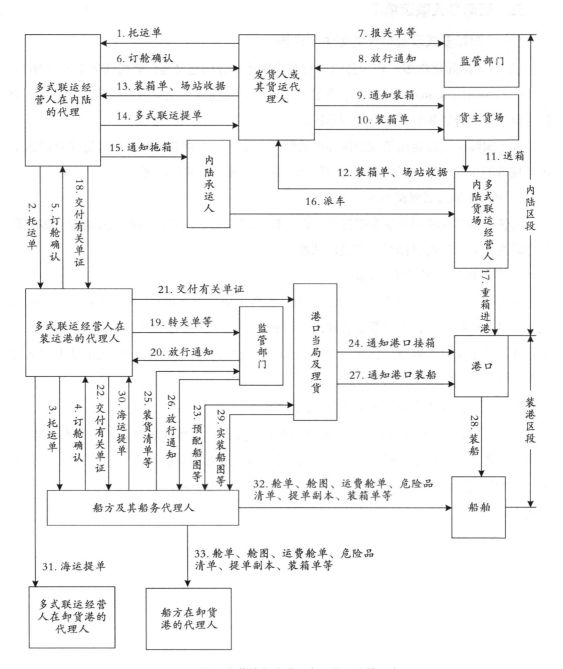

图10-5 国际集装箱多式联运出口单证流转示意图

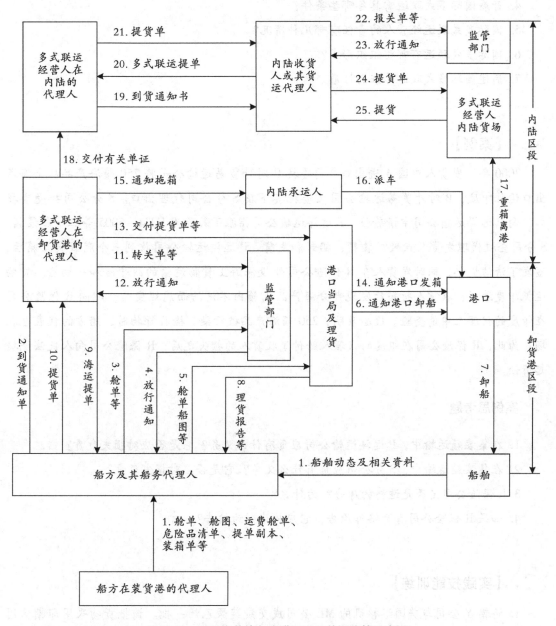

图 10-6 国际集装箱多式联运进口单证流转示意图

【复习思考题】

1. 简述集装箱运输的特点。

2. 简述集装箱运输的装箱方式及交接方式。

3. 集装箱场站收据及装箱单主要有哪些作用？

4. 开展国际多式联运需具备哪些条件？

5. 国际多式联运经营人的责任有哪几种情况？

6. 国际多式联运有哪些组织形式？

7. 简述国际多式联运单证的性质。

 【案例】

2000 年，发货人中国 A 进出口公司委托 B 对外贸易运输公司将 750 箱海产品从上海港出口运往印度，B 对外贸易运输公司又委托其下属 S 分公司代理出口。S 分公司接受委托后，向 P 远洋运输公司申请舱位，P 远洋运输公司指派了箱号为 HTM-5005 等三个集装箱。S 分公司全权代理发货人点数、装箱、铅封和发货。P 远洋运输公司收到三个满载集装箱后，签发了清洁提单，同时发货人在 R 保险公司处投保海上货物运输的战争险和一切险。货物运抵印度港口，收货人拆箱后发现部分海产品因箱内不清洁而腐烂变质，即向 R 保险公司在印度的代理人申请查验。检验表明，250 箱海产品被污染。检验货物时，船方的代表也在场。为此，R 保险公司在印度的代理人赔付了收货人的损失之后，R 保险公司向人民法院提起诉讼。

案例思考题

1. 在集装箱运输中，P 远洋运输公司应负有什么义务？它是否应对损失负责？

2. 在集装箱运输中，S 分公司应负有什么义务？它是否应对损失负责？

3. R 保险公司是否是适格的原告？为什么？

4. 如果 R 保险公司有资格作原告，它应将谁列为被告？

 【实践技能训练】

1. 济南 Y 公司与美国洛杉矶的 ME 公司成交袋装聚乙烯一批。该批货物采用即期信用证付款，在青岛港装船。Y 公司委托 T 货代公司代为办理出口集装箱货物的全套业务（包括报关、报检等业务）。货物存于青岛港 A 仓库。结合货运代理知识描述此票货物的全部出口业务流程。

合同的主要条款如下：

卖方：济南 Y 公司（Jinan Y Co., Ltd）

买方：美国洛杉矶 ME 公司（ME Co., Ltd）

商品名称：高密度聚乙烯（HDPE）High-density polyethylene plastics

商品编码：3901.1000

数量：2 000 袋，25kg/袋

支付方式：L/C at sight

价格条款：USD4 000/MT CIF Los Angeles

包装：塑料袋装

装运期限：2010 年 9 月底之前

装运港：青岛港

目的港：洛杉矶港

保险条款：加一成投保一切险。

2. 济南 K 贸易公司与美国 TDH 公司成交袋装化肥一批，该批货物采用即期信用证方式付款，在美国旧金山装船，装于四个集装箱内。K 贸易公司委托 T 货代公司代为办理该批货物的全套进口业务，货物将存放于 K 公司仓库。结合货运代理知识描述该票货物的全部进口业务流程。

合同的主要条款如下：

卖方：美国 TDH 公司（The TDH Co.，Ltd）

买方：济南 K 公司（Jinan K Co.，Ltd）

商品名称：化肥（Chemical Fertilizer）

商品编码：3105.2000

数量：3 000 袋，25kg/袋

体积：每袋 80cm×40cm×20cm

支付方式：L/C At Sight

价格条款：USD800/MT FOB San Francisco

包装：塑料袋装

装运港：旧金山

目的港：青岛港

保险条款：加一成投保一切险

提单上的主要信息：

船名航次：APL ADVANTAGE/004W

集装箱号：APLU0624714，APLU9602656，APHU6729568，APHU6729456

提单号：NGBBND8569459W

运费到付：USD8900

第十一章　货运事故的处理

■ **知识目标**

　　1. 了解货运事故产生的主要原因。

　　2. 理解货运事故的责任划分，索赔的对象和条件。

　　3. 熟悉并掌握索赔的一般程序。

■ **能力目标**

　　能够运用所学的知识，对有关货运事故的案例进行评析。

　　国际贸易下的货物运输、仓储保管、交付货物等工作所涉及的时间长、空间跨度大、作业环节多、单证文件繁杂、环境条件多变。因此，在整个货物的运输、保管、接收和交付过程中，经常会产生货物质量上的问题、货物数量上的问题、货方不及时提货的问题、承运人错误交付货物和延迟交付货物等问题。

第一节　货运事故与索理赔

　　掌握货运事故产生的原因、货运事故的责任划分等知识，对国际货运代理从业人员解决索理赔问题至关重要。

一、货运事故的产生

（一）货运事故的概念

　　货运事故是指在各种不同运输方式下，承运人在交付货物时发生的货物质量变差、数量减少的事件。在国际海上货物运输中，主要指运输中造成的货物灭失或损坏，即货损货差事故。在国际航空货物运输中，货运事故包括了不正常运输中所有涉及的货物不正常情况。在国际陆路货物运输中，货运事故指货物中涉及货物质量、数量差错的情况。因此，狭义上的货运事故是指运输中发生的货损货差事故，广义的货运事故还包括运输单证差错、延迟交付货物、海运中的"无单放货"等情况。

（二）产生货运事故的主要原因

　　国际货运代理行业从业人员应该了解造成货运事故的主要原因，并根据这些原因采取相应的措施，以达到防止或减少货运事故发生的目的。另外，货运代理人了解了造成货运事故产生的主要原因，可以在发生货运事故时，根据具体情况采取相应措施以减少损失；还可以在货运事故产生后，了解原因、明确责任方，以便及时、正确地解决争议。

1. 海上运输中产生货运事故的主要原因

由于从事国际海上货物运输的船舶经常远离海岸在海洋上航行，同时海洋环境多变，船舶随时可能遭遇狂风巨浪、暴雨、雷电等袭击，因此船舶在海上运输中的环境相对比较恶劣。另外，工作上的差错也会造成货运事故的发生。

造成货差事故的原因主要是货物标志不清，误装、误卸，理货差错，中转处理等错误。一捆多支的货物散捆后支数不变的"少捆多支"情况，实际上不属于货差事故，但实践中仍然按照实际情况予以记录。

载货船舶的沉没、触礁、火灾、抛货，政府法令禁运和没收、盗窃、海盗行为，船舶被拘捕、扣留和货物被扣留，战争行为等原因可能造成货物的全部损失。

2. 航空运输中产生货运事故的主要原因

由于从事航空运输的飞机经常处于空中飞行状态，飞机飞行安全要求高，航空货物在飞机机舱中的积载要求也高，因此，货物在航空运输中的飞机飞行阶段遭受灭失、损坏的可能性大大减少。但是，在空运货物的交接、机场堆存、装机和卸机等过程中，仍然存在着因工作差错而造成货运事故的可能性。

航空运输中产生的货运事故主要是指由于承运人的原因，造成货物丢失、短缺、变质、污染、损坏的情况。

3. 陆路运输中产生货运事故的主要原因

由于从事陆路运输的火车或汽车经常处于在地面上的状态，陆路运输环境对货物运输质量有很大影响，而且货物被盗的可能性也较大。因此，陆路运输中采用集装箱等封闭式方式对减少货物被盗和损坏将有很大帮助。另外，在陆路运输货物的交接、堆存、装车和卸车等过程中，还会存在由承运人工作差错所造成的货运事故。

陆路运输中产生的货运事故主要是由于承运人的原因，造成货物灭失、混票、溢短、包装破损、货物毁损等情况。

二、货运事故的责任划分

运输中发生货运事故的原因有很多，其中大部分是由于承运人的原因所致。但是，实践中还有一些货运事故是由货方（托运人、收货人）、第三方（如港口、机场、集装箱货运站等），甚至由于不可抗力所致。不同原因所导致运输中的货物数量减少、质量变差的损失将由不同当事人承担，这里的当事人可能是运输合同、买卖合同、保险合同等不同合同中的当事人。运输合同中的当事人是承运人和托运人。只有了解了货运合同下的责任分配问题，才能明确货运事故的责任划分。涉及承运人和托运人责任分配的主要问题包括承运人的责任期间等几个方面。

（一）承运人的责任

1. 承运人的责任期间

货物在承运人监管过程中所发生的货损事故，除由于上述托运人的原因和不可抗力原因外，原则上都由承运人承担。承运人的责任期间是指承运人对货物应负责任的期间。承运人在这段期间内，由于其不能免责的原因而使货物受到灭失或者损坏，应当承担赔偿责任。

在国际海上货物运输中，根据我国《海商法》的规定，承运人对集装箱货物的责任期间是指从装货港接收货物时起至卸货港交付货物时止，货物处于承运人掌管下的全部期间。承运人对非集装箱货物的责任期间是指从货物装上船时起至卸下船时止，货物处于承运人掌管下的全部期间。但是，承运人与托运人可以就非集装箱货物运输下承运人的责任期间另行约定。在承运人的责任期间，货物发生灭失或损坏，除另有规定外，承运人应当承担赔偿责任。我国《海商法》的这些规定与有关海上货物运输的国际公约中的规定是相似的。

在航空运输中，根据我国《民航法》的规定，航空运输期间是指在机场内、民用航空器上或者机场外降落的任何地点，托运行李、货物处于承运人掌管下的全部期间。航空运输期间，不包括机场外的任何陆路运输、海上运输、内河运输过程。但是，若此种陆路运输、海上运输、内河运输是为了履行航空运输合同而装载、交付或者转运的，则在没有相反证据的情况下，所发生的损失视为航空运输期间发生的损失。有关的国际航空运输公约对货物运输承运人的责任期间作了与我国《民航法》相同的规定。

在陆路运输中，我国《中华人民共和国铁路法》和《中华人民共和国公路法》都作了类似的规定，即陆路承运人应当对承运的货物、包裹、行李自接受承运起到交付时止发生的灭失、短少、变质、污染或损坏承担赔偿责任。该规定与有关陆路运输的国际公约或协定中的规定是一致的。

2. 承运人运输货物的责任

在有关货物运输的国际公约中都有承运人运输货物责任的规定。这些规定主要包括运输工具、保管货物、合理速遣、延迟交付等几个方面。

在运输工具方面，各个国家和国际社会都对各种运输工具的技术要求作出了明确的规定，只有符合技术要求的运输工具才能投入货物运输；运输公司作为承运人将运输工具投入营运还需要符合市场准入规定。在运输货物时，运输工具还应该符合特定运输风险和货物特性的总体要求。

在保管货物方面，在各种运输方式下都规定承运人应对货物的运输负责。在国际海上货物运输中，对承运人保管货物的规定是明确的；对其他运输方式下承运人保管货物的责任则作了比较原则性的规定。

承运人在货物运输过程中，应尽量合理地快速将货物运到目的地。特别是在国际海上货物运输中，对船舶绕航问题作了规定，如："承运人应当按照约定的或者习惯的或者地理上的航线将货物运往卸货港。船舶在海上为救助或者企图救助人命或者财产而发生的绕航或者其他合理绕航，不违反前款规定的行为。"

货物运输合同的一方应对违反合同造成的另一方的损失进行赔偿。承运人违反合同时，货物因此遭受的损失有两种主要形式，一种是实际损失，即货物发生实际灭失或者损坏；另一种是经济损失，即货物虽然没有发生灭失或者损坏，但是货物应该得到的利益没有得到，最典型的就是货物的延迟交付。此时，货物虽然完好运到目的地，但是超过了合同约定的时间，导致货物无法继续出售或者无法实现本应实现的利润。因此，国际货物运输中对承运人因延迟交付货物应承担的责任都作了规定。

3. 承运人的免责与责任限制

承运人对于货物在其责任期间发生的灭失或者损坏应当承担责任。但是，国际公约和各国法律又都规定了一系列承运人对于货物在其责任期间发生的灭失或者损坏可以免于承担责任的事项。这些事项是法定的，承运人可以通过合同减少或者放弃，但不能增加。在各种运输方式和多式联运下，都规定有承运人的法定免责事项。

即使承运人根据合同或者法律应当对货损货差负责，在国际货物运输的有关公约和各国法律中，都赋予了承运人一项特殊的权利，即承运人可以将赔偿责任限制在一定的数额以内。在各种运输方式和多式联运下，也都有承运人单位赔偿责任限制的规定。两种情况下不使用责任限制，一种情况是有特别的约定，例如，托运人在货物装运时已经申报货物的性质和价值，并办理了相应的手续；另一种情况是承运人丧失了享受赔偿责任限制的权利，例如，若货物的灭失、损坏或延迟交付是由承运人故意或者明知可能造成损失而轻率地作为或者不作为造成的，承运人就不得援引限制赔偿责任的规定。

（二）托运人的责任

1. 正确提供货运资料

托运人托运货物时，应当将货物的品名、标志、件数、重量、体积等相关资料向承运人申报。托运人必须保证其申报的资料准确无误。托运人对申报不实所造成的承运人的损失承担赔偿责任。如果托运人为了少交运费，谎报货物重量，造成承运人起重设备的损坏，托运人应对此承担赔偿责任。

2. 妥善包装货物

包装货物是托运人的基本义务。良好的包装应该是正常的或者习惯的包装，在通常的照管和运输条件下，能够保护货物避免几乎大多数轻微的损害。托运人有义务使用可能的最安全的包装。承运人应根据货物的包装情况进行适当的装卸和照料。但是，这种适当的装卸和照料不应该超过运输此类货物一般应负的谨慎责任。货损发生时，其原因是由于包装不良还是承运人照料不适当而造成有时难以判断。因此，对双方的要求应该根据通常标准来确定。如果货物包装不良或者标志欠缺、不清，由此引起货物本身的灭失或损坏，承运人可免除对托运人的赔偿责任。

（三）货运事故的发现和责任判断

货物运输事故可能发生在货物运输过程中的任何环节上。而发现货损、货差则往往是在最终目的地收货人收货时或者收货后。当然，在运输途中发生的货损事故，也可能会被及时发现。

货运事故发生后，第一发现人具有报告的责任。例如，事故在船舶运输途中发生时，船长有责任发表海事声明（Note of Sea Protest）。而当收货人提货时，发现所提取的货物数量不足，或者货物外表状况，或者其品质与提单上记载的情况，或贸易合同的记载不符，则应根据提单条款的规定，将货损或货差的事实，以书面形式通知承运人或承运人在卸货港的代理人。即使货损、货差不明显，也必须在提取货物后的规定时间内向承运人或其代理人通报事故情况，作为今后索理赔的依据。

无论索理赔工作日后如何进行，记录和保留有关事故的原始记录都十分重要。提单、运单、收货单、过驳清单、卸货报告、货物溢短单、货物残损单、装箱单、积载图、商务事故记录等货运单证均是货损事故处理和明确责任方的依据。货运单证上的批注是区分或者确定货运事故责任方的原始依据。单证上的批注既证明了承运人对货物的负责程度，也直接影响着货主的利益，如能否持提单结汇、能否提出索赔等。各方关系人为保护自己的利益和划清责任，应妥善保管这些书面文件。

对于已经发生的货运事故，如果收货人与承运人不能对事故的性质和损坏程度取得一致，则应在彼此同意的条件下，双方共同指定检验人对所有应检验的项目进行检验，检验人签发的检验报告是日后确定货损责任的重要依据。

事故的处理和日后的赔偿均是以这些证据或依据为准来确定责任人及其责任程度的。不同事故当事人的责任可以通过实际情况和法律规定进行判断。

1. 托运人的责任

首先，不论是海上货物运输、航空货物运输，还是公路或者铁路货物运输，也不论是单一运输方式的货物运输，还是货物多式联运的组织方式，托运人根据运输合同将货物交付承运人或者多式联运经营人之前所发生的一切货损、货差均由托运人自己负责。

例如，在海上货物运输中，尽管货物运抵了港口，当租船合同采用了 FI（Freein，船方管卸不管装）或类似条款时，在货物没有交付给承运人以前，在港期间发生的货物灭失或损坏，由托运人自己承担；此时还可能包括装货所造成的货物损坏或灭失。在集装箱货物运输情况下，拼箱货交至 CFS（集装箱货运站）前，或整箱货交至 CY（集装箱堆场）前，所发生的货物损坏或灭失，也属托运人的责任。

当货物交给承运人，货物处于承运人监管下时，也并不是说托运人就能百分之百地免除对货损发生责任的承担。

例如，由于货物的包装不坚固、标志不清，或由于托运人隐瞒货物种类或其特性，或潜在缺陷等原因造成货损时，由托运人负责。在航次租船合同订立 FIOST（Free In & Out，Stowed and Trimmed）条款的情况下，如果由于积载不当或绑扎不牢而造成了货损，根据租船合同的规定也可能由托运人负责。我国《海商法》规定，托运人托运货物应当妥善包装，并向承运人保证货物装船时所提供的货物品名、标志、包装或者件数、重量和体积的正确性；由于包装不良或者上述资料不正确，对承运人造成损失的，托运人应当负赔偿责任。除海运方式外，对其他运输方式也都有类似的规定。

2. 承运人的责任

货物在承运人监管过程中所发生的货损、货差事故，除由于托运人的原因和不可抗力等原因外，原则上都由承运人承担责任。

承运人管理货物的时间不仅仅指货物装载在运输工具之上的阶段，也可能包括货物等待装运和等待提货的阶段。这要由运输合同的条款约定来决定。

例如，在国际海上货物运输中，如果航次租船合同订立了 FIO（Free In and Out）条款，托运人负责装卸港的装卸货操作，包括装卸工人的雇佣，所以，承运人的责任仅限于货物在船积载阶段。在海上集装箱货物运输中，如果约定在 CFS 交付货物，则在拼箱作业过程中，或拆箱过程中出现的货损应由承运人负责。而货物在船运输阶段，承运人则既有保证船舶适航的义务，还有对货物给予充分保管的义务。即承运人及其雇佣人员在货物的接受、装船、积载、运送、保管、卸船、交付等环节中，对因其疏忽而造成的货损、灭失等，负有损害赔偿责任。

承运人或代其签发提单或者运单的人，知道或者有合理的根据怀疑提单或者运单记载的货物品名、标志、包装或者件数、重量或体积与实际接受的货物不符，在签发已装船提单的情况下怀疑与已装船的货物不符，或者没有适当的方法核对提单或者运单记载的，可以在提单或者运单上批注，说明不符之处、怀疑的根据或者说明无法核对。对于承运人在提单或运单作出保留批注的单证，承运人可以在作出保留批注的范围内对收货人免除责任。承运人或代其签发提单或者运单的人未在单证上批注货物表面状况的，表示货物的表面状况良好，承运人须向收货人交付与单证记载相符的、表面状况良好的货物；否则，承运人应承担赔偿责任。

国际海上货物运输还有一些特别的规定，如国际公约或者一些国家的海商法，包括我国的《海商法》都规定，对船长、船员、引航员或承运人的其他受雇人在驾驶船舶或管理船舶中的航行过失所引起的，或者承运人的非故意行为所引起的火灾而带来的货损，承运人可以免责。但承运人对船舶不适航所造成的损害，以及对货物的故意或过失所造成的损害，承运人都应负赔偿责任。

3. 第三者的责任

严格地讲，在货物的运输过程中，货物仅处于承运人和托运人的监管之下。因此，对于货损事故，尽管可能确定是第三者的责任，承运人或托运人都不能免于承担责任。只不过是承运人与托运人根据运输合同解决了货损、货差的赔偿问题之后，再根据事故原因追究第三方责任人的责任。

在国际海上货物运输中，第三方责任人一般是港口装卸企业、陆路及水路运输企业、第三方船舶、车辆以及仓储企业等；陆路运输中也会由于交通事故、管理不善等原因发生货物灭失；仓储过程中，不良的保管条件、储存环境会使货物变质、失窃；理货失误等也会造成货差事故的出现。对于这些损害，承运人和托运人如何负责、如何向第三者索赔等事务的处理，要根据货损、货差发生的时间和地点而确定。

第二节　索赔

货物运输中发生货损、货差后，受到损害的一方向责任方索赔和责任方处理受损方的赔偿要求是货运事故处理的主要工作。货主就因货运事故造成的损失向承运人等责任人提出赔偿要求的行为称为索赔。承运人等处理货主提出的赔偿要求的行为称为理赔。

一、索赔的对象和条件

索赔方应明白货运事故的索赔是根据运输合同的规定进行的，其索赔的对象是运输合同的承运人。索赔人还应清楚一项合理的索赔必须具备的条件。

（一）索赔对象的确定

发生货损、货差等货运事故后，通常应根据运输合同，由受损方向承运人提出赔偿损失的要求，即索赔的对象是承运人。但是，在国际贸易实践中，货物到达收货人手中时，可能发生数量、质量等各种问题。

1. 买方根据货物买卖合同的规定，向卖方提出索赔的情况

（1）原装货物数量不足。

（2）货物的品质与合同规定不符。

（3）包装不牢致使货物受损。

（4）未在合同规定的装运期内交货等。

以上情况，收货人凭有关机构出具的鉴定证书，并根据买卖合同有关条款的规定，向托运人提出索赔。

2. 收货人根据运输合同的规定，向承运人提出索赔的情况

（1）承运人在目的地交付的货物数量少于提单、运单等运输单证中所记载的货物数量。

（2）承运人在运输单证中未对所运输的货物作出保留批注时，收货人提货时发现货物发生残损、缺少，且系承运人的过失。

（3）货物的灭失或损害是由于承运人免责范围以外的责任所致。

以上情况，收货人或其他有权提出索赔的人凭有关机构的鉴定资料，并根据货物运输合同条款的规定，向承运人提出索赔。

3. 被保险人根据保险合同的规定，向保险人提出索赔的情况

（1）承保责任范围内，保险人应予以赔偿的损失。

（2）承保责任范围内，由于自然灾害或意外事故等原因使货物遭受的损害。

此时，受损方收货人作为被保险人，凭有关证书、文件向保险公司提出索赔。

除上述根据货物买卖合同、运输合同及保险合同可以向不同的责任方索赔外，货主还可根据其他合同，如仓储合同等，向有关责任方索赔。

（二）索赔必须具备的条件

一项合理的索赔，必须具备以下四个基本条件。

1. 索赔人具有索赔权

提出货物索赔的人原则上是货物所有人，或提单上记载的收货人或合法的提单持有人。但是，根据收货人提出的"权益转让书"，也可以由取得代位追偿权的货物保险人或其他有关当事人提出索赔。货运代理人接受货主的委托，也可以办理货运事故的索赔事宜。

2. 责任方必须负有实际赔偿责任

收货人作为索赔方提出的索赔应属于承运人免责范围之外的，或属于保险公司承保责任内的，或买卖合同规定由卖方承担责任的货损、货差。

3. 赔偿的金额必须是合理的

合理的赔偿金额应以货损的实际程度为基础。要注意责任人经常受到赔偿责任限额规定的保护。

4. 在规定的期限内提出索赔

索赔必须在规定的期限内，即"索赔时效"内提出；否则，索赔人提出的索赔在时效过后难以得到赔偿。

二、索赔的一般程序

各种运输方式下进行索赔的程序基本上是相同的，即由索赔方发出索赔通知、提交索赔函，进而解决争议。如果无法解决争议，则可能进入诉讼或仲裁程序。

（一）发出索赔通知

1. 国际海上货物运输中的规定

我国《海商法》和有关的国际公约一般都规定，货损事故发生后，根据运输合同或提单有权提货的人，应在承运人或承运人的代理人、雇佣人交付货物当时或规定的时间内，向承运人或其代理人提出书面通知，声明保留索赔的权利，否则承运人可免除责任。

关于发出索赔通知的期限，我国《海商法》规定：承运人向收货人交付货物时，收货人未将货物灭失或损坏的情况书面通知承运人的，此项交付视为承运人已经按照运输单证的记载交付及货物状态良好的初步证据。又规定：货物灭失或损坏的情况非显而易见的，在货物交付的次日起连续7日内，集装箱货物交付的次日起连续15日内，收货人未提交书面通知的，适用前款规定。

根据法律、国际公约、提单条款以及航运习惯，一般都把交付货物当时是否提出货损书面通知视为按提单记载事项将货物交付给收货人的推定证据，或者是初步证据。也就是说，即使收货人在接受货物时未提出货损书面通知，以后，在许可的期限内仍可根据货运单证的批注，或检验人的检验证书，作为证据提出索赔。同样，即使收货人在收货时提出了书面通知，在提出具体索赔时，也必须出具原始凭证，证明其所收到的货物不是清洁提单上所记载的外表良好的货物。因此，索赔方在提出书面索赔通知后，应尽快备妥各种相关证明文件，在规定的期限内向责任人正式提出索赔要求。

另外，货物交付时，如果收货人已经会同承运人对货物进行了联合检查或检验，则无需就所查明的灭失或者损坏的情况提交书面通知。

2. 国际航空货物运输中的规定

在国际航空运输中，《海牙议定书》规定：关于损坏事件，收件人应于发现损坏后，立即向承运人提出异议，如系行李，最迟应在收到行李后 7 天内提出，如系货物，最迟应在收到货物后 14 天内提出。关于延误事件，最迟应在行李或货物交付收件人自由处置之日起 21 天内提出异议。

3. 国际铁路货物运输中的规定

《国际铁路货物联运协定》（以下简称《协定》）规定：发货人或收货人有权根据运输合同提出赔偿请求，赔偿请求应附有相应根据（商务记录）并注明款额，以书面形式由发货人向发送路、收货人向到达路提出。由全权代理人代表发货人或收货人提出赔偿请求时，应有发货人或收货人的委托书证明这种赔偿请求权。关于索赔期限，《协定》规定，根据运输合同向铁路提出的赔偿请求和诉讼，可在 9 个月期限内提出，关于货物毁损或部分灭失以及逾期的赔偿，自货物交付之日起算；关于货物全部灭失的赔偿，自货物运到期限满后 30 天起算。

（二）提交索赔申请书或索赔清单

索赔申请书、索赔函或索赔清单是索赔人向承运人正式要求赔偿的书面文件。索赔函的提出意味着索赔人正式向承运人提出赔偿要求。因此，如果索赔方仅仅提出货损通知，而没有递交索赔申请书或索赔清单，或出具有关的货运单证，则可解释为没有提出正式索赔要求，承运人不会受理货损、货差的索赔，即承运人不会进行理赔。索赔申请书或索赔清单没有统一的格式和内容要求，主要内容应包括：承运人名称和地址；运输工具名称、抵达日期、接货地点；货物名称、提单/运单号；短卸或残损情况、数量；索赔日期、索赔金额、索赔理由；索赔人的名称和地址等。

（三）提出诉讼或仲裁

因发生货运事故而产生索赔可以通过当事人双方的协调、协商，或通过非法律机关的第三人的调停予以解决。但是，这种协商、调停工作并不能保证出现可预见的解决问题的结果。这样，双方最终可能只有通过法律手段解决争议，也就是要进入司法程序，提出诉讼。另外，双方还可以通过仲裁解决争议。

三、索赔单证

索赔人具有证明其收到的货物并不是在提单或运单所记载的货物状态下接受的举证责任。作为举证的手段，索赔人要出具货运单证、检验证书、商业票据和有关记录等，以便证明货损的原因、种类、损失规模及程度，以及货损的责任。

海运中主要的索赔单证包括：提单正本，卸货港理货单或货物溢短单、残损单等卸货单证，货物残损检验报告，商业发票，装箱单，修理单，权益转让证书等。

空运中主要的索赔单证包括：索赔函，货运单正本或副本，商业发票，装箱单，货物舱单（航空公司复印），货物运输事故签证，商检证明，运输事故记录，来往电传等。

陆路运输和多式联运的情况下，可以参照上述海运和空运下的原则提供单证。

【复习思考题】

1. 什么是货运事故？
2. 海上运输中货运事故产生的原因主要包括哪些方面？
3. 简述不同运输方式下承运人的责任期间。
4. 国际货物运输中托运人的责任包括哪些方面？
5. 如何确定货运事故的索赔对象？
6. 货运事故的索赔必须具备哪些条件？
7. 简述货运事故索赔的一般程序。

【案例】

2001 年 9 月 8 日，某进出口公司与国外 S 公司签订销售合同，约定向 S 公司提供一批价值为 7 564 美元的针织裙，支付方式为 T/T。进出口公司将货物交与某集装箱储运公司由上海运至墨尔本。10 月 16 日，集装箱储运公司签发了提单，提单上载明托运人为进出口公司，收货人"凭指示"，同时注明正本份数为 3 份。11 月 5 日，货物在目的港清关、拆箱。12 月 14 日，进出口公司通过代理向集装箱储运公司的代理询问涉案货物的下落，被告知货物已被 S 公司提走。由于 S 公司始终没有支付货款，进出口公司遂以无单放货为由，诉请判令集装箱储运公司赔偿货物损失 7 564 美元及相关退税损失，但进出口公司仅向法院提供了一份正本提单。

上海海事法院审理后认为，进出口公司与集装箱储运公司之间因提单的签发形成海上货物运输合同关系。集装箱储运公司的代理承认货物已放行给 S 公司，同时集装箱储运公司也确认货物被拆箱，故无单放货的事实不容置疑。然而，进出口公司在不能提到货物的情况下，本应取得向承运人索赔货物损失的权利，但由于其仅持有一份正本提单，因此权利存在瑕疵，涉案提单项下货物的权利并不是一个完全、排他的物权。同时，海上货物运输合同项下的权利可以随提单转移，进出口公司仅持有一份正本提单的情形使法院不能确定其在货物出运后仍是合同一方当事人，因此是否能行使合同法上的救济手段尚处于不确定状态。故法院认为进出口公司未能证明其完全具有主张货物损失赔偿的资格，判决对其诉讼请求不予支持。

案例思考题

请对上述案例进行简要评析。

【实践技能训练】

日本 EC 海运公司于 2005 年 5 月 25 日从日本横滨装运 10 辆汽车到上海，货物装船后，船公司签发了没有批注的清洁提单，提单号为 YS-016，船名"幸福"0422 航次。该船于 2005 年 6 月 2 日靠上海港 A 作业区五号泊位。在卸货时，发现其中五辆汽车外表损坏，理货公司制作货物残损单，船公司签字确认。收货人上海 B 汽车进出口公司提货时发现车辆受损。后来上海 B 汽车进出口公司对车辆进行修理，费用为 RMB20 000 元，有修理发票。收货人欲向船公司索赔，但对索赔等事宜不熟悉。请你替收货人写一份索赔函。

附录：相关文件及有关单证

航次租船合同（金康格式）

波罗的海国际航运公会推荐统一件杂货租船合同（经 1922 年、1976 年和 1994 年修订）包括"F.I.O"选择等（仅用于未施行认可格式的贸易）。

代号：金康

第一部分

1. 船舶经纪人
2. 地点和日期
3. 船舶所有人营业所在地（第 1 条）
4. 承租人/营业所在地（第 1 条）
5. 船名（第 1 条）
6. 总登记吨/净登记吨（第 1 条）
7. 货物载重量吨数（大约）（第 1 条）
8. 现在动态（第 1 条）
9. 预计做好装货准备的日期（大约）（第 1 条）
10. 装货港口或地点（第 1 条）
11. 卸货港口或地点（第 1 条）

12. 货物（同时载明数量和约定的船舶所有人可选择的数量范围；如未约定满舱满载货物，载明"部分货物"）（第 1 条）

13. 运费率（同时载明是按货物交付数量还是按装船数量支付）（第 1 条）

14. 运费的支付（载明货币名称与支付方式，以及受益人和银行账号）（第 1 条）

15. 装卸费用［载明选择第 5 条中（1）或（2）；同时指明船舶是否无装卸设备］

16. 装卸时间［如约定装货和卸货各自的时间，填入（a）和（b）；如按装货和卸货的合计时间，仅填入（c）］（第 6 条）

  （a）装货时间   （b）卸货时间   （c）装货和卸货的合计时间

17. 托运人（载明名称与地址）（第 6 条）
18. 滞期费率（装货和卸货）（第 7 条）
19. 解约日（第 10 条）
20. 经纪人佣金及向何人支付（第 4 条）

21. 有关约定的特别规定的附加条款

兹双方同意应按本租船合同第一部分和第二部分中所订条件履行本合同。当条件发生抵触时，第一部分中的规定优先于第二部分，但以所抵触的范围为限。

签字（船舶所有人）　　　　　　　　　　签字（承租人）

第二部分（背面条款）

1. 兹由第 3 条所列的下述船舶的所有人与第 4 栏所指的承租人，双方协议如下。

船舶名称见第 5 栏，总吨/净吨见第 6 栏，按夏季载重线确定的全部载重量公吨数见第 7 栏，现在动态见第 8 栏，根据本租船合同预计准备装货的大约日期见第 9 栏。

上述船舶在其先前义务履行完毕后，应立即驶往第 10 栏所列的装货港口或地点，或船舶能安全抵达并始终浮泊的附近地，装载第 12 栏所列的货物，满舱满载。（如协议装运甲板货，则由承租人承担风险和责任）。（承租人应提供所有垫舱用席子和/或木料及所需隔板。如经要求，船舶所有人准许使用船上任何垫舱木料。）承租人约束自己装运该货，船舶经此装载后，应驶往第 11 栏所列的、在签发提单时指定的卸货港口或地点，或船舶所能安全抵达并始终浮泊的附近地点，并在以第 13 栏规定的费率，按第 13 栏所载明的货物交付数量或装船数量支付运费后，交付货物。

2. 船舶所有人责任条款

船舶所有人对货物的灭失、损坏或延迟交付的责任限于造成灭失、损坏或延迟的原因是由于货物积载不当或疏忽（积载由托运人、承租人或其装卸工人或受雇人完成的除外），或者是由于船舶所有人或其经理人本身未尽谨慎处理义务使船舶各方面适航，并保证适当配备船员、装备船舶和配备供应品，或由于船舶所有人或其经理人本身的行为或不履行职责。

船舶所有人对由于其他任何原因造成的货物灭失、损坏或延迟，即使是由于船长或船员或其他船舶所有人雇佣的船上或岸上人员的疏忽或不履行职责（如无本条规定，船舶所有人应对他们的行为负责），或是由于其他货物的接触或泄漏、气味或挥发，或由于其他货物的易燃或易爆性质或包装不充分而造成的损坏，即使事实上是由于积载不当或疏忽所致，也不应视为由此而造成。

3. 绕航条款

船舶有权出于任何目的、以任何顺序挂靠任何港口，有无引航员在船均可航行，在任何情况下拖带和/或救助他船，也可为拯救人命和/或财产而绕行。

4. 运费支付

运费应在交货之时，按第14栏规定的方式，以支付之日或数日的平均兑换率，无折扣地以现金支付。如经船长或船舶所有人要求，收货人有义务在接受货物时支付运费。

如经要求，承租人应现金垫付船舶在装货港的正常开支，而按最高兑换率折合并附加2%抵偿保险费和其他费用。

5. 装卸费用

（1）班轮条款

货物应运至船边，使船舶能用自己的吊钩起吊货物。承租人应安排岸上和驳船上装船作业所需人员并负担其费用。船舶仅在船上起吊货物。

如用岸上起重机进行装船，则应将货物送至舱内，船舶所有人仅付平舱费用。

任何每件和/或每包货物超过2吨者，由承租人负责装载、积载和卸载，并承担一切风险和费用。

收货人应在船边不超过船舶吊钩所及范围之处收取货物，并承担一切风险和费用。

（2）船舶所有人不负责装卸费以及积载和平舱费用

货物由承租人或其代理人负责送至舱内，积载和/或平舱，并从舱内提取和卸货，船舶所有人不承担任何风险、责任和费用。

如经承租人要求并得到许可，船舶所有人应提供起货机、动力，并由船员担任起货机司机；否则，承租人应安排岸上的起货机司机和/或起重机（如有的话）。（如船上无装卸设备并在第15栏中作此记载，则本款不适用。）

协议选择（1）或（2），并填入第15栏。

6. 装卸时间

（1）装货和卸货分别计算时间

如天气许可，货物应在第16栏规定的连续小时数内装完，星期日和节假日除外，除非已经使用，但只计算实际使用的时间。

如天气许可，货物应在第16栏规定的连续小时数内卸完，星期日和节假日除外，除非已经使用，但只计算实际使用时间。

（2）装货和卸货混合计算时间

如天气许可，货物应在第16栏规定的总的连续小时内装卸完毕，星期日和节假日除外，除非已经使用，但只计算实际使用时间。

（3）装卸时间的起算

如装卸准备就绪通知书在中午之前递交，装卸时间从下午1时起算；如通知书在下午办公时间递交，装卸时间从下一个工作日上午 6 时起算。在装货港，通知书应递交给第 17 栏中规定的托运人。

装卸时间起算前已实际使用的时间计为装卸时间。

等待泊位所损失的时间计为装卸时间。

协议选择（1）或（2），并填入第 16 栏。

7. 滞期费

允许货物在装卸两港共有 10 个连续日的滞期，按第 18 栏中规定的每日费率按连续日计算滞期费，不足一日者按比例计算。

8. 留置权条款

船舶所有人因收取的运费、亏舱费、滞期费和置留损失而对货物有留置权。承租人应对装货港发生的亏舱费和滞期费（包括滞留损失）负责。承租人还应对卸货港发生的运费和滞期费（包括滞留损失）负责，但仅以船舶所有人通过对货物行使留置权而未能得到的款额为限。

9. 提单

船长按所列的运费率签发提单，并不妨碍本租船合同。如提单运费总额低于租船运费总额时，其差额应在签发提单时，以现金交付船长。

10. 解约条款

如船舶未能在第 19 栏规定的日期当日或之前做好装货准备（不论靠泊与否），承租人有权解除本合同。如经要求，这一选择至少在船舶预计抵达装货港之前 48 小时内作出。如船舶因海损事故或其他原因而延误，应尽快通知承租人。除已约定解约日外，如船舶延误超过规定的预计装货日期之后 10 天，承租人有权解除本合同。

11. 共同海损

共同海损按 1974 年约克 – 安特卫普规则进行理算。即使共同海损费用是由船舶所有人的受雇人的疏忽或不履行职责所致，货主仍应支付其中货物的分摊数额（参见第 2 条）。

12. 赔偿

对于未履行本租船合同的经证实的损失，其赔偿不得超过预计的运费数额。

13. 代理

在任何情况下，在装货港和卸货港由船舶所有人指定自己的经纪人或代理人。

14. 经纪人费用

经纪人的佣金按已收取的运费，以第 20 栏所规定的费率，支付给第 20 栏所指当事人。

合同不履行时，由船舶所有人向经纪人至少支付按估算的运费和亏舱费确定的佣金的1/3，作为经纪人所花费用和工作补偿。在多航次情况下，补偿的数额由双方协议确定。

15. 普通罢工条款

承租人和船舶所有人对由于罢工或停工而阻碍或延误履行本合同规定的义务所引起的后果，概不负责。

当船舶从上一港口准备启航时，或在驶往装货港的途中，或抵港后，如因罢工或停工而影响全部或部分货物装船，船长或船舶所有人可以要求承租人声明同意按没有发生罢工或停工的情况计算装卸时间。如承租人未在 24 小时之内以书面（必要时以电报）形式作出声明，船舶所有人有解除合同的选择权。如果部分货物已经装船，则船舶所有人必须运送该货物（运费仅按装船数量支付），但有权为其自己的利益在途中揽运其他货物。

当船舶抵达卸货港或其港外之时或之后，如因罢工或停工而影响货物的卸载，并且在 48 小时内未能解决，收货人可选择使船舶等待至罢工或停工结束，并在规定的装卸时间届满后，支付半数滞期费，或指令船舶驶往一没有因罢工或停工招致延误危险的安全港口卸货。这种指令应在船长或船舶所有人将影响卸货的罢工或停工情况通知给承租人后 48 小时内发出。在这种港口交付货物时，本租船合同和提单中的所有条款都将适用，并且，船舶应同在原目的港卸货一样，收取相同的运费，但当到替代港口的距离超过 100 海里时，在替代港所交付货物的运费应按比例增加。

16. 战争风险

（1）在本条中，"战争风险"包括任何封锁，或任何政府、交战国或组织宣布为封锁的任何行动、破坏活动、海盗行为，以及任何实际的或预料的战争、敌对行为、军事行动、内战、内乱或革命。

（2）如船舶开始装货前的任何时候，发现履行合同将使船舶或船长和船员或货物在航次任何阶段遭受战争风险，则船舶所有人有权以信件或电报告知承租人解除本租船合同。

（3）如在航次的任何阶段或任何港口发现船舶、船长和船员或货物将遭受战争风险，则不能要求船长装货或继续装货或继续航行或签发提单。在部分或全部货物已装船的情况下，船长行使本条赋予的权力时，可选择将货物卸于装货港，或者载货航行。在后者的情况下，船舶有权为其所有人的利益运送其他货物，并因而驶往和在任何其他港口装或卸此种货物，不论此港近于或远于原港口，也不论是与习惯航线反向或偏离或超出习惯航线。如船长根据选择载运部分货物航行，则在任何情况下，运费应按交付货物的数量支付。

（4）如船长根据第3条规定在选择运载部分或全部货物时，或在船舶驶离装货港或最后一个装货港（如有多个装货）后，发现继续履行合同将使船舶和船长和船员或货物遭受战争风险，则应在承租人指定的卸货港口附近安全的港口卸下货物，或者如已开始卸货，应完成卸货。如在船舶所有人向承租人发出电报要求指定替代港后48小时内未收到承租人的指示，则船舶所有人有权将货物卸于自行决定的任何安全的港口。这种卸载应视为运输合同的适当履行。如果货物是在其他港口卸下的，船舶所有人有权按货物卸于提单中载明的港口或据其船舶将被指令驶往的港口一样收取运费。

（5）（a）船舶可自由服从处于内战、敌对行为或军事行动的任何政府、交战方或任何组织、或代表或声称代表任何政府或交战方或任何此种组织的或经其授权的任何个人或团体所发出的有关装载、离港、到港、航线、挂港、停航、目的港、地区、水域、卸载、交货或其他方面的任何指令或建议（包括不应驶往目的港或延迟驶往他港的指令或建议），或者，任何委员会或个人依据本船的战争险条款有权发出的任何此种指令或建议。由于或因服从任何此种指令或建议所做的一切行为或不为，均不得视为违约。

（b）如由于或因服从任何指令或建议，船舶未驶往提单中载明的港口或根据提单船舶可能会被指示驶往的港口，则船舶可驶往所指令或建议的任何港口，或船舶所有人自行决定的任何安全港口，并在该处卸下货物。这种卸载应视为运输合同的适当履行，并且，船舶所有人有权按货物卸于提单载明或根据提单中载明的或根据提单船舶本可能被指示驶往的港口一样，收取运费。

（6）因在装货港卸货，或者，在驶往或卸货于本合同第4条和第5条（b）款规定的任何港口而引起的所有额外费用（包括保险费），均应由承租人和/或货主支付。船舶所有人得因根据上述条款可收取的款额而对货物享有留置权。

17. 普通冰冻条款

（1）装货港

（a）当船舶准备从上一港口开航时，或在航程中的任何时候，或在船舶抵达时，因冰冻而不能进入装货港，或者，在船舶抵港后发生冰冻，船长可以因担心船舶被冻结而决定不装运货物离港，本租船合同因此失效。

（b）如在装货过程中，船长因担心船舶被冻结而认为离港更有利时，他可以决定载运已装船的货物离港，并可为船舶所有人的利益将船舶驶往任何其他港口揽载货物运至包括卸货港在内的任何其他港口。根据本租船合同已装船的部分货物，在不因此增加收货人额外费用的条件下，由船舶所有人转运至目的港并承担费用，但运费仍应支付。此运费按交付的货物的数量计付（若为整笔运费，则按比例计付），所有其他条件按租船合同。

（c）如装货港不止一个，并且其中一个或数个因冰冻而关闭，船长或船舶所有人可选择在不冻港装载部分货物，并按（b）款规定，为其自身利益而在其他地点揽载货物，或者，当承租人不同意在不冻港装满货时，宣布本租船合同失效。

（d）本冰冻条款不适用于春季。

（2）卸货港

（a）如船舶因冰冻（春季除外）而不能抵达卸货港，收货人可选择使船舶等候至恢复通航，并支付滞期费，或指示船舶驶往一安全并能立即驶入的安全卸货而没有冰冻滞留风险的港口。这种指示应在船长或船舶所有人向承租人发出船舶不能抵达目的港的通知后 48 小时内作出。

（b）如在卸货期间，船长担心船舶被封冻而认为离港更为有利时，他可能决定载运船上货物离港，并驶往能驶入并能安全卸货的最近港口。

（c）在此种港口交货时，提单上的所有条件均应适用，船舶应按其在原目的港卸货一样，收取相同运费。但如到替代港口的距离超过 100 海里，则在替代港口交付的货物的运费应按比例增加。

附录二

理货证明书
（进口/出口）
TALLY CERTIFICATION
（Inward/Outward）

船名：　　　　航次：　　　　泊位：　　　　国籍：
Vessel：　　　Voy.　　　　Berth：　　　　Nationality：

开工日期：＿＿＿年＿＿月＿＿日　　　　制单日期：＿＿＿年＿＿月＿＿日
Tally Commenced on：　　　　　　　　　Date of list：

　　本公司为船方完成了下列理货工作，请签认本证明，凭以按照本公司"收费办法"的规定，向你方代理结算各项费用。

　　This company has completed the following tally item for the ship. Please confirm with your signature on this certificate in order to settle the account with your agent in accordance with the stipulations on the "rule for collecting tallying fee".

编号 No.	工作项目 Tally Item		数量 Quantities	单位 Unit	备注 Remarks
1	件货 Cargoes in Packages			件 P'kg	
2	散货 Cargoes in Bulk			吨 Tons	
3	集装箱 Container	重箱 Loaded Van		箱 Containers	
		空箱 Empty Van			
		装箱/拆箱 Vanning/Devanning			
4	行李、包裹 Luggage & Parcels			件 P'kg	
5	翻舱、重装 Shifting & Reloading			件 P'kg	
6	分标志 Marks Sorted			件 P'kg	
7	理货待时 Tallyman's Stand by Time			人/时 Man/Hour	
8	积载计划 Stowage Plan			张 Sheets	
9	集装箱船积载计划 Stowage Plan for Container Vessel			张 Sheets	
10	分舱清单 Cargo Hatch List			张 Sheets	
11	……				

理货组长：　　　　　　　　　　　　　　　　船长/大副：
Chief Tallyman：　　　　　　　　　　　　　Master/Chief Officer

附录三

中华人民共和国出入境检验检疫
入境货物通关单

编号：

1. 收货人		5. 标记及唛码	
2. 发货人			
3. 合同/提（运）单号	4. 输出国家或地区		
6. 运输工具名称及号码	7. 目的地	8. 集装箱规格及数量	
9. 货物名称及规格	10. H. S. 编码	11. 申报总值	12. 数/重量、包装数量及种类

13. 证明

上述货物业已报检/申报，请海关予以放行。

日期：____年__月__日

签字：

14. 备注

附录四

中华人民共和国出入境检验检疫
入境货物报检单

报检单位（加盖公章）：　　　　　　　　　　　　　　　* 编号_____

报检单位登记号：　　　联系人：　　　电话：　　　报检日期：___年__月__日

<table>
<tr><td rowspan="2">发货人</td><td>（中文）</td><td colspan="5"></td></tr>
<tr><td>（外文）</td><td colspan="5"></td></tr>
<tr><td rowspan="2">收货人</td><td>（中文）</td><td colspan="5"></td></tr>
<tr><td>（外文）</td><td colspan="5"></td></tr>
<tr><td colspan="2">货物名称（中/外文）</td><td>H. S. 编码</td><td>产地</td><td>数/重量</td><td>货物总值</td><td>包装种类及数量</td></tr>
<tr><td colspan="2"></td><td></td><td></td><td></td><td></td><td></td></tr>
<tr><td colspan="2">运输工具名称号码</td><td colspan="3"></td><td>合同号</td><td></td></tr>
<tr><td colspan="2">贸易方式</td><td></td><td colspan="2">贸易国别（地区）</td><td>提/运单号</td><td></td></tr>
<tr><td colspan="2">到岸日期</td><td></td><td colspan="2">起运国家（地区）</td><td>许可证/审批号</td><td></td></tr>
<tr><td colspan="2">卸毕日期</td><td></td><td colspan="2">起运口岸</td><td>入境口岸</td><td></td></tr>
<tr><td colspan="2">索赔有效期至</td><td></td><td colspan="2">经停口岸</td><td>目的地</td><td></td></tr>
<tr><td colspan="2">集装箱规格、数量及号码</td><td colspan="5"></td></tr>
<tr><td colspan="2" rowspan="2">合同订立的特殊条款
以及其他要求</td><td rowspan="2"></td><td colspan="2">货物存放地点</td><td colspan="2"></td></tr>
<tr><td colspan="2">用途</td><td colspan="2"></td></tr>
<tr><td colspan="2">随附单据（划"√"或补填）</td><td></td><td colspan="2">标记及号码</td><td>*外商投资财产（划"√"）</td><td>□是 □否</td></tr>
</table>

<table>
<tr><td rowspan="7">□合同
□发票
□提/运单
□兽医卫生证书
□植物检疫证书
□动物检疫证书
□卫生证书
□原产地证
□许可/审批文件</td><td rowspan="7">□到货通知
□装箱单
□质保书
□理货清单
□磅码单
□验收报告</td><td rowspan="7"></td><td colspan="2">* 检验检疫费</td></tr>
<tr><td>总金额
（人民币元）</td><td></td></tr>
<tr><td>计费人</td><td></td></tr>
<tr><td rowspan="4">收费人</td><td></td></tr>
<tr><td></td></tr>
<tr><td></td></tr>
<tr><td></td></tr>
</table>

报检人郑重声明：
1. 本人被授权报检。
2. 上列填写内容正确、属实。
　　　　　　　签名：_____

领取证单

| 日期 | |
| 签名 | |

注：有"＊"号栏由出入境检验检疫机关填写　　　◆国家出入境检验检疫局制

附录五

中华人民共和国出入境检验检疫
出境货物报检单

报检单位（加盖公章）：　　　　　　　　　　　　　　　　* 编号＿＿＿＿＿＿

报检单位登记号：　　　　联系人：　　　电话：　　　报检日期：＿＿年＿月＿日

发货人	（中文）					
	（外文）					
收货人	（中文）					
	（外文）					

货物名称（中/外文）	H. S. 编码	产地	数/重量	货物总值	包装种类及数量

运输工具名称号码		贸易方式		货物存放地点	
合同号		信用证号		用途	
发货日期		输往国家（地区）		许可证/审批号	
起运地		到达口岸		生产单位注册号	

集装箱规格、数量及号码	

合同订立的检验 检疫条款或特殊要求	标记及号码	随附单据（划"√"或补填）
		□√合同　　　□√装箱单 □√信用证　　□厂检单 □√发票　　　□包装性能结果单 □√换证凭单　□许可/审批文件

需要证单名称（划"√"或补填）		* 检验检疫费	
□品质证书　　　＿正＿副 □重量证书　　　＿正＿副 □数量证书　　　＿正＿副 □兽医卫生证书　＿正＿副 □健康证书　　　＿正＿副 □卫生证书　　　＿正＿副 □动物卫生证书　＿正＿副	□植物检疫证书＿正＿副 □熏蒸/消毒证书　＿正＿副 □出境货物换证凭单 □出境货物通关单 □ □	总金额 （人民币元）	
		计费人	
		收费人	

报检人郑重声明： 　1. 本人被授权报检。 　2. 上列填写内容正确、属实，货物无伪造或冒用他人的厂名、标志、认证标志，并承担货物质量责任。 　　　　　　　　　　　　　签名：＿＿＿＿＿＿	领取证单	
	日期	
	签名	

注：有"＊"号栏由出入境检验检疫机关填写　　　　　　◆国家出入境检验检疫局制

附录六

普惠制产地证
FORM A
ORIGINAL

1. Goods consigned from (Exporter's business name, address, country)	Reference No. （出入境检验检疫机构填写）
	GENERALIZED SYSTEM OF PREFERENCES
	CERTIFICATE OF ORIGIN
2. Goods consigned to (Consignee's name, address, country)	（Combined declaration and certificate）
	FORM A
	Issued in THE PEOPLE'S REPUBLIC OF CHINA
	（country）
	See Notes overleaf
3. Means of transport and route (as far as known)	4. For official use
	（供发证机构填写，通常不填）

5. Item number	6. Marks and numbers of packages	7. Number and kind of packages; description of goods	8. Origin criterion (see Notes overleaf)	9. Gross weight or other quantity	10. Number and date of invoices

11. Certification	12. Declaration by the exporter
It is hereby certified, on the basis of control carried out, that the declaration by the exporter is correct	The undersigned hereby declares that the above details and statements are correct, that all the goods were produced in
	（country）
	and that they comply with the origin requirements specified for those goods in the Generalized System of Preferences for goods exported to
	（importing country）
Place and date, signature and stamp of certifying authority	Place and date, signature and stamp of authorized signatory

附录七

原产地证书

1. Exporter（full nameand address）	Certificate No.
	CERTIFICATE OF ORIGIN OF THE PEOPLE'S REPUBLIC OF CHINA
2. Consignee（full name and address and country）	
3. Means of transport and route	5. For certifying authority use only
4. Destination Port	

6. Marks & numbers of packages	7. Description of goods; Number and Kind of Packages	8. H. S. CODE	9. Quantity or weight	10. Number and date of invoice

11. Declaration by the exporter The undersigned hereby declares that the above details and statements are correct, that all the goods were produced in China and that they comply with the Rules of Origin of the People's Republic of China Place and date, signature of authorized signatory	12. Certificate It is hereby certified that the declaration by the exporter is correct Place and date, signatureand stamp of certifying authority

附录八

出口收汇核销单

出口收汇核销单
存根
编号：

| 出口单位： |
| 单位代码： |
| 出口币种总价： |
| 收汇方式： |
| 预计收款日期： |
| 报关日期： |
| 备注： |
| 此单报关有效期截止到 |

出口收汇核销单
正联
编号：

出口单位：				
单位代码：				
银行签单	类别	币种金额	日期	盖章
海关签注栏：				
外汇局签注栏：___年__月__日（盖章）				

出口收汇核销单
出口退税专用
编号：

出口单位：		
单位代码：		
货物名称	数量	币种总价
报关单编号：		
外汇局签注栏：___年__月__日（盖章）		

附录九

中华人民共和国海关出口货物报关单

预录入编号：　　　　　　　　　　　　　　　　　　海关编号：

出口口岸	备案号		出口日期	申报日期
经营单位	运输方式		运输工具名称	提运单号
发货单位	贸易方式		征免性质	结汇方式
许可证号	运抵国（地区）		指运港	境内货源地
批准文号	成交方式	运费	保费	杂费
合同协议号	件数	包装种类	毛重（千克）	净重（千克）
集装箱号	随附单据			生产厂家

标记唛码及备注

项号	商品编号	商品名称	规格号	数量及单位	最终目的国（地区）	单价	总价	币制	征免

税费征收情况

录入员　　录入单位	兹声明以上申报无讹并承担法律责任	海关审单批注及放行日期（签章） 审单　　　审价
报关员	申报单位（签章）	征税　　　统计
邮编　　电话	填制日期	查验　　　放行

附录十

中华人民共和国海关进口货物报关单

预录入编号：   海关编号：

进口口岸	备案号		进口日期	申报日期
经营单位	运输方式		运输工具名称	提运单号
收货单位	贸易方式		征免性质	征税比例
许可证号	起运国（地区）		装货港	境内目的地
批准文号	成交方式	运费	保费	杂费
合同协议号	件数	包装种类	毛重（千克）	净重（千克）
集装箱号	随附单据			用途
标记唛码及备注				

项号	商品编号	商品名称	规格型号	数量及单位	原产国（地区）	单价	总价	币制	征免

税费征收情况		
录入员　　录入单位	兹声明以上申报无讹并承担法律责任	海关审单批注及放行日期（签章）
报关员	申报单位（签章）	审单　　　　审价
		征税　　　　统计
邮编　　电话	填制日期	查验　　　　放行

附录十一

海运出口托运单（散货）

托运人

Shipper _____

编号		船名	
No. _____		S/S _____	

目的港

For _____

标记及号码 Marks & No.	件数 Quantity	货名 Description of Goods	重量（千克） Weight（kilos）	
			净重 Net	毛重 Gross
			运费付费方式	
共计件数（大写） Total Number of Packages in Writing				
运费 计算		尺码 Measurement		
备注				
通知		可否转船	可否分批	
收货人		装期	有效期	
		金额	提单张数	
配货 要求		银行编号	信用证号	

附录十二

中国外轮代理公司

CHINA OCEAN SHIPPING AGENCY

装货单

<u>SHIPPING ORDER</u>   S/O No _____

船名		航次		目的港	
Vessel Name		Voy.		For	

托运人

Shipper

收货人

Consignee

通知

Notify

兹将下列完好状况之货物装船后签署收货单

Receive on board theundermentioned goods apparent in good order and sign the accompanying receipt for the same

标记及号码 Marks & No.	件数 Quantity	货名 Description of Goods	毛重（千克） Gross Weight In Kilos	尺码 Measurement 立方米 Cu. M.
共计件数（大写） Total Number of Packages in Writing				

日期   时间

Date: Time:

装入何仓:

实收:

理货员签名   经办员

Tallied By: Approved By:

附录十三

中国外轮代理公司
CHINA OCEAN SHIPPING AGENCY
收货单
MATE'S RECEIPT   S/O No _____

船名	航次	目的港
Vessel Name	Voy.	For

托运人

Shipper

收货人

Consignee

通知

Notify

下列完好状况之货物已收妥无损

Receive on board theundermentioned goods apparent in good condition

标记及号码 Marks & No.	件数 Quantity	货名 Description of Goods	毛重（千克） Gross Weight In Kilos	尺码 Measurement 立方米 Cu. M.
共计件数（大写） Total Number of Packages in Writing				

日期   时间

Date：   Time：

装入何仓：

实收：

理货员签名   大副

Tallied By：   Chief Officer

附录十四

装货清单
LOADING LIST

船名   页数

Loading list of s. s/m. v "   "   Page No.

关单号 S/O No.	件数及包装 No. of Pkgs	货名 Description	重量公吨 Weight in MT	估计立方米 Estimated Space in Cu. M.	备注

附录十五

出口载货清单
EXPORT MANIFEST

船名   航次   从   到   开航日期   页数

Vessel   Voy.   From   To   Sailing Date   Sheet No.

集装箱号 Container No.	铅封号 Seal No.	提单号码 B/L No.	件数及包装 No. of Pkgs	货名 Description	重量 Weight	收货人 Consigner	备注 Remarks

附录十六

出口载货运费清单
EXPORT FREIGHT MANIFEST

船名 Vessel	航次 Voy.	从 From	到 To	开航日期 Sailing Date	页数 Sheet No.

提单 号码 B/L No.	标志和 号数 Marks &No.	件数 和包 装 No. of Pkgs	货名 Description of Goods	重量 Weight	发货人 Shipper	收货人 Consigner	运费吨 Scale Tons		运费 Freight		备注
							立方米 Cu．m．	公吨 MT	费率 Rate	预付 Prepaid 到付 Collection	

附录十七

危险品清单
DANGEROUS CARGO LIST

船名 Vessel	航次 Voy.	从 From	到 To	开航日期 Sailing Date	页数 Sheet No.

提单号 B/L No.	件数和包装 No. of Pkgs	货名 Description of Goods	重量 Weight	货物性能 Nature of Goods	装船位置 Where Stowed	备注 Remarks

附录十八

货物残损单
DAMAGE CARGO LIST

船名： 　　　　　　航次： 　　　　　　泊位： 　　　　　　国籍：
Vessel 　　　　　　Voy.： 　　　　　　Berth： 　　　　　　Nationality

开工日期：____年__月__日 　　　　　　　　　　　制单日期：____年__月__日

Tally Commenced on： 　　　　　　　　　　　　　　　　Date of list：

提单号 B/L No.	标志 Marks	货名 Description of Goods	货损件数和包装 Packages & Packing Damaged	货损情况 Condition of Damage

附录十九

货物溢短单
OVERLANDED/SHORTLANDED CARGO LIST

船名： 　　　　　　航次： 　　　　　　泊位： 　　　　　　国籍：
Vessel 　　　　　　Voy.： 　　　　　　Berth： 　　　　　　Nationality

开工日期：____年__月__日 　　　　　　　　　　　制单日期：____年__月__日

Tally Commenced on： 　　　　　　　　　　　　　　　　Date of list：

提单号 B/L No.	标志 Marks	货名 Description of Goods	舱单记载件数和包装 Packages & Packing on Manifest	溢卸件数和包装 Packages & Packing Overlanded	短卸件数和包装 Packages & Packing Shortlanded

附录二十

提货单
DELIVERY ORDER　　　　No.

致：　　　　　　　　　　　　（港区、场站）

收货人：

下列货物已办妥手续，运费结清，准予交付收货人。

船名		航次		起运港		目的地	
提单号		交付条款			到付海运费		
提货地点		到达日期		进库场日期		第一程运输	
标记与集装箱号	货名			集装箱数或件数		重量/kg	体积/m³

请核对放货：

提货专用章

凡属法定检验检疫的进口商品，必须向有关监督机构申报。

收货人章	海关章		

附录二十一

到货通知书
ARRIVAL NOTICE

No.

船档号

您单位下列进口货物已抵港，请速凭正本提单并背书后来我公司办理提货手续。

收货人	名称			收货人开户	
	地址			银行账号	
船名		航次	起运港		目的地
提单号		交付条款		到付海运费	
提货地点		到达日期	进库场日期		第一程运输
标记与集装箱号		货名	集装箱数或件数	重量/kg	体积/m³

交付收货人

特此通知

____年__月__日

注意事项：

1. 持本通知书和正本提单（加盖公章）速来我公司进口部门办理提货手续。

2. 如需委托我公司代办报关转运，请随带有关单证及钱款，派员前来我司委托。

3. 在必要情况下，我公司接受凭银行担保函替代正本提单办理提货手续。

4. 根据海关规定，货物到港14天内未能及时向海关申报，由此引起的滞报金由收货人承担。

5. 本通知书所列到达日期系预报日期，不作为申报进境和计算滞报金、滞箱费起算之日的凭证。

附录二十二

1. Shipper Insert Name, Address and Phone		B/L No.

中国对外贸易运输总公司
CHINA NATIONAL FOREIGN TRADE TRANSPRO-
TATION CORP.

BILL OF LADING
DIRECT OR WITH TRANSHIPMENT

RECEIVED in external apparent good order and condition except as otherwise noted. The total number of packages or unites stuffed in the container, The description of the goods and the weights shown in this Bill of Lading are furnished by the Merchants, and which the carrier has no reasonable means of checking and is not a part of this Bill of Lading contract. The carrier has issued the number of Bills of Lading stated below, all of this tenor and date. One of the original Bills of Lading must be surrendered and endorsed or signed against the delivery of the shipment and whereupon any other original Bills of Lading shall be void. The Merchants agree to be bound by the terms and conditions of this Bill of Lading as if each had personally signed this Bill of Lading.

SEE clause 4 on the back of this Bill of Lading (Terms continued on the back hereof, please read carefully).

Applicable Only When Document Used as a Combined Transport Bill of Lading.

2. Consignee Insert Name, Address and Phone

3. Notify Party Insert Name, Address and Phone
(It is agreed that no responsibility shall attach to the Carrier or his agents for failure to notify)

4. Combined Transport *
Pre – carriage by：

5. CombinedTransport *
Place of Receipt：

6. Ocean Vessel, Voy. No.

7. Port of Loading

8. Port of Discharge

9. Combined
Transport *
Place of Delivery：

Marks & No. Container / Seal No.	No. of Containers or Packages	Description of Goods (If Dangerous Goods, See Clause 20)	Gross Weight (kg)	Measurement

Description of Contents for Shipper's Use Only (Not part of This B/L Contract)

10. Total Number of containers and/or packages (in words)：
Subject to Clause 7 Limitation

11. Freight &Charges	Revenue Tons	Rate	Per	Prepaid	Collect
Declared Value Charge					

Ex. Rate：	Prepaid at	Payable at	Place and date of issue：
	Total Prepaid	No. of Original B (s) /L	Signed for or on behalf of the Carrier,

附录二十三

中国—欧洲航线集装箱费率表

	Page	59
中远集团第一号运价表 COSCO GROUP TARIFF No. 1	Rev.	
	Efft. Date	
	Corr. No.	

| 中国—欧洲航线集装箱费率表 | | | | | | | 美元 |

黄埔、湛江、海口、温州、宁波、海门—鹿特丹、汉堡、费力克斯托、安特卫普、勒哈佛尔

等级	黄埔 （直达） HUANGPU DIRECT		海口、湛江 （经香港转船） HAIKOU, ZHANJIANG VIA HONGKONG		温州、海门、宁波 （经香港转船） WENZHOU, HAIMEN, NINGBO VIA HONGKONG		
	LCL W/M	CY/CY		LCL W/M	CY/CY		LCL W/M	CY/CY

等级	LCL W/M	CY/CY		LCL W/M	CY/CY		LCL W/M	CY/CY	
1 ~ 20		1500	2800		1800	3400			
CHEMICALS, N. H.	105	1500	2800	125	1800	3400	140	1950	37 003
SEMI – HAZARDOUS	105	1800	3300	125	2100	3900	140	1950	3700
HAZARDOUS	105	3050	5400	170	3450	6100	173	2250	4200
REEFER		3250	5400		3850	6100		3950	6300

注：黄埔经香港转船出口欧洲货物其费率在直达费率基础上上调 USD150/20ft，USD300/40ft，LCL USD8/F. T.

　　黄埔始发的欧洲货物班轮不靠 LEHAVRE 港，黄埔出口 LEHAVRE 货物须经香港转船，其运费按香港转船费率计收。

附录二十四

中国民用航空局
THE CIVIL AVIATION ADMINISTRATION OFCHINA
国际货物托运单
SHIPPER'S LETTER OF INSTRUCTION

货运单号
No. of Air Waybill

托运人姓名及地址 Shipper's Name & Add	托运人账号 Shipper's Account Number	供承运人用 For Carrier Use Only	
		航班/日期	航班/日期
收货人姓名及地址 Consignee's Name & Add	收货人账号 Consignee's Account Number	已预留吨位	
		运费 Charges	
代理人名称和城市 Issuing Carrier's Agent Name and City		Also Notify	
始发站 Airport of Departure			
到达站 Airport of Destination			
托运人声明价值 Shipper's Declared Value	保险金额 Amount of Insurance	所附文件 Documents to Accompany Air Waybill	
供运输用 For Carriage · 供海关用 For Customs			

处理情况（包括包装方式、货物标志及号码）
Handling Information (Incl. Method of Packing, Identifying Marks and Numbers. etc.)

件数 No. of Pkgs	实际毛重 Actual G. W.	运价类别 Rate Class	收费重量 Chargeable Weight	费率 Rate/Charge	货物品名及数量（包括体积或尺寸） Nature & Quantity of Goods (Incl. Dimension or Volume)

托运人证实以上所填全部属实并愿遵守承运人的一切载运章程。
The Shipper Certifies That The Particulars on The Page Hereof Are Correct and Agrees to The Conditions of Carriages of The Carrier.

托运人签字 Signature of Shipper	日期 Date	经手人 Agent	日期 Date

附录二十五

航空货运单

999			999-		
Shipper's Name& Address	Shipper's Account Number	NOT NEGOTIABLE 中国民航 CAAC AIR WAYBILL(AIR CONSIGNMENT NOTE. ISSUED BY:THE CIVIL AVIATION ADMINISTRATION OF CHINA, BEIJING CHINA)			
		Copies 1,2 and 3 of this Air Waybill are original and Have the same validity			
Consignee's Name &Address	Consignee'sAccount Number	It is agreed that the goods described herein are accepted in apparent good order and condition(except as noted)for carriage SUBJECT TO THE CONDITIONS OF CONTRACT ON THE REVERSE HEREOF.THE SHIPPER'S ATTENTION IS DRAWN TO THE NOTICE CONCERNING CARRIER'S LIMITATION OF LIABIL ITY. Shipper may increased such limitation of liability by declaring a higher value for carriage and paying a supplemental charge if required. ISSUING CARRIER MAINTAINS CARGO ACCIDENT LIABILITY INSURANCE			

Issuing Carrier's Agent Name and City	Accounting Information
Agent's IATA Code Account No.	

Airport of Departure(Addr.of First Carrier) And Requested Routing

to	By First Carrier	Routing And Destination	to	by	to	by	Cunrency	Chgs Code	WT/NAL		Other		Declared Value for Carriage	Declare Value for Carrige
									PPD	COLL	PPD	COLL		

Airport Desti-nation	Flight/ Date	For Carrier Use only	Flight/ Date	Amount of Insurance	INSURANCE if carrier offers insurance,and such insurance is requested in accordance with conditions on reverse here of,indicate amount to be insurced infigure in box marked amount of insurance

Handing Information
(For USA only)Those commodities licensed by U.S.for ultimated destination……Diversion contrary to U.S.law is prohibited

No.of Pcs RCP	Gross Weight	Kg lb	Rate Class Commodity Item No.	Charge-able Weight	Rate/ Charge	Total	Nature and Quantity of Goods(incl.Dimensions or Volume)

Prepaid	Weight Charge	Collect	Other Charge
	Valuation Charge		
	Tax		Shipper certifies that the particulars on the face hereof are correct and that insofar as any part of the consignment contains dangerous goods,such part is properly described by name and is in proper condition for carriage by air according to the applicable Dangerous Goods Regulations
	Total Other Charges Due Agent		
	Total Other Charges Due Carrier		
			Signature of Shipper of his Agent
Total Prepaid		Total Collect	
Currency Conversion Rate		CC Charges in Dest. Currency	Executed on(date) at(place) Signature of Issusing Carrier or its Agent
For Carrier Use Only at Destination		Charges at Destination	Total Collect Charge 999-

附录二十六

航空分运单

Airport of Departure		Airport of Destination				Master Air Waybill Number	Air Waybill Number
Routing and Destination						NOT NEGOTIABLE	
to	By First Carrier	to	by	to	by	AIR WAYBILL (AIR CONSIGNMENT NOTE) ISSUED BY	
Consignee's Number	Account	Consignee's Name&Add				中国对外贸易运输总公司 **China National Foreign Trade TransprotationCorporation Beijing,China** Member of FIATA	
						Copies 1,2 and 3 of this Air Waybill are original and Have the same validity	
						It is agreed that the goods described herein are accepted in apparent good order and condition(except as noted)for carriage SUBJECT TO THE CONDITIONS OF CONTRACT ON THE REVERSE HEREOF.THE SHIPPER'S ATTENTION IS DRAWN TO THE NOTICE CONCERNING CARRIER'S LIMITATION OF LIABILITY.	
	Also Notify					Shipper may increased such limitation of liability by declaring a higher value for carriage and paying a supplemental charge if required.	
Consignee's Number	Account	Consignee's Name&Add					
						Executed on(date) at(place)	
						Signature of Issuing Carrier or Its Agent	
Currency	WTNAL		Other		Declared Value For Carriage	Declared Value For Customs	Amount Of Insurance	INSURANCE if carrier offers insurance,and such insurance is requested in accordance with conditions on reverse here of,indicate amount to be insuranced infigure in box marked amount of insurance

No.of Pkages RCP	Actural Gross Weight	Kg lb	Rate Class		Charge-Able Weight	Rate	Weight Charges	Nature and Quantity of Goods(Incl.Dimensions or Value)
				Commodity Item No.				

Special Handling Information(Including Marks,Numbers and Method of Packing)

Pre-Paid	Weight Charge	Other Charges		Total Other Charges		
	Valuation Charge			Total Prepaid		
Coll-ect	Weight Charge	Other Charges			Total Other Charges	
	Valuation Charge				Total Collect	

The Shipper Certifies that the particulars on the face hereof are correct and agrees to the Conditions of Carriages of the carrier.

附录二十七

承运货物收据

中国对外贸易运输总公司

China National Foreign Trade Transportation Corporation

运编号 No.

发票号 No.

合同号 No.

CARGO RECEIPT

第一联（凭提货物）

1. 委托人 Shipper	2. 收货人 Consignee
	3. 通知 Notify

4. From	Via	To

5. 装运日期

6. 车号

7. 标记	8. 件数	9. 货物名称	10. 附记

11. 运费缴付地点 Freight Payable	12. 请向下列地点接洽提货

13. 押汇银行签收

Bank's Endorsement

14. 收货人签收

Consignee's Signature

附录二十八

集装箱货运托运单（订舱单）

	D/R No.
Shipper（发货人）	
Consignee（收货人）	集装箱货物托运单（订舱单）
Notify Party（通知人）	
Pre – Carriage（前程运输）　　Place of Receipt（收货地点）	
Ocean Vessel（船名）　Voy. No.（航次）　Port of Loading（装货港）	货主留底
Port of Discharge（卸货港）　Place of Delivery（交货地点）	Final Destination for the Merchant's Reference

Container No. （集装箱号）	Seal No.（封志号） Marks&No.（标记及号码）	No. of Containers or Pkges（箱数或件数）	Kind of Pkgs, Description of Goods （包装种类与货名）	Gross Weight （毛重 Kg）	Measurement （尺码 m³）

Total Number of Containers or Packages（in words）

集装箱数或件数合计（大写）

Freight&Charges （运费与附加费）	Revenue Tons （运费吨）	Rate （运费率）	Per （每）	Prepaid （运费预付）	Collect （运费到付）

Ex Rate （兑换率）	Prepaid at（预付地点）		Payable at（到付地点）	Place of Issue （签发地点）
	Total Prepaid（预付总额）		No. of Original B（s）/L （正本提单分数）	

Service Type on Receiving □ – CY　□ – CFS　□ – DOOR	Service Type on Delivery □ – CY　□ – CFS　□ – DOOR	Reefer Temperature Required （冷藏温度）	
		°F	°C

TYPE OF GOODS （种类）	□Ordinary （普通）	□Reefer （冷藏）	□Dangerous （危险品）	□Auto （裸装车辆）	危险品	Class：
						Property：
	□Liquid （液体）	□Live animal （活动物）	□Bulk （散货）	□		IMDG Code Page
						UN No.

可否转船	可否分批
装期	有效期
金额	
制单日期	

附录二十九

集装箱货运托运单　装货单

Shipper（发货人）						D/R No
Consignee（收货人）						装货单 场站收据副本 Received by the carrier the total number of containers or other packages or units stated below to be transported subject to the terms and conditions of the Carrier's regular forms Bill of Lading which shall be deemed to be incorporated here in. Date： （场站章）
Notify Party（通知人）						
Pre – Carriage（前程运输）　　Place of Receipt（收货地点）						
Ocean Vessel（船名）　　Voy. No.（航次）　　Port of Loading（装货港）						
Port of Discharge（卸货港）　　Place of Delivery（交货地点）						Final Destination for the Merchant's Reference
Container No.（集装箱号）	Seal No.（封志号）Marks&No.（标记及号码）	No. of Containers or Pkgs（箱数或件数）	Kind of Pkgs，Description of Goods（包装种类与货名）	Gross Weight（毛重 Kg）	Measurement（尺码 m^3）	
Total Number of Containers or Packages（in words） 集装箱数或件数合计（大写）						
Freight&Charges（运费与附加费）	Revenue Tons（运费吨）	Rate（运费率）	Per（每）	Prepaid（运费预付）	Collect（运费到付）	
Ex Rate（兑换率）	Prepaid at（预付地点）		Payable at（到付地点）		Place of Issue（签发地点）	
	Total Prepaid（预付总额）		No. of Original B（s）/L（正本提单分数）			
Service Type on Receiving □ – CY　□ – CFS　□ – DOOR		Service Type on Delivery □ – CY　□ – CFS　□ – DOOR		Reefer Temperature Required（冷藏温度）		
				°F		°C
TYPE OF GOODS（种类）	□Ordinary（普通）	□Reefer（冷藏）	□Dangerous（危险品）	□Auto（裸装车辆）	危险品	Class：
						Property：
	□Liquid（液体）	□Live animal（活动物）	□Bulk（散货）	□		IMDG Code Page
						UN No.
可否转船		可否分批				
装期		有效期				
金额						
制单日期						

附录三十

集装箱装箱单

装箱单 Container Load Plan		集装箱号 Container No.	集装箱规格 Type of Container：		
		铅封号 Seal No.	冷藏温度 Reefer. Temp. Required		

船名/航次 OceanVessel/ Voy. no.	收货地点 Place of Receipt □-CY □-CFS □-DOOR	装货港 Port of Loading	卸货港 Port of Discharge	交货地点 Place of Delivery □-CY □-CFS □-DOOR

箱主 Owner	提单号码 B/L No.	1. 发货人 Shipper 2. 收货人 Consignee 3. 通知人 Notify	标志和 号码 Marks& No.	件数及 包装种类 No. &Kind of Pkgs	货名 Description of Goods	重量 Weight Kg	尺码 Measurement Cu. M.
		＜ Front ＞ ＜ Door ＞			总件数 Total Number of Packages	重量及尺码总计 Total Weight& Measurement	
危规 页码 L. M. D. G Page	重新 铅封号 New Seal No.	开封原因 Reason for Breaking Seal	装箱日期 Date of Vanning 装箱地点 at （地点及国名 Place&Country）				皮重 Tare Weight
联合国 编号 UN No.	出口 Export	驾驶员签收 Received by Drayman	堆场签收 Received by CY	装箱人 Packed by： 发货人/货运站 （shipper/CFS）			总毛重 Gross Weight
闪点 Flash Point	进口 Import	驾驶员签收 Received by Drayman	货运站 签收 Received by CFS		签署 Signed	发货人或货运站留存	

参考文献

1. 邢颐 . 国际物流实务 . 北京：中国轻工业出版社，2007

2. 陈太广 . 国际物流实务 . 北京：对外经贸大学出版社，2008

3. 陈明蔚 . 国际物流实务 . 北京：北京理工大学出版社，2009

4. 赖瑾瑜，姚大伟 . 国际物流实务 . 北京：中国对外经济贸易出版社，2006

5. 顾永才，陈幼端 . 国际物流与货运代理 . 北京：首都经贸大学出版社，2007

6. 张清，杜扬 . 国际物流与货运代理 . 北京：机械工业出版社，2008

7. 孙敬宜 . 国际货运代理实务 . 北京：电子工业出版社，2009

8. 中国国际货运代理协会 . 国际货运代理理论与实务 . 北京：中国商务出版社，2009

9. 国际物流师培训教程编委会 . 国际物流师培训教程 . 北京：中国经济出版社，2006

10. 王学峰，孙秋高 . 仓储管理实务 . 上海：同济大学出版社，2007

11. 黄中鼎 . 仓储管理实务 . 武汉：华中科技大学出版社，2006

12. 杨占林 . 国际物流与配送操作实务 . 北京：中国对外经济贸易出版社，2005

13. 叶梅，黄敬阳 . 国际运输与保险 . 北京：中国人民大学出版社，2004

14. 徐家骅，沈珺 . 物流运输管理实务 . 北京：北方交通大学出版社，2008

15. 杨占林 . 国际物流海运操作实务 . 北京：中国商务出版社，2004

16. 曾凡华 . 集装箱运输业务 . 北京：机械工业出版社，2010

17. 武德春，武骁 . 国际多式联运实务 . 北京：机械工业出版社，2010

18. 中国国际货运代表协会 . 国际多式联运与现代物流理论与实务 . 对外经济贸易出版社，2004

19. 赵一飞 . 多式联运实务与法规 . 华东师范大学出版社，2007

20. 童宏祥 . 报检实务 . 北京：上海财经大学出版社，2008

21. 洪雷 . 进出口商品检验检疫 . 上海：上海人民出版社，2006

22. 张兵 . 进出口报关实务 . 北京：清华大学出版社，2008

23. 张炳达 . 海关报关实务 . 上海：上海财经大学出版社，2007

24. 杨志刚，杜小磊，孙志强 . 国际物流实务、法规与案例 . 北京：人民交通出版社，2006

25. 孟于群，陈震英 . 国际货运代理法律与案例评析 . 北京：对外经贸大学出版社，2005

26. 天津滨海职业学院 . 国际货运代理精品课程 . （http：//www.tjbpi.com.cn）

27. 中海集装箱上海有限公司 （http：//www.cscline.com）

28. 上海国际海事法律网 （http：//shhsfy.gov.cn）

29. 找法网 （http：//china.findlaw.cn）

30. 中国海关 （http：//www.customs.gov.cn）

31. 国家质量监督检验检疫总局 （http：//www.aqsiq.gov.cn）

32. 中国电子口岸网 （http：//www.chinaport.gov.cn）

33. 中国检验检疫电子业务网 （http：//www.eciq.cn/）

教辅产品及教师会员申请表

申请教师姓名			
所在学校		所在院系	
联系电话		电子邮件地址	
通信地址			
教授课程名称		学生人数	
您的授课对象	本科□　研究生□　MBA□　EMBA□　高职高专□　其他□		
教材名称		作者	
书号		订购册数	
您对该教材的评价			
您教授的其他课程名称		学生人数	
准备选用或正在使用的教材 （教材名称　出版社）			
您的研究方向		是否对教材翻译或改编感兴趣？	是□　否□
您是否对编写教材感兴趣？　是□　否□			
您推荐的教材是：_____			
推荐理由：_____			

　　为确保教辅资料仅为教师获得，请将此申请表加盖院系公章后传真或寄回给我们，谢谢！

教师签名：

院/系办公室公章

地　　址：北京市丰台区成寿寺路 11 号邮电出版大厦 1108 室
　　　　　北京普华文化发展有限公司　（100164）
传　　真：010 – 81055644
读者热线：010 – 81055656
编辑邮箱：chengzhenzhen@ puhuabook. cn
投稿邮箱：puhua111@ 126. com，或请登录普华官网"作者投稿专区"。
投稿热线：010 – 81055633
购书电话：010 – 81055656
媒体及活动联系电话：010 – 81055656　　　　　　　邮件地址：hanjuan@ puhuabook. cn
普华官网：http：//www. puhuabook. cn
博　　客：http：//blog. sina. com. cn/u/1812635437
新浪微博：@普华文化（关注微博，免费订阅普华每月新书信息速递）